全国期货从业人员资格考试应试指导

期货法律法规

期货从业人员资格考试应试指导编写组　编著

中国财富出版社有限公司

图书在版编目（CIP）数据

期货法律法规/期货从业人员资格考试应试指导编写组编著. —2版. —北京：中国财富出版社有限公司，2020.7

（全国期货从业人员资格考试应试指导）

ISBN 978 - 7 - 5047 - 7190 - 2

Ⅰ．①期… Ⅱ．①期… Ⅲ．①期货交易—法规—中国—资格考试—自学参考资料 Ⅳ．①D922.287

中国版本图书馆CIP数据核字（2020）第124046号

策划编辑 李彩琴	**责任编辑** 戴海林 杨白雪		
责任印制 尚立业	**责任校对** 孙丽丽		**责任发行** 杨 江

出版发行	中国财富出版社有限公司	
社　　址	北京市丰台区南四环西路 188 号 5 区 20 楼	**邮政编码** 100070
电　　话	010-52227588 转 2098（发行部）	010 - 52227588 转 321（总编室）
	010-52227588 转 100（读者服务部）	010 - 52227588 转 305（质检部）
网　　址	http://www.cfpress.com.cn	**排　　版** 安徽佰通教育科技发展有限公司
经　　销	新华书店	**印　　刷** 三河市德利印刷有限公司
书　　号	ISBN 978 - 7 - 5047 - 7190 - 2/D・0168	
开　　本	787mm×1092mm 1/16	**版　　次** 2020年 7 月第 2 版
印　　张	13	**印　　次** 2020年 7 月第 1 次印刷
字　　数	449 千字	**定　　价** 47.00 元

编 委 会

本教材适用于考生作为期货从业资格考试的辅导用书。期货从业人员资格考试应试指导编写组根据中国期货业协会发布的《期货法律法规考试大纲》,对真题考点进行细致分析,编写了本教材,旨在帮助考生全面理解和掌握考试大纲的内容,更好地复习备考。

本教材模块

为了便于考生更好地理解和使用本教材,下面对本教材中主要涉及的模块功能进行简单介绍。

1.应试分析

在书中,这一模块介绍该部分的主要内容,在考试中所占的分值以及学习方法等,是对该部分在考试中整体考情的综合分析。通过应试分析,考生可以有效地掌握该部分的重点以及命题方向,避免盲目复习。

2.思维导图

在书中,这一模块主要是将整部分的思维脉络通过关系图表现出来,并在考点后面标注了"重点掌握、掌握、理解、了解"四种不同程度的复习要求。通过思维导图,考生不仅可以对该部分的整体框架有个大致的了解,同时也能把握复习的要求,有针对性地进行复习,大大提高复习的效率。

3.名师同步精讲

这一模块是本书的核心所在,主要是通过对考试真题的分析,将教材中的重要知识点进行精编汇总,多考多讲,少考少讲。我们竭力提炼考点,减少烦冗的叙述,帮助考生高效率掌握考点,减轻学习压力。同时,我们对于重要的知识点进行了标色(蓝色)处理。

在这一模块,我们提供了两个核心功能,对考生非常有帮助。

第一,名师指导。一方面对各个考点在考试中的考查概率和所占分值进行介绍,并列明命题角度,另一方面对于教材中一些有窍门记忆或者需要关注的地方进行提示。

第二,母题精选。这些母题是在考试中较多涉及且具有代表性的题目,其中,大多为考试真题,部分为老师精选的比较有代表性的题目。此外,母题旁边配有二维码,考生可通过扫描二维码查看母题的详细解析,也可以练习相应的子题。通过母题,考生不仅能够了解各个知识点在考试中的考查形式,也可以有效地掌握考试中的重要知识点,同时做到知识点的灵活运用。

4.章节测评

在这一模块,考生可以通过扫描二维码进入微信版题库进行章节测评。章节测评有测评和推题两大功能,通过题库智能追踪记录考生做题数据,进行推题及检测,帮助考生查找薄弱知识点,有效节省备考时间。

配套题库——智能考试题库系统

本教材搭配配套的智能考试题库系统使用,能达到更好的复习效果。配套题库系统包括智能题库微信版和智能题库网页版。考生可根据自己的实际情况,在不同的环境下选择不同的练习方式,充分利用自己的时间。另外,在题库系统中有视频课程、考点速记、章节练习、错题训练、真题必练、模拟押题等功能。考生在学习过程中,可根据自己的学习进度选择相应功能,固本培新。

联系我们

尽管编写组成员们本着精益求精的态度编写本教材,但由于时间所限,书中难免有不足之处,恳请广大读者批评指正。联系邮箱 weilaijiaoyucaijing@ foxmail. com。

预祝所有考生顺利通过考试!

期货从业人员资格考试应试指导编写组

目 录
CONTENTS

重难点索引

此处显示每一章节里面的部分重难点内容及其页码，可以快速定位查阅。

开 篇 考情分析与复习指导

第一节 考情分析

一、考试介绍

期货从业资格考试包含两个科目:"期货基础知识"和"期货法律法规"。"期货基础知识"科目的教材为《期货及衍生品基础》,"期货法律法规"科目的教材为《期货法律法规》。以上两个科目考试成绩均合格后,可获得期货从业人员资格考试合格证。

二、考情分析

为了更好地把握科目特点,熟悉考试重点,本书分析了近几次考试真题的分布情况。在考试真题数据分析基础上,编者整理了各个章节在考试中所占的大概分值。具体见下表。

考试真题平均分布情况

所属部分	分值
第一部分 与期货交易相关的行政法规	15分
第二部分 与期货交易相关的部门规章与规范性文件	63分
第三部分 与期货交易相关的协会自律规则	9分
第四部分 与期货交易相关的其他法律与规章制度	13分

期货从业资格考试对知识点的考查角度多样,考查形式多变,本数据仅供考生参考。

三、考试题型解读

"期货法律法规"科目考试共140道题目,题型包括单选题、多选题、判断题和综合题。

(一)单选题

单选题有60道,每道0.5分,共30分。此类题型较为简单,即在给出的四个选项中选出符合题目要求的唯一答案。通常是针对某部法律法规中的某条进行考查,例如,"下列关于……的表述,正确/错误的是……""……不超过……"。

> 【例题】下列关于期货交易所名称的陈述,错误的是(　　)。
> A. 商品现货批发市场可以使用"期货交易所"的名称
> B. 经批准设立的期货交易所,其名称应当标明"商品交易所"或者"期货交易所"字样
> C. 经批准设立的期货交易所,其名称可以标明"期货交易所"字样
> D. 经批准设立的期货交易所,其名称可以标明"商品交易所"字样
> 【答案】A 【解析】除经中国证监会批准设立的期货交易所,其他任何单位或者个人不得使用期货交易所或者近似的名称。选项A表述错误。

(二)多选题

多选题有40道,每道1分,共40分,所占分值较高。相对于单选题,此类题型有一定难度,要在给出的四个选项中选出符合题目要求的选项,多选、少选、错选均不得分,这就要求考生对知识点有更准确的把握。此类题型通常是针对某部法律法规中的法条进行综合考查,解答此类题型可以使用排除法。

【例题】下列关于期货公司与控股股东关系的表述,正确的有( )。

    A. 期货公司的股东不得直接任免期货公司的董事、监事和高级管理人员

    B. 为保护股东利益,期货公司应当向股东做出分红的承诺

    C. 期货公司向股东提供服务的,不得降低风险管理要求

    D. 期货公司可以向股东做出最低收益的承诺

【答案】AC 【解析】根据《期货公司监督管理办法》第四十一条的规定,期货公司股东、实际控制人不得任免期货公司的董事、监事、高级管理人员。选项A表述正确。期货公司向股东、实际控制人及其关联人提供服务的,不得降低风险管理要求。选项C表述正确。期货公司不得向股东做出最低收益的承诺,也不得向股东做出分红的承诺。选项B、选项D表述错误。

(三)判断题

判断题有20道,每道0.5分,共10分。此类题型较为简单,只要选出对或者错即可,不选、错选均不得分。

【例题】外商投资期货公司及其境外股东向中国证监会提交的申请文件,以及向中国证监会及其派出机构报送的文件、资料,可以使用中文或英文。( )

【答案】× 【解析】根据《外商投资期货公司管理办法》第十四条的规定,外商投资期货公司及其境外股东向中国证监会提交的申请文件,以及向中国证监会及其派出机构报送的文件、资料,必须使用中文。题干表述错误。

(四)综合题

综合题有20道,每道1分,共20分。此类题型难度较大,通常会出现案例分析题的形式,将法律法规与实际案例相结合,是对多部法律法规的综合考查。在综合题的四个选项中,有一项或多项符合题目要求,不选、错选均不得分。

【例题】客户甲将一笔1000万元的资金划入期货公司从事期货交易。期货公司可以存放甲保证金的账户包括( )。

    A. 期货公司自有资金账户   B. 期货公司期货保证金账户

    C. 期货交易所专用结算账户   D. 客户登记的期货结算账户

【答案】BC 【解析】根据《期货公司监督管理办法》第八十四条的规定,期货公司存管的客户保证金应当全额存放在期货保证金账户和期货交易所专用结算账户内。选项B、选项C正确。

四、命题规律分析

(一)理解记忆型题目考查更加灵活

这类题目包括简单的对教材中法律法规原文的考查,在记忆和理解知识点的基础上进行正确或错误的判断等。考试题目向更加灵活的方向发展,因此考生切忌盲目死记硬背。"期货法律法规"科目内容相对简单,考生在学习时可以根据学习要求有侧重点地对知识点进行了解、理解和掌握。

(二)历次考试均会涉及少量计算题和案例分析题

在考试中,计算题和案例分析题属于历次考试必考题,但是题量不多,一般出现在综合题中。"期货法律法规"科目涉及的计算公式主要集中在《期货投资者保障基金管理办法》和《期货公司风险监管指标管理办法》中。计算题难度不大,通常对计算公式进行直接考查,考生理解并掌握计算公式即可。

案例分析题通过设定情境对相关的知识点进行考查,更加贴合实际。此类题目难度并不大,答题的根本还是对教材内容的熟悉与否,以及对知识点的灵活运用程度,考生应认真审题,结合所学知识分析选项。

【例题】某期货公司的期末净资本为5000万元,风险资本准备为5500万元。根据《期货公司风险监管指标管理办法》,中国证监会派出机构应当对该公司采取以下监管措施(   )。

A.限制或暂停部分期货业务　　　　B.限制有关股东行使股东权利

C.责令限期整改　　　　　　　　　D.责令有关股东限期转让股权

【答案】C 【解析】根据《期货公司风险监管指标管理办法》第八条的规定,期货公司的净资本与公司的风险资本准备的比例不得低于100%。本题中,该公司期末净资本与公司的风险资本准备的比例=5000/5500×100%≈90.9%,低于规定标准。根据其第二十九条的规定,中国证监会派出机构应当责令期货公司限期整改,整改期限不得超过20个工作日。

第二节　复习指导

一、怎么使用本书

本套书采用了双色、边栏的形式进行整体编排,与以往的单排或者双排格式有很大的不同。在书中,主要包含以下模块:

(1)目录中的"重难点索引"(如图1所示)。与一般图书的目录不同,本书的目录除了正文的正常目录之外专门增加了"重难点索引"栏,展示了每一章节考试中的重点和难点内容(大多为考试中必考知识点),方便考生查阅和复习。在时间不够充裕的情况下,考生可以通过重难点索引快速获取重要知识点信息,优先学习;在复习的过程中,考生通过重难点索引,既可以明确主要复习范围,也可以快速定位到具体内容。

目 录
CONTENTS

开 篇 考情分析与复习指导	重难点索引
第一节 考情分析 …………… 1	此处显示每一章节里面的部分重难点内容及其页码,可以快速定位查阅。
第二节 复习指导 …………… 3	

图1 重难点索引

(2)应试分析(如图2所示)。主要介绍了所在部分整体知识结构、在考试中所占分值、内容学习的难易程度、重要知识点提示等。同时,也根据不同考查内容的特点,给出了学习建议。

● 应 试 分 析

本部分主要介绍了与期货交易相关的行政法规,即《期货交易管理条例》的相关内容,作为监督、管理期货市场运行的行政法规,对期货市场的发展至关重要。该条例分总则、期货交易所、期货公司、期货交易基本规则、期货业协会、监督管理、法律责任、附则八章八十六条,从各个方面规范了期货交易行为,加强了对期货交易的监督管理。本部分内容不多,却是考试的重点,涉及的分值约为15分。考生应熟记所学知识,并多做练习题巩固记忆。

图2 应试分析

(3)思维导图(如图3所示)。思维导图是对知识点脉络进行梳理,并在此基础上,将不同知识点的学习要求标注出来。一方面,帮助考生建立整体的框架意识,另一方面,也方便考生快速获取不同知识点的学习要求。考生在复习前期,可以根据思维导图了解主要内容和学习要求;在复习后期,可以根据学习要求选择重点复习范围。

思 维 导 图

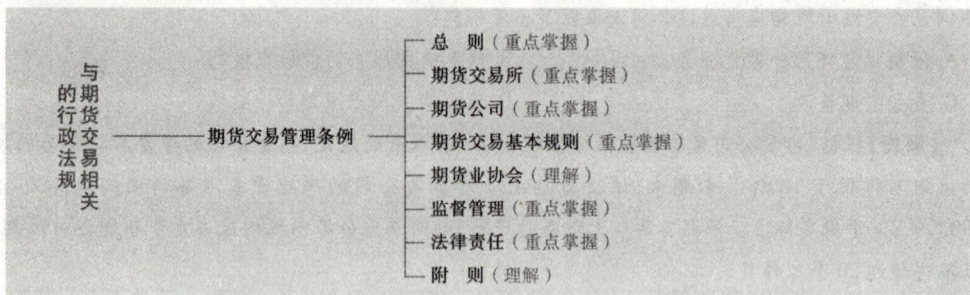

图 3　思维导图

（4）核心模块一：名师同步精讲（如图 4 所示）。此模块为本书核心模块之一，以表格形式呈现知识点的具体内容。本书定义为应试指导教材，坚持多考多讲，少考少讲，缩小考生备考范围，将主要精力放在重点学习内容上。书中的知识点讲解力求精练，如果考生想获取更多细节内容，可以扫描每节标题右侧的二维码，进入题库系统学习更详细的内容，并可以观看配套视频课程。

期货交易管理条例

（2007 年 2 月 7 日国务院第 168 次常务会议通过，2007 年 3 月 6 日中华人民共和国国务院令第 489 号公布；根据 2012 年 10 月 24 日中华人民共和国国务院令第 627 号公布的《国务院关于修改〈期货交易管理条例〉的决定》第一次修正；根据 2013 年 7 月 18 日中华人民共和国国务院令第 638 号公布的《国务院关于废止和修改部分行政法规的决定》第二次修正；根据 2016 年 2 月 6 日发布的国务院令第 666 号《国务院关于修改部分行政法规的决定》第三次修正；根据 2017 年 3 月 1 日国务院令第 676 号《国务院关于修改和废止部分行政法规的决定》第四次修正）

图 4　名师同步精讲

（5）核心模块二：名师指导（如图 5 所示）。本书的第二个核心模块，即名师指导。在名师指导中，我们详细分析了每个知识点在考试中的考查概率、所占分值、命题角度及考查特点等，并对一些重要的知识点进行提示和分析。

名 师 指 导

考查概率：100%，所占分值为 1~2 分。

考试题型：主要以多选题的形式出现。

考查重点：第一条及第三条。

图 5　名师指导

（6）核心模块三：母题精选（如图 6 所示）。我们学习的最终检测都需要去考试做题，所以我们的学习不能脱离考试实际情况。获取考试实际情况的最快捷方式即为考试真题。本书选取了大量的考试真题作为母题呈现，母题是考试中最典型的考查题型，考生通过母题练习，可以掌握考试的出题思路。在书中，考生学习完一个知识点之后，我们会根据考试情况，放置不同的母题在后面供考生练习检测。考生做完题之后，可以扫描旁边的二维码进入题库系统中，查看母题详细讲解，同时可以练习与该题同考点的子题。

母题精选

【多选题】《期货交易管理条例》的立法宗旨包括( )。
　　A.规范期货交易行为,加强对期货交易的监督管理
　　B.维护期货市场秩序,防范风险
　　C.保护期货交易各方的合法权益和社会公共利益
　　D.促进期货市场积极稳妥发展

【答案】ABCD 【解析】《期货交易管理条例》第一条中,开门见山地指出了《期货交易管理条例》的立法宗旨和立法目的。选项A、选项B、选项C和选项D均正确。

图6 母题精选

二、制订学习计划

参加期货从业资格考试的人员,可以根据自身需要报考一个或两个科目。制订详细的学习计划,对于备考可谓是事半功倍。"期货法律法规"科目共四个部分,涉及27部法律法规、规章制度与规范性文件,根据多数考生备考经验总结,现在提供一套学习计划给考生作为参考。本科目正常的复习时间约为7周。

(一)第一阶段:基础学习和练习(4周)

在此阶段重点学习课本内容。平均每周可以学习7部法律法规的内容。在具体的学习中,考生须以课本为主,本书配套的题库系统为辅,坚持"看一节教材+看一节视频课程+做一节练习",将"看、听、练"结合起来。很多考生只看不练,或者只练不看,都是不合适的。在配套资源丰富的情况下,我们希望考生能充分利用本套教材及其配套资源进行备考。

在一部法律法规学习完之后,考生可以在配套的题库系统中进行检测,查漏补缺。

主要学习工具:教材、视频课程和配套题库系统。

(二)第二阶段:综合检测(2周)

在基础学习完之后,考生对整体的课本学习内容都有了较为细致的了解,需要通过综合检测来巩固前期所学内容。我们主要选择配套题库系统中的"真题必练"来进行综合检测。

此外,在配套题库系统中还包含了押题试卷、模拟试卷,亦可作为重要的综合检测工具。

主要学习工具:配套题库系统。

(三)第三阶段:考前复习巩固(1周)

在此阶段,临近考试,我们开始进行考前复习巩固。一方面,从教材内容着手,要复习前期教材中所学的重难点知识点,可以运用"思维导图"和"重难点索引"作为参考线,将所学内容重新梳理一遍,重要的知识点进行巩固学习;另一方面,从做题着手,要充分运用配套题库系统中"错题训练"前期做错和收藏的题,将有价值的题目再次复习一遍,查漏补缺。

主要学习工具:教材和配套题库系统。

以上所提供的学习计划时间,只是为考生提供一个参考和思路。不同的人实际面临的情况都会不一样,考生可以结合自己的实际情况,制定最适合自己的学习进度。

三、学习技巧

(一)学习要看、听、练结合

我们建议考生在日常学习中,坚持"看一节教材+看一节视频课程+做一节练习"。将看书和做题结合起来,一方面没那么枯燥,另一方面也可以全面检测学习效果。另外,有些书本理论知识比较深奥难懂,看老师的视频课程,跟着老师学习,则能快速获取知识点关键信息。

本套书随书送视频课程,考生扫描每个章节标题右边的二维码即可进入查看。

（二）充分利用配套题库系统

本书配套题库系统功能全面，包含了考点速记、章节练习、真题必练、错题训练等功能，并支持在手机、电脑、平板上操作运用。使用题库系统的好处主要是可以跟踪和记录做题数据，方便后期我们查看错题、收藏题和练习进度。

所有的成功都离不开有条理的计划和持之以恒的努力，祝愿每一个考生都能在求学的道路上一往直前！

备注：关于本书配套的智能考试题库系统具体介绍和使用方法请前往本书"附录二　智能考试题库系统使用指导"查看。

第一部分　与期货交易相关的行政法规

应试分析

本部分主要介绍了与期货交易相关的行政法规,即《期货交易管理条例》的相关内容,作为监督、管理期货市场运行的行政法规,对期货市场的发展至关重要。该条例分总则、期货交易所、期货公司、期货交易基本规则、期货业协会、监督管理、法律责任、附则八章八十六条,从各个方面规范了期货交易行为,加强了对期货交易的监督管理。本部分内容不多,却是考试的重点,涉及的分值约为 15 分。考生应熟记所学知识,并多做练习题巩固记忆。

思维导图

		总　则(重点掌握)
与期货交易相关的行政法规	期货交易管理条例	期货交易所(重点掌握)
		期货公司(重点掌握)
		期货交易基本规则(重点掌握)
		期货业协会(理解)
		监督管理(重点掌握)
		法律责任(重点掌握)
		附　则(理解)

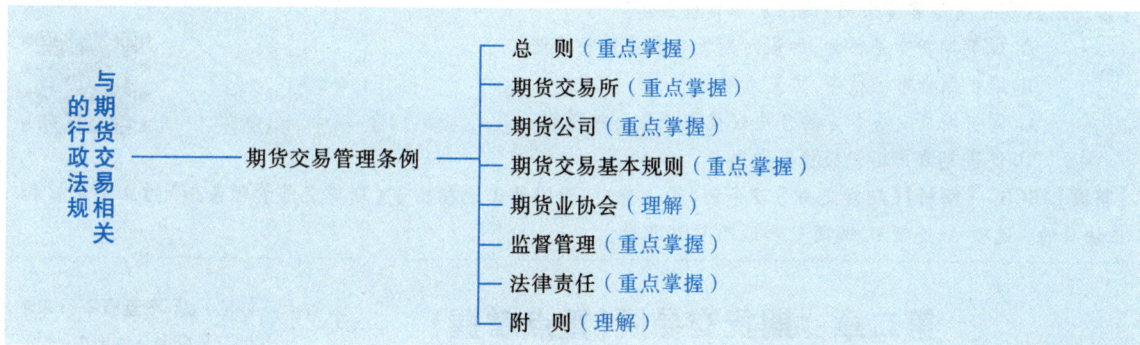

名师同步精讲

期货交易管理条例

视频讲解微信扫描

随书赠送智能题库详见本书最后一页

(2007 年 2 月 7 日国务院第 168 次常务会议通过,2007 年 3 月 6 日中华人民共和国国务院令第 489 号公布;根据 2012 年 10 月 24 日中华人民共和国国务院令第 627 号公布的《国务院关于修改〈期货交易管理条例〉的决定》第一次修正;根据 2013 年 7 月 18 日中华人民共和国国务院令第 638 号公布的《国务院关于废止和修改部分行政法规的决定》第二次修正;根据 2016 年 2 月 6 日发布的国务院令第 666 号《国务院关于修改部分行政法规的决定》第三次修正;根据 2017 年 3 月 1 日国务院令第 676 号《国务院关于修改和废止部分行政法规的决定》第四次修正)

第一章　总　则(重点掌握)

第一条　为了规范期货交易行为,加强对期货交易的监督管理,维护期货市场秩序,防范风险,保护期货交易各方的合法权益和社会公共利益,促进期货市场积极稳妥发展,制定本条例。

第二条　任何单位和个人从事期货交易及其相关活动,应当遵守本条例。

本条例所称期货交易,是指采用公开的集中交易方式或者国务院期货监督管理机构[①]批准的其他方式进行的以期货合约或者期权合约为交易标的的交易活动。

本条例所称期货合约,是指期货交易场所统一制定的、规定在将来某一特定的时间和地点交割一定数量标的物的标准化合约。期货合约包括商品期货合约和金融期货合约及其他期货合约。

本条例所称期权合约,是指期货交易场所统一制定的、规定买方有权在将来某一时间以

名师指导

👍 **考查概率**:100% ,所占分值为 1 ~ 2 分。

考试题型:主要以多选题的形式出现。

考查重点:第一条及第三条。

💡 ①在我国,"国务院期货监督管理机构"即"中国证券监督管理委员会",简称"中国证监会",考试中经常会将国务院期货监督管理机构和中国证监会混合使用,考生应当知道二者是同一机构。

7

特定价格买入或者卖出约定标的物(包括期货合约)的标准化合约。

第三条 从事期货交易活动,应当遵循公开、公平、公正和诚实信用的原则。禁止欺诈、内幕交易和操纵期货交易价格等违法行为。

第四条 期货交易应当在依照本条例第六条第一款规定设立的期货交易所、国务院批准的或者国务院期货监督管理机构批准的其他期货交易场所进行。

禁止在前款规定的期货交易场所之外进行期货交易。

第五条 国务院期货监督管理机构对期货市场①实行集中统一的监督管理。

国务院期货监督管理机构派出机构依照本条例的有关规定和国务院期货监督管理机构的授权,履行监督管理职责。

> ①我国的"期货市场"包括商品期货市场和金融期货市场两大类。

● 母题精选

【多选题】《期货交易管理条例》的立法宗旨包括(　　　)。

A. 规范期货交易行为,加强对期货交易的监督管理

B. 维护期货市场秩序,防范风险

C. 保护期货交易各方的合法权益和社会公共利益

D. 促进期货市场积极稳妥发展

【答案】ABCD 【解析】《期货交易管理条例》第一条中,开门见山地指出了《期货交易管理条例》的立法宗旨和立法目的。选项A、选项B、选项C和选项D均正确。

第二章　期货交易所(重点掌握)

第六条 设立期货交易所,由国务院期货监督管理机构审批。

未经国务院批准或者国务院期货监督管理机构批准,任何单位或者个人不得设立期货交易场所或者以任何形式组织期货交易及其相关活动。

第七条 期货交易所不以营利为目的②,按照其章程的规定实行自律管理。期货交易所以其全部财产承担民事责任。期货交易所的负责人由国务院期货监督管理机构任免。

期货交易所的管理办法由国务院期货监督管理机构制定。

第八条 期货交易所会员应当是在中华人民共和国境内登记注册的企业法人或者其他经济组织。

期货交易所可以实行会员分级结算制度。实行会员分级结算制度的期货交易所会员由结算会员和非结算会员组成。

第九条 有《中华人民共和国公司法》第一百四十七条规定的情形或者下列情形之一的,不得担任期货交易所的负责人、财务会计人员:

(一)因违法行为或者违纪行为被解除职务的期货交易所、证券交易所、证券登记结算机构的负责人,或者期货公司、证券公司的董事、监事、高级管理人员,以及国务院期货监督管理机构规定的其他人员,自被解除职务之日起未逾5年;

(二)因违法行为或者违纪行为被撤销资格的律师、注册会计师或者投资咨询机构、财务顾问机构、资信评级机构、资产评估机构、验证机构的专业人员,自被撤销资格之日起未逾5年。

【知识链接】《中华人民共和国公司法》第一百四十七条规定,董事、监事、高级管理人员应当遵守法律、行政法规和公司章程,对公司负有忠实义务和勤勉义务。

董事、监事、高级管理人员不得利用职权收受贿赂或者其他非法收入,不得侵占公司的财产。

第十条 期货交易所应当依照本条例和国务院期货监督管理机构的规定,建立、健全各

> 考查概率:100%,所占分值为2～3分。
> 考试题型:主要以单选题和多选题的形式出现,偶尔会出判断题。
> 考查重点:所有内容均是重要出题点,考生应当全部掌握。

> ②我国境内的期货交易所有公司制和会员制两种组织形式,两种组织形式均不以营利为目的,这一点与境外的期货交易所有所区别。

项规章制度,加强对交易活动的风险控制和对会员以及交易所工作人员的监督管理。期货交易所履行下列职责:

(一)提供交易的场所、设施和服务;

(二)设计合约,安排合约上市;

(三)组织并监督交易、结算和交割;

(四)为期货交易提供集中履约担保;

(五)按照章程和交易规则对会员进行监督管理;

(六)国务院期货监督管理机构规定的其他职责。

期货交易所不得直接或者间接参与期货交易。未经国务院期货监督管理机构审核并报国务院批准,期货交易所不得从事信托投资、股票投资、非自用不动产投资等与其职责无关的业务。

第十一条　期货交易所应当按照国家有关规定建立、健全下列风险管理制度:

(一)保证金制度;

(二)当日无负债结算制度;

(三)涨跌停板制度;

(四)持仓限额和大户持仓报告制度;

(五)风险准备金制度;

(六)国务院期货监督管理机构规定的其他风险管理制度。

实行会员分级结算制度的期货交易所,还应当建立、健全结算担保金制度。[①]

第十二条　当期货市场出现异常情况时,期货交易所可以按照其章程规定的权限和程序,决定采取下列紧急措施,并应当立即报告国务院期货监督管理机构:

(一)提高保证金;

(二)调整涨跌停板幅度;

(三)限制会员或者客户的最大持仓量;

(四)暂时停止交易;

(五)采取其他紧急措施。

前款所称异常情况,是指在交易中发生操纵期货交易价格的行为或者发生不可抗拒的突发事件以及国务院期货监督管理机构规定的其他情形。

异常情况消失后,期货交易所应当及时取消紧急措施。

第十三条　期货交易所办理下列事项,应当经国务院期货监督管理机构批准:

(一)制定或者修改章程、交易规则;

(二)上市、中止、取消或者恢复交易品种;

(三)国务院期货监督管理机构规定的其他事项。

国务院期货监督管理机构批准期货交易所上市新的交易品种,应当征求国务院有关部门的意见。

第十四条　期货交易所的所得收益按照国家有关规定管理和使用,但应当首先用于保证期货交易场所、设施的运行和改善。

[①]考生应注意,实行会员分级结算制度的期货交易所应当建立、健全的风险管理制度,此考点是历次考试的常考点。

母题精选

【多选题】《期货交易管理条例》明确禁止的行为有(　　　)。

A.欺诈

B.内幕交易

C. 操纵期货交易价格

D. 在期货交易所、依法批准的其他期货交易场所之外进行期货交易

【答案】ABCD 【解析】根据《期货交易管理条例》第三条和第六条，选项 A、B、C、D 均属于《期货交易管理条例》明确禁止的行为。

【单选题】实行会员分级结算制度的期货交易所特有的风险管理制度是(   )。

A. 结算担保金制度　　　　　　　　B. 结算准备金制度

C. 保证金制度　　　　　　　　　　D. 涨跌停板制度

【答案】A 【解析】根据《期货交易管理条例》第十一条，结算担保金制度是实行会员分级结算制度的期货交易所特有的风险管理制度。

第三章　期货公司(重点掌握)

第十五条　期货公司是依照《中华人民共和国公司法》和本条例规定设立的经营期货业务的金融机构。设立期货公司,应当在公司登记机关登记注册,并经国务院期货监督管理机构批准。

未经国务院期货监督管理机构批准,任何单位或者个人不得设立或者变相设立期货公司,经营期货业务。

【知识链接】按照《公司登记管理条例》及相关法律文件的规定,我国的公司登记机关是国家工商行政管理总局和地方各级工商行政管理局。

第十六条　申请设立期货公司,应当符合《中华人民共和国公司法》的规定,并具备下列条件:

(一)注册资本最低限额为人民币3000万元;

(二)董事、监事、高级管理人员具备任职条件,从业人员具有期货从业资格;①

(三)有符合法律、行政法规规定的公司章程;

(四)主要股东以及实际控制人具有持续盈利能力,信誉良好,最近3年无重大违法违规记录;

(五)有合格的经营场所和业务设施;

(六)有健全的风险管理和内部控制制度;

(七)国务院期货监督管理机构规定的其他条件。

国务院期货监督管理机构根据审慎监管原则和各项业务的风险程度,可以提高注册资本最低限额。注册资本应当是实缴资本。股东应当以货币或者期货公司经营必需的非货币财产出资,货币出资比例不得低于85%。

国务院期货监督管理机构应当在受理期货公司设立申请之日起6个月内,根据审慎监管原则进行审查,作出批准或者不批准的决定。

未经国务院期货监督管理机构批准,任何单位和个人不得委托或者接受他人委托持有或者管理期货公司的股权。

第十七条　期货公司业务实行许可制度,由国务院期货监督管理机构按照其商品期货、金融期货业务种类颁发许可证。期货公司除申请经营境内期货经纪业务外,还可以申请经营境外期货经纪、期货投资咨询以及国务院期货监督管理机构规定的其他期货业务。

期货公司不得从事与期货业务无关的活动,法律、行政法规或者国务院期货监督管理机构另有规定的除外。

期货公司不得从事或者变相从事期货自营业务。

期货公司不得为其股东、实际控制人或者其他关联人提供融资,不得对外担保。

考查概率:100%,所占分值为1~2分。

考试题型:主要以单选题和综合题的形式出现。

考查重点:第十五条、第十六条、第十七条、第十九条。

①具有期货从业资格的人员应不少于15人。

第十八条　期货公司从事经纪业务,接受客户委托,以自己的名义为客户进行期货交易,交易结果由客户承担。

第十九条　期货公司办理下列事项,应当经**国务院期货监督管理机构**批准:

(一)合并、分立、停业、解散或者破产;

(二)变更业务范围;

(三)变更注册资本且调整股权结构;

(四)新增持有 5% 以上股权的股东或者控股股东发生变化;

(五)国务院期货监督管理机构规定的其他事项。

前款第三项、第五项所列事项,国务院期货监督管理机构应当自受理申请之日起 **20 日内**作出批准或者不批准的决定;前款所列其他事项,国务院期货监督管理机构应当自受理申请之日起 **2 个月内**[①]作出批准或者不批准的决定。

第二十条　期货公司或者其分支机构有《中华人民共和国行政许可法》第七十条规定的情形或者下列情形之一的,国务院期货监督管理机构应当依法办理期货业务许可证注销手续:

(一)营业执照被公司登记机关依法注销;

(二)成立后无正当理由超过 3 个月未开始营业,或者开业后无正当理由停业连续 3 个月以上;

(三)主动提出注销申请;

(四)国务院期货监督管理机构规定的其他情形。

期货公司在注销期货业务许可证前,应当结清相关期货业务,并依法返还客户的保证金和其他资产。期货公司分支机构在注销经营许可证前,应当终止经营活动,妥善处理客户资产。

【知识链接】《中华人民共和国行政许可法》第七十条规定,有下列情形之一的,行政机关应当依法办理有关行政许可的注销手续:

(一)行政许可有效期届满未延续的;(二)赋予公民特定资格的行政许可,该公民死亡或者丧失行为能力的;(三)法人或者其他组织依法终止的;(四)行政许可依法被撤销、撤回,或者行政许可证件依法被吊销的;(五)因不可抗力导致行政许可事项无法实施的;(六)法律、法规规定的应当注销行政许可的其他情形。

第二十一条　期货公司应当建立、健全并严格执行业务管理规则、风险管理制度,遵守信息披露制度,保障客户保证金的存管安全,按照期货交易所的规定,向期货交易所报告大户名单、交易情况。

第二十二条　其他期货经营机构从事期货投资咨询业务,应当遵守国务院期货监督管理机构的规定。

[①]考生应注意区分应当自受理申请之日起 20 日内和 2 个月内作出批准或者不批准的决定所对应的事项,此处内容经常容易混淆。

母题精选

【综合题】某证券公司拟设立全资期货公司,期货公司注册资本为 2 亿元,该证券公司拟以 1.7 亿元人民币,以及经评估作价为 2000 万元的信息技术系统及抵债取得的对某公司的股权作为对期货公司的出资。根据《期货交易管理条例》的规定,下列关于出资方案的表述,正确的是(　　)。

A.方案不符合规定,货币出资比例过低

B.方案不符合规定,对某公司的股权不得用于出资

C.方案不符合规定,注册资本低于期货公司注册资本最低限额

D.方案符合规定

【答案】B 【解析】申请设立期货公司,注册资本最低限额为人民币3000万元,应当是实缴资本。选项C表述错误;股东应当以货币或者期货公司经营必需的非货币财产出资,货币出资比例不得低于85%。本题中,注册资本为2亿元,货币出资额为1.7亿元,货币出资额符合规定,选项A表述错误;申请设立期货公司,不得将股权用于出资。选项B表述正确,选项D表述错误。

【综合题】某期货公司注册资本为1亿元,其中甲公司出资700万元。下列关于期货公司与甲公司关系的表述,错误的是(　　)。

　　A. 甲公司在期货公司处进行期货交易,期货公司可以适当降低风险管理要求

　　B. 期货公司不得向甲公司做出最低收益承诺,但可以做出最低分红的承诺

　　C. 期货公司不得向甲公司提供融资

　　D. 因甲公司不是控股股东,经股东会批准,期货公司可以向其提供担保

【答案】ABD 【解析】期货公司向股东、实际控制人及其关联人提供服务的,不得降低风险管理要求。选项A表述错误;期货公司不得作出最低收益承诺,也不得作出最低分红的承诺,选项B表述错误;期货公司不得为其股东、实际控制人或者其他关联人提供融资,不得对外担保。选项C表述正确,选项D表述错误。

第四章　期货交易基本规则(重点掌握) ⟩⟩

第二十三条 在期货交易所进行期货交易的,应当是期货交易所会员。[①]

符合规定条件的境外机构,可以在期货交易所从事特定品种的期货交易。具体办法由国务院期货监督管理机构制定。

第二十四条 期货公司接受客户委托为其进行期货交易,应当事先向客户出示风险说明书,经客户签字确认后,与客户签订书面合同。期货公司不得未经客户委托或者不按照客户委托内容,擅自进行期货交易。

期货公司不得向客户作获利保证;不得在经纪业务中与客户约定分享利益或者共担风险。

第二十五条 下列单位和个人不得从事期货交易,期货公司不得接受其委托为其进行期货交易:

(一)国家机关和事业单位;

(二)国务院期货监督管理机构、期货交易所、期货保证金安全存管监控机构和期货业协会的工作人员;

(三)证券、期货市场禁止进入者;

(四)未能提供开户证明材料的单位和个人;

(五)国务院期货监督管理机构规定不得从事期货交易的其他单位和个人。

【知识链接】《期货公司监督管理办法》中,对于不得从事期货交易的单位和个人有着更为严格的规定:除《期货交易管理条例》第二十五条规定的单位和个人外,中国证监会及其派出机构、期货交易所、期货保证金安全存管监控机构、中国期货业协会工作人员及其配偶,期货公司工作人员及其配偶等,期货公司不得接受其委托为其进行期货交易。二者的规定不一致,应当遵守更为严格的规定。

第二十六条 客户可以通过书面、电话、互联网或者国务院期货监督管理机构规定的其他方式,向期货公司下达交易指令。客户的交易指令应当明确、全面。

期货公司不得隐瞒重要事项或者使用其他不正当手段诱骗客户发出交易指令。

考查概率:100%,所占分值为4~5分。

考试题型:单选题、多选题、判断题和综合题均有出现的可能,其中以单选题和多选题为主。

考查重点:所有内容均有考查的可能,考生应重点掌握本知识点的内容。

[①]期货交易所中,每个会员享有同等的权利与义务,交易所会员有权在交易所交易大厅内直接参加交易,同时必须遵守交易所的规则,交纳会费,履行应尽的义务。

第二十七条　期货交易所应当及时公布上市品种合约的<u>成交量、成交价、持仓量、最高价与最低价、开盘价与收盘价</u>和其他应当公布的即时行情，并保证即时行情的真实、准确。期货交易所不得发布价格预测信息。

未经期货交易所许可，任何单位和个人不得发布期货交易即时行情。

第二十八条　期货交易应当严格执行保证金制度。<u>期货交易所向会员、期货公司向客户收取的保证金①</u>，不得低于国务院期货监督管理机构、期货交易所规定的标准，并应当与自有资金分开，专户存放。

期货交易所<u>向会员收取的保证金，属于会员所有</u>，除用于会员的交易结算外，严禁挪作他用。

期货公司向客户收取的保证金，属于客户所有，除下列可划转的情形外，严禁挪作他用：

（一）<u>依据客户的要求支付可用资金</u>；

（二）<u>为客户交存保证金，支付手续费、税款</u>；

（三）国务院期货监督管理机构规定的其他情形。

第二十九条　期货公司应当为每一个客户单独开立专门账户、设置交易编码，不得混码交易。

第三十条　期货公司经营期货经纪业务又同时经营其他期货业务的，应当严格执行业务分离和资金分离制度，不得混合操作。

第三十一条　<u>期货交易所、期货公司、非期货公司结算会员</u>应当按照国务院期货监督管理机构、财政部门的规定提取、管理和使用风险准备金，不得挪用。

第三十二条　期货交易的收费项目、收费标准和管理办法由<u>国务院有关主管部门</u>统一制定并公布。

第三十三条　期货交易的结算，由<u>期货交易所</u>统一组织进行。

期货交易所实行<u>当日无负债结算制度。期货交易所应当在当日及时将结算结果通知会员</u>。

<u>期货公司根据期货交易所的结算结果对客户进行结算</u>，并应当将结算结果按照与客户约定的方式及时通知客户。客户应当<u>及时查询并妥善处理</u>自己的交易持仓。

第三十四条　期货交易所会员的保证金不足时，应当<u>及时追加保证金或者自行平仓</u>。会员未在期货交易所规定的时间内追加保证金或者自行平仓的，期货交易所应当将该会员的合约强行平仓，<u>强行平仓的有关费用和发生的损失由该会员承担</u>。

客户保证金不足时，应当<u>及时追加保证金或者自行平仓</u>。客户未在期货公司规定的时间内及时追加保证金或者自行平仓的，期货公司应当将该客户的合约强行平仓，<u>强行平仓的有关费用和发生的损失由该客户承担</u>。

第三十五条　期货交易的交割，由<u>期货交易所</u>统一组织进行。

交割仓库由期货交易所指定。期货交易所不得限制实物交割总量，并应当与交割仓库签订协议，明确双方的权利和义务。交割仓库不得有下列行为：

（一）出具虚假仓单；

（二）违反期货交易所业务规则，限制交割商品的入库、出库；

（三）泄露与期货交易有关的商业秘密；

（四）违反国家有关规定参与期货交易；

（五）国务院期货监督管理机构规定的其他行为。

第三十六条　会员在期货交易中违约的，期货交易所先以该会员的保证金承担违约责任；保证金不足的，期货交易所应当以风险准备金和自有资金代为承担违约责任，并由此取得对该会员的相应追偿权。

①对于保证金：
（1）期货交易所对应的是会员，向会员收取；期货公司对应的是客户，向客户收取。
（2）无论是谁收取，保证金均为"谁缴纳，归谁所有"，除法定情形外，严禁挪作他用。

客户在期货交易中违约的,期货公司先以该客户的保证金承担违约责任;保证金不足的,期货公司应当以风险准备金和自有资金代为承担违约责任,并由此取得对该客户的相应追偿权。

第三十七条　实行会员分级结算制度的期货交易所[①],应当向结算会员收取结算担保金。期货交易所只对结算会员结算,收取和追收保证金,以结算担保金、风险准备金、自有资金代为承担违约责任,以及采取其他相关措施;对非结算会员的结算、收取和追收保证金、代为承担违约责任,以及采取其他相关措施,由结算会员执行。

第三十八条　期货交易所、期货公司和非期货公司结算会员应当保证期货交易、结算、交割资料的完整和安全。

第三十九条　任何单位或者个人不得编造、传播有关期货交易的虚假信息,不得恶意串通、联手买卖或者以其他方式操纵期货交易价格。

第四十条　任何单位或者个人不得违规使用信贷资金、财政资金进行期货交易。

银行业金融机构从事期货交易融资或者担保业务的资格,由国务院银行业监督管理机构批准。

第四十一条　国有以及国有控股企业进行境内外期货交易,应当遵循套期保值的原则,严格遵守国务院国有资产监督管理机构以及其他有关部门关于企业以国有资产进入期货市场的有关规定。

第四十二条　境外期货项下购汇、结汇以及外汇收支,应当符合国家外汇管理有关规定。

境内单位或者个人从事境外期货交易的办法,由国务院期货监督管理机构会同国务院商务主管部门、国有资产监督管理机构、银行业监督管理机构、外汇管理部门等有关部门制订,报国务院批准后施行。

① 对于实行会员分级结算制度的期货交易所的结算模式:
(1)期货交易所对应的是结算会员,与结算会员结算;
(2)结算会员对应的是非结算会员,与非结算会员结算;
(3)非结算会员对应的是其受托的客户,与其受托的客户结算。
我国目前只有中国金融期货交易所实行会员分级结算制度。

母题精选

【综合题】某事业单位与期货公司签订期货经纪合同,委托期货公司进行期货交易。关于该事业单位期货交易的表述,正确的是(　　)。
　　A.该事业单位经其上级主管部门批准,可以进行期货交易
　　B.该事业单位不得进行期货交易
　　C.期货公司不得接受该事业单位委托为其进行期货交易
　　D.中国证监会可以对事业单位进行处罚
【答案】BC　【解析】国家机关和事业单位不得从事期货交易,期货公司不得接受其委托为其进行期货交易。选项A、选项D表述错误,选项B、选项C表述正确。

【单选题】下列关于期货交易结算的表述,错误的是(　　)。
　　A.期货交易所应当及时将结算结果通知客户
　　B.期货公司根据期货交易所的结算结果对客户进行结算
　　C.期货交易所实行当日无负债结算制度
　　D.客户应当及时查询结算结果并作出妥善处理
【答案】A　【解析】根据《期货交易管理条例》第三十三条,期货交易所应当在当日及时将结算结果通知会员,而不是客户。选项A表述错误。

【综合题】根据《期货交易管理条例》,如果客户在期货交易中发生违约,客户保证金不足,正确的处理方式是(　　)。
　　A.期货公司依法代客户承担违约责任后,取得对该客户的追偿权
　　B.期货公司先以结算担保金代为承担违约责任

C.期货公司先以风险准备金代为承担违约责任

D.由期货交易所先以风险准备金代为承担违约责任,并由此取得对该客户的相应追偿权

【答案】A　【解析】根据《期货交易管理条例》第三十六条,选项A表述正确。

第五章　期货业协会(理解)

考查概率:30%,所占分值约为0.5分。
考试题型:主要以单选题的形式出现。
考查重点:第四十三条和第四十四条。

第四十三条　期货业协会是期货业的自律性组织,是社会团体法人。

期货公司以及其他专门从事期货经营的机构应当加入期货业协会,并缴纳会员费。

第四十四条　期货业协会的权力机构为全体会员组成的会员大会。

期货业协会的章程由会员大会制定,并报国务院期货监督管理机构备案。

期货业协会设理事会。理事会成员按照章程的规定选举产生。

第四十五条　期货业协会履行下列职责:

(一)教育和组织会员遵守期货法律法规和政策;

(二)制定会员应当遵守的行业自律性规则,监督、检查会员行为,对违反协会章程和自律性规则的,按照规定给予纪律处分;

(三)负责期货从业人员资格的认定、管理以及撤销工作;

(四)受理客户与期货业务有关的投诉,对会员之间、会员与客户之间发生的纠纷进行调解;

(五)依法维护会员的合法权益,向国务院期货监督管理机构反映会员的建议和要求;

(六)组织期货从业人员的业务培训,开展会员间的业务交流;

(七)组织会员就期货业的发展、运作以及有关内容进行研究;

(八)期货业协会章程规定的其他职责。

期货业协会的业务活动应当接受国务院期货监督管理机构的指导和监督。

母题精选

【单选题】下列关于中国期货业协会章程的表述中正确的是(　　　　)。

A.由协会理事会制定,并报会员大会批准

B.由协会理事会制定,并报会员大会备案

C.由协会会员大会制定,并报国务院期货监督管理机构备案

D.由协会会员大会制定,并报国务院期货监督管理机构批准

【答案】C　【解析】期货业协会的章程由会员大会制定,并报国务院期货监督管理机构备案。选项C表述正确。

第六章　监督管理(重点掌握)

考查概率:100%,所占分值为1~2分。
考试题型:主要以单选题、多选题和判断题的形式出现。
考查重点:第四十七条、第四十八条、第五十条、第五十四条、第五十六条、第五十七条、第五十九条、第六十条。

第四十六条　国务院期货监督管理机构对期货市场实施监督管理,依法履行下列职责:

(一)制定有关期货市场监督管理的规章、规则,并依法行使审批权;

(二)对品种的上市、交易、结算、交割等期货交易及其相关活动,进行监督管理;

(三)对期货交易所、期货公司及其他期货经营机构、非期货公司结算会员、期货保证金安全存管监控机构、期货保证金存管银行、交割仓库等市场相关参与者的期货业务活动,进行监督管理;

(四)制定期货从业人员的资格标准和管理办法,并监督实施;

(五)监督检查期货交易的信息公开情况;

(六)对期货业协会的活动进行指导和监督;

（七）对违反期货市场监督管理法律、行政法规的行为进行查处；

（八）开展与期货市场监督管理有关的国际交流、合作活动；

（九）法律、行政法规规定的其他职责。

第四十七条 国务院期货监督管理机构依法履行职责,可以采取下列措施：

（一）对期货交易所、期货公司及其他期货经营机构、非期货公司结算会员、期货保证金安全存管监控机构和交割仓库进行现场检查；

（二）进入涉嫌违法行为发生场所调查取证；

（三）询问当事人和与被调查事件有关的单位和个人,要求其对与被调查事件有关的事项作出说明；

（四）查阅、复制与被调查事件有关的财产权登记等资料；

（五）查阅、复制当事人和与被调查事件有关的单位和个人的期货交易记录、财务会计资料以及其他相关文件和资料；对可能被转移、隐匿或者毁损的文件和资料,可以予以封存；

（六）查询与被调查事件有关的单位的保证金账户和银行账户；

（七）在调查操纵期货交易价格、内幕交易等重大期货违法行为时,经国务院期货监督管理机构主要负责人批准,可以限制被调查事件当事人的期货交易,但限制的时间不得超过15个交易日；案情复杂的,可以延长至30个交易日；[①]

（八）法律、行政法规规定的其他措施。

第四十八条 期货交易所、期货公司及其他期货经营机构、期货保证金安全存管监控机构,应当向国务院期货监督管理机构报送财务会计报告、业务资料和其他有关资料。

对期货公司及其他期货经营机构报送的年度报告,国务院期货监督管理机构应当指定专人进行审核,并制作审核报告。审核人员应当在审核报告上签字。审核中发现问题的,国务院期货监督管理机构应当及时采取相应措施。

必要时,国务院期货监督管理机构可以要求非期货公司结算会员、交割仓库,以及期货公司股东、实际控制人或者其他关联人报送相关资料。

第四十九条 国务院期货监督管理机构依法履行职责,进行监督检查或者调查时,被检查、调查的单位和个人应当配合,如实提供有关文件和资料,不得拒绝、阻碍和隐瞒；其他有关部门和单位应当给予支持和配合。

第五十条 国家根据期货市场发展的需要,设立期货投资者保障基金。

期货投资者保障基金的筹集、管理和使用的具体办法,由国务院期货监督管理机构会同国务院财政部门制定。

第五十一条 国务院期货监督管理机构应当建立、健全保证金安全存管监控制度,设立期货保证金安全存管监控机构。

客户和期货交易所、期货公司及其他期货经营机构、非期货公司结算会员以及期货保证金存管银行,应当遵守国务院期货监督管理机构有关保证金安全存管监控的规定。

第五十二条 期货保证金安全存管监控机构依照有关规定对保证金安全实施监控,进行每日稽核,发现问题应当立即报告国务院期货监督管理机构。国务院期货监督管理机构应当根据不同情况,依照本条例有关规定及时处理。

第五十三条 国务院期货监督管理机构对期货交易所和期货保证金安全存管监控机构的董事、监事、高级管理人员,实行资格管理制度。

第五十四条 国务院期货监督管理机构应当制定期货公司持续性经营规则,对期货公司的净资本与净资产的比例,净资本与境内期货经纪、境外期货经纪等业务规模的比例,流动资产与流动负债的比例等风险监管指标作出规定；对期货公司及其分支机构的经营条件、风险管理、内部控制、保证金存管、关联交易等方面提出要求。

第五十五条 期货公司及其分支机构不符合持续性经营规则或者出现经营风险的,国务

① 此处"限制的时间最长不得超过30个交易日",在考试中,应注意审题,看清楚题目问的是什么。

院期货监督管理机构可以对期货公司及其董事、监事和高级管理人员采取谈话、提示、记入信用记录等监管措施或者责令期货公司限期整改，并对其整改情况进行检查验收。

期货公司逾期未改正，其行为严重危及期货公司的稳健运行、损害客户合法权益，或者涉嫌严重违法违规正在被国务院期货监督管理机构调查的，国务院期货监督管理机构可以区别情形，对其采取下列措施：

（一）限制或者暂停部分期货业务；

（二）停止批准新增业务；

（三）限制分配红利，限制向董事、监事、高级管理人员支付报酬、提供福利；

（四）限制转让财产或者在财产上设定其他权利；

（五）责令更换董事、监事、高级管理人员或者有关业务部门、分支机构的负责人员，或者限制其权利；

（六）限制期货公司自有资金或者风险准备金的调拨和使用；

（七）责令控股股东转让股权或者限制有关股东行使股东权利。

对经过整改符合有关法律、行政法规规定以及持续性经营规则要求的期货公司，国务院期货监督管理机构应当自验收完毕之日起 3 日内解除对其采取的有关措施。

对经过整改仍未达到持续性经营规则要求，严重影响正常经营的期货公司，国务院期货监督管理机构有权撤销其部分或者全部期货业务许可、关闭其分支机构。

第五十六条　期货公司违法经营或者出现重大风险，严重危害期货市场秩序、损害客户利益的，国务院期货监督管理机构可以对该期货公司采取责令停业整顿、指定其他机构托管或者接管等监管措施。经国务院期货监督管理机构批准，可以对该期货公司直接负责的董事、监事、高级管理人员和其他直接责任人员采取以下措施：

（一）通知出境管理机关依法阻止其出境；

（二）申请司法机关禁止其转移、转让或者以其他方式处分财产，或者在财产上设定其他权利。

第五十七条　期货公司的股东有虚假出资或者抽逃出资行为的，国务院期货监督管理机构应当责令其限期改正，并可责令其转让所持期货公司的股权。

在股东按照前款要求改正违法行为、转让所持期货公司的股权前，国务院期货监督管理机构可以限制其股东权利。

第五十八条　当期货市场出现异常情况时，国务院期货监督管理机构可以采取必要的风险处置措施。

第五十九条　期货公司的交易软件、结算软件，应当满足期货公司审慎经营和风险管理以及国务院期货监督管理机构有关保证金安全存管监控规定的要求。期货公司的交易软件、结算软件不符合要求的，国务院期货监督管理机构有权要求期货公司予以改进或者更换。

国务院期货监督管理机构可以要求期货公司的交易软件、结算软件的供应商提供该软件的相关资料，供应商应当予以配合。国务院期货监督管理机构对供应商提供的相关资料负有保密义务。

第六十条　期货公司涉及重大诉讼、仲裁，或者股权被冻结或者用于担保，以及发生其他重大事件时，期货公司及其相关股东、实际控制人应当自该事件发生之日起 5 日内向国务院期货监督管理机构提交书面报告。

第六十一条　会计师事务所、律师事务所、资产评估机构等中介服务机构向期货交易所和期货公司等市场相关参与者提供相关服务时，应当遵守期货法律、行政法规以及国家有关规定，并按照国务院期货监督管理机构的要求提供相关资料。

第六十二条　国务院期货监督管理机构应当与有关部门建立监督管理的信息共享和协

调配合机制。

国务院期货监督管理机构可以和其他国家或者地区的期货监督管理机构建立监督管理合作机制,实施跨境监督管理。

第六十三条 国务院期货监督管理机构、期货交易所、期货保证金安全存管监控机构和期货保证金存管银行等相关单位的工作人员,应当忠于职守,依法办事,公正廉洁,保守国家秘密和有关当事人的商业秘密,不得利用职务便利牟取不正当的利益。

🔵 母题精选

【多选题】期货公司违法经营或者出现重大风险,严重危害期货市场秩序、损害客户利益的,国务院期货监督管理机构可以对该期货公司采取的措施有( )。

  A.责令停业整顿

  B.指定其他机构托管或者接管

  C.通知出境管理机关依法阻止直接负责的高级管理人员出境

  D.申请司法机关禁止直接负责的董事转移、转让或者以其他方式处分财产

【答案】ABCD 【解析】根据《期货交易管理条例》第五十六条,选项A、选项B、选项C和选项D均属于国务院期货监督管理机构可以对该期货公司采取的措施。

【单选题】根据《期货交易管理条例》,期货公司的交易软件、结算软件,应当满足期货公司审慎经营和风险管理以及保证金安全存管监控规定的要求。期货公司的交易软件、结算软件不符合要求的,有权要求期货公司予以改进或者更换的是( )。

  A.期货保证金安全存管监控机构   B.期货保证金存管银行

  C.期货交易所   D.国务院期货监督管理机构

【答案】D 【解析】根据《期货交易管理条例》第五十九条,期货公司的交易软件、结算软件不符合要求的,国务院期货监督管理机构有权要求期货公司予以改进或者更换。选项D符合题意。

第七章 法律责任(重点掌握) »

> 🖐 **考查概率**:100%,所占分值为2~3分。
>
> **考试题型**:主要以单选题、多选题和判断题的形式出现。
>
> **考查重点**:第六十五条、第六十六条、第七十条、第七十五条、第七十六条。

第六十四条 期货交易所、非期货公司结算会员有下列行为之一的,责令改正,给予警告,没收违法所得:

(一)违反规定接纳会员的;

(二)违反规定收取手续费的;

(三)违反规定使用、分配收益的;

(四)不按照规定公布即时行情的,或者发布价格预测信息的;

(五)不按照规定向国务院期货监督管理机构履行报告义务的;

(六)不按照规定向国务院期货监督管理机构报送有关文件、资料的;

(七)不按照规定建立、健全结算担保金制度的;

(八)不按照规定提取、管理和使用风险准备金的;

(九)违反国务院期货监督管理机构有关保证金安全存管监控规定的;

(十)限制会员实物交割总量的;

(十一)任用不具备资格的期货从业人员的;

(十二)违反国务院期货监督管理机构规定的其他行为。

有前款所列行为之一的,对直接负责的主管人员和其他直接责任人员给予纪律处分,处1万元以上10万元以下的罚款。

有本条第一款第二项所列行为的,应当责令退还多收取的手续费。

期货保证金安全存管监控机构有本条第一款第五项、第六项、第九项、第十一项、第十二项所列行为的,依照本条第一款、第二款的规定处罚、处分。期货保证金存管银行有本条第一款第九项、第十二项所列行为的,依照本条第一款、第二款的规定处罚、处分。

　　第六十五条　期货交易所有下列行为之一的,责令改正,给予警告,没收违法所得,并处违法所得 1 倍以上 5 倍以下的罚款;没有违法所得或者违法所得不满 10 万元的,并处 10 万元以上 50 万元以下的罚款;情节严重的,责令停业整顿:

　　(一)未经批准,擅自办理本条例第十三条所列事项的;

　　(二)允许会员在保证金不足的情况下进行期货交易的;

　　(三)直接或者间接参与期货交易,或者违反规定从事与其职责无关的业务的;

　　(四)违反规定收取保证金,或者挪用保证金的;

　　(五)伪造、涂改或者不按照规定保存期货交易、结算、交割资料的;

　　(六)未建立或者未执行当日无负债结算、涨跌停板、持仓限额和大户持仓报告制度的;

　　(七)拒绝或者妨碍国务院期货监督管理机构监督检查的;

　　(八)违反国务院期货监督管理机构规定的其他行为。

　　有前款所列行为之一的,对直接负责的主管人员和其他直接责任人员给予纪律处分,处 1 万元以上 10 万元以下的罚款。

　　非期货公司结算会员有本条第一款第二项、第四项至第八项所列行为之一的,依照本条第一款、第二款的规定处罚、处分。

　　期货保证金安全存管监控机构有本条第一款第三项、第七项、第八项所列行为的,依照本条第一款、第二款的规定处罚、处分。

　　第六十六条　期货公司有下列行为之一的,责令改正,给予警告,没收违法所得,并处违法所得 1 倍以上 3 倍以下的罚款;没有违法所得或者违法所得不满 10 万元的,并处 10 万元以上 30 万元以下的罚款;情节严重的,责令停业整顿或者吊销期货业务许可证:

　　(一)接受不符合规定条件的单位或者个人委托的;

　　(二)允许客户在保证金不足的情况下进行期货交易的;

　　(三)未经批准,擅自办理本条例第十九条所列事项的;

　　(四)违反规定从事与期货业务无关的活动的;

　　(五)从事或者变相从事期货自营业务的;

　　(六)为其股东、实际控制人或者其他关联人提供融资,或者对外担保的;

　　(七)违反国务院期货监督管理机构有关保证金安全存管监控规定的;

　　(八)不按照规定向国务院期货监督管理机构履行报告义务或者报送有关文件、资料的;

　　(九)交易软件、结算软件不符合期货公司审慎经营和风险管理以及国务院期货监督管理机构有关保证金安全存管监控规定的要求的;

　　(十)不按照规定提取、管理和使用风险准备金的;

　　(十一)伪造、涂改或者不按照规定保存期货交易、结算、交割资料的;

　　(十二)任用不具备资格的期货从业人员的;

　　(十三)伪造、变造、出租、出借、买卖期货业务许可证或者经营许可证的;

　　(十四)进行混码交易的;

　　(十五)拒绝或者妨碍国务院期货监督管理机构监督检查的;

　　(十六)违反国务院期货监督管理机构规定的其他行为。

　　期货公司有前款所列行为之一的,对直接负责的主管人员和其他直接责任人员给予警告,并处 1 万元以上 5 万元以下的罚款;情节严重的,暂停或者撤销期货从业人员资格。

　　期货公司之外的其他期货经营机构有本条第一款第八项、第十二项、第十三项、第十五项、第十六项所列行为的,依照本条第一款、第二款的规定处罚。

期货公司的股东、实际控制人或者其他关联人未经批准擅自委托他人或者接受他人委托持有或者管理期货公司股权的,拒不配合国务院期货监督管理机构的检查,拒不按照规定履行报告义务、提供有关信息和资料,或者报送、提供的信息和资料有虚假记载、误导性陈述或者重大遗漏的,依照本条第一款、第二款的规定处罚。

第六十七条 期货公司有下列欺诈客户行为之一的,责令改正,给予警告,没收违法所得,并处违法所得1倍以上5倍以下的罚款;没有违法所得或者违法所得不满10万元的,并处10万元以上50万元以下的罚款;情节严重的,责令停业整顿或者吊销期货业务许可证:

(一)向客户作获利保证或者不按照规定向客户出示风险说明书的;

(二)在经纪业务中与客户约定分享利益、共担风险的;

(三)不按照规定接受客户委托或者不按照客户委托内容擅自进行期货交易的;

(四)隐瞒重要事项或者使用其他不正当手段,诱骗客户发出交易指令的;

(五)向客户提供虚假成交回报的;

(六)未将客户交易指令下达到期货交易所的;

(七)挪用客户保证金的;

(八)不按照规定在期货保证金存管银行开立保证金账户,或者违规划转客户保证金的;

(九)国务院期货监督管理机构规定的其他欺诈客户的行为。

期货公司有前款所列行为之一的,对直接负责的主管人员和其他直接责任人员给予警告,并处1万元以上10万元以下的罚款;情节严重的,暂停或者撤销期货从业人员资格。

任何单位或者个人编造并且传播有关期货交易的虚假信息,扰乱期货交易市场的,依照本条第一款、第二款的规定处罚。

第六十八条 期货公司及其他期货经营机构、非期货公司结算会员、期货保证金存管银行提供虚假申请文件或者采取其他欺诈手段隐瞒重要事实骗取期货业务许可的,撤销其期货业务许可,没收违法所得。

第六十九条 期货交易内幕信息的知情人或者非法获取期货交易内幕信息的人,在对期货交易价格有重大影响的信息尚未公开前,利用内幕信息从事期货交易,或者向他人泄露内幕信息,使他人利用内幕信息进行期货交易的,没收违法所得,并处违法所得1倍以上5倍以下的罚款;没有违法所得或者违法所得不满10万元的,处10万元以上50万元以下的罚款。单位从事内幕交易的,还应当对直接负责的主管人员和其他直接责任人员给予警告,并处3万元以上30万元以下的罚款。

国务院期货监督管理机构、期货交易所和期货保证金安全存管监控机构的工作人员进行内幕交易的,从重处罚。

第七十条 任何单位或者个人有下列行为之一,操纵期货交易价格的,责令改正,没收违法所得,并处违法所得1倍以上5倍以下的罚款;没有违法所得或者违法所得不满20万元的,处20万元以上100万元以下的罚款:

(一)单独或者合谋,集中资金优势、持仓优势或者利用信息优势联合或者连续买卖合约,操纵期货交易价格的;

(二)蓄意串通,按事先约定的时间、价格和方式相互进行期货交易,影响期货交易价格或者期货交易量的;

(三)以自己为交易对象,自买自卖,影响期货交易价格或者期货交易量的;

(四)为影响期货市场行情囤积现货的;

(五)国务院期货监督管理机构规定的其他操纵期货交易价格的行为。

单位有前款所列行为之一的,对直接负责的主管人员和其他直接责任人员给予警告,并处 1 万元以上 10 万元以下的罚款。

第七十一条 交割仓库有本条例第三十五条第二款所列行为之一的,责令改正,给予警告,没收违法所得,并处违法所得 1 倍以上 5 倍以下的罚款;没有违法所得或者违法所得不满 10 万元的,并处 10 万元以上 50 万元以下的罚款;情节严重的,责令期货交易所暂停或者取消其交割仓库资格。对直接负责的主管人员和其他直接责任人员给予警告,并处 1 万元以上 10 万元以下的罚款。

第七十二条 国有以及国有控股企业违反本条例和国务院国有资产监督管理机构以及其他有关部门关于企业以国有资产进入期货市场的有关规定进行期货交易,或者单位、个人违规使用信贷资金、财政资金进行期货交易的,给予警告,没收违法所得,并处违法所得 1 倍以上 5 倍以下的罚款;没有违法所得或者违法所得不满 10 万元的,并处 10 万元以上 50 万元以下的罚款。对直接负责的主管人员和其他直接责任人员给予降级直至开除的纪律处分。

第七十三条 境内单位或者个人违反规定从事境外期货交易的,责令改正,给予警告,没收违法所得,并处违法所得 1 倍以上 5 倍以下的罚款;没有违法所得或者违法所得不满 20 万元的,并处 20 万元以上 100 万元以下的罚款;情节严重的,暂停其境外期货交易。对单位直接负责的主管人员和其他直接责任人员给予警告,并处 1 万元以上 10 万元以下的罚款。

第七十四条 非法设立期货交易场所或者以其他形式组织期货交易活动的,由所在地县级以上地方人民政府予以取缔,没收违法所得,并处违法所得 1 倍以上 5 倍以下的罚款;没有违法所得或者违法所得不满 20 万元的,处 20 万元以上 100 万元以下的罚款。对单位直接负责的主管人员和其他直接责任人员给予警告,并处 1 万元以上 10 万元以下的罚款。

非法设立期货公司及其他期货经营机构,或者擅自从事期货业务的,予以取缔,没收违法所得,并处违法所得 1 倍以上 5 倍以下的罚款;没有违法所得或者违法所得不满 20 万元的,处 20 万元以上 100 万元以下的罚款。对单位直接负责的主管人员和其他直接责任人员给予警告,并处 1 万元以上 10 万元以下的罚款。

第七十五条 期货公司的交易软件、结算软件供应商拒不配合国务院期货监督管理机构调查,或者未按照规定向国务院期货监督管理机构提供相关软件资料,或者提供的软件资料有虚假、重大遗漏的,责令改正,处 3 万元以上 10 万元以下的罚款。对直接负责的主管人员和其他直接责任人员给予警告,并处 1 万元以上 5 万元以下的罚款。

第七十六条 会计师事务所、律师事务所、资产评估机构等中介服务机构未勤勉尽责,所出具的文件有虚假记载、误导性陈述或者重大遗漏的,责令改正,没收业务收入,暂停或者撤销相关业务许可,并处业务收入 1 倍以上 5 倍以下的罚款。对直接负责的主管人员和其他直接责任人员给予警告,并处 3 万元以上 10 万元以下的罚款。

第七十七条 任何单位或者个人违反本条例规定,情节严重的,由国务院期货监督管理机构宣布该个人、该单位或者该单位的直接责任人员为期货市场禁止进入者。

第七十八条 国务院期货监督管理机构、期货交易所、期货保证金安全存管监控机构和期货保证金存管银行等相关单位的工作人员,泄露知悉的国家秘密或者会员、客户商业秘密,或者徇私舞弊、玩忽职守、滥用职权、收受贿赂的,依法给予行政处分或者纪律处分。

第七十九条 违反本条例规定,构成犯罪的,依法追究刑事责任。

第八十条 对本条例规定的违法行为的行政处罚,除本条例已有规定的外,由国务院期货监督管理机构决定;涉及其他有关部门法定职权的,国务院期货监督管理机构应当会同其他有关部门处理;属于其他有关部门法定职权的,国务院期货监督管理机构应当移交其他有关部门处理。

母题精选

【多选题】从事期货经营业务的机构任用无期货从业资格的人员从事期货业务的,中国证监会可以对其(　　)。

　　A. 吊销期货业务许可证　　　　　B. 停业整顿
　　C. 警告　　　　　　　　　　　D. 罚款

【答案】ABCD　【解析】根据《期货交易管理条例》第六十六条,选项 A、选项 B、选项 C 和选项 D 均属于中国证监会可以对其采取的措施,其中,选项 A、选项 B 属于情节严重时的处罚。

【单选题】会计师事务所、律师事务所、资产评估机构等中介服务机构未勤勉尽责,所出具的文件有虚假记载、误导性陈述或者重大遗漏的,对直接负责的主管人员和其他直接责任人员给予警告,并处(　　)。

　　A.1 万元以上 5 万元以下的罚款　　　B.5 万元以上 10 万元以下的罚款
　　C.3 万元以上 5 万元以下的罚款　　　D.3 万元以上 10 万元以下的罚款

【答案】D　【解析】根据《期货交易管理条例》第七十六条,选项 D 正确。

第八章　附　则(理解)

第八十一条　本条例下列用语的含义:①

(一)商品期货合约,是指以农产品、工业品、能源和其他商品及其相关指数产品为标的物的期货合约。

(二)金融期货合约,是指以有价证券、利率、汇率等金融产品及其相关指数产品为标的物的期货合约。

(三)保证金,是指期货交易者按照规定交纳的资金或者提交的价值稳定、流动性强的标准仓单、国债等有价证券,用于结算和保证履约。

(四)结算,是指根据期货交易所公布的结算价格对交易双方的交易结果进行的资金清算和划转。

(五)交割,是指合约到期时,按照期货交易所的规则和程序,交易双方通过该合约所载标的物所有权的转移,或者按照规定结算价格进行现金差价结算,了结到期未平仓合约的过程。

(六)平仓,是指期货交易者买入或者卖出与其所持合约的品种、数量和交割月份相同但交易方向相反的合约,了结期货交易的行为。

(七)持仓量,是指期货交易者所持有的未平仓合约的数量。

(八)持仓限额,是指期货交易所对期货交易者的持仓量规定的最高数额。

(九)标准仓单,是指交割仓库开具并经期货交易所认定的标准化提货凭证。

(十)涨跌停板,是指合约在 1 个交易日中的交易价格不得高于或者低于规定的涨跌幅度,超出该涨跌幅度的报价将被视为无效,不能成交。

(十一)内幕信息,是指可能对期货交易价格产生重大影响的尚未公开的信息,包括:国务院期货监督管理机构以及其他相关部门制定的对期货交易价格可能发生重大影响的政策,期货交易所作出的可能对期货交易价格发生重大影响的决定,期货交易所会员、客户的资金和交易动向以及国务院期货监督管理机构认定的对期货交易价格有显著影响的其他重要信息。

(十二)内幕信息的知情人员,是指由于其管理地位、监督地位或者职业地位,或者作为雇员、专业顾问履行职务,能够接触或者获得内幕信息的人员,包括:期货交易所的管理人员以及其他由于任职可获取内幕信息的从业人员,国务院期货监督管理机构和其他有关部门的工作人员以及国务院期货监督管理机构规定的其他人员。

考查概率:30%,所占分值约为0.5分。
考试题型:主要以单选题的形式出现。
考查重点:第八十六条。

①考生应理解并掌握上述期货市场中常见用语的含义,这些常见用语是了解期货市场和期货交易的基础知识。

第八十二条　国务院期货监督管理机构可以批准设立期货专门结算机构,专门履行期货交易所的结算以及相关职责,并承担相应法律责任。

第八十三条　境外机构在境内设立、收购或者参股期货经营机构,以及境外期货经营机构在境内设立分支机构(含代表处)的管理办法,由国务院期货监督管理机构会同国务院商务主管部门、外汇管理部门等有关部门制订,报国务院批准后施行。

第八十四条　在期货交易所之外的国务院期货监督管理机构批准的交易场所进行的期货交易,依照本条例的有关规定执行。

第八十五条　不属于期货交易的商品或者金融产品的其他交易活动,由国家有关部门监督管理,不适用本条例。

第八十六条　本条例自2007年4月15日起施行。1999年6月2日国务院发布的《期货交易管理暂行条例》同时废止。

【名师点拨】

一、由国务院期货监督管理机构,即中国证监会审批、批准的事项

审批、批准主体	事项	
国务院期货监督管理机构,即中国证监会	期货交易所	设立期货交易所。
		期货交易所办理下列事项: (一)制定或者修改章程、交易规则; (二)上市、中止、取消或者恢复交易品种; (三)国务院期货监督管理机构规定的其他事项。
	期货公司	设立期货公司。
		期货公司办理下列事项: (一)合并、分立、停业、解散或者破产; (二)变更业务范围; (三)变更注册资本且调整股权结构; (四)新增持有5%以上股权的股东或者控股股东发生变化; (五)国务院期货监督管理机构规定的其他事项。

二、各类需要相关机构制定、制订与指定的事项

事项	制定/制订/指定机构
期货交易所的管理办法。	由国务院期货监督管理机构制定。
从事期货投资咨询业务的其他期货经营机构应当取得国务院期货监督管理机构批准的业务资格。	具体办法由国务院期货监督管理机构制定。
符合规定条件的境外机构,可以在期货交易所从事特定品种的期货交易。	具体办法由国务院期货监督管理机构制定。
期货交易的收费项目、收费标准和管理办法。	由国务院有关主管部门统一制定并公布。

续 表

事 项	制定/制订/指定机构
交割仓库。	由期货交易所指定。
境内单位或者个人从事境外期货交易的办法。	由国务院期货监督管理机构会同国务院商务主管部门、国有资产监督管理机构、银行业监督管理机构、外汇管理部门等有关部门制订,报国务院批准后施行。
境外机构在境内设立、收购或者参股期货经营机构,以及境外期货经营机构在境内设立分支机构(含代表处)的管理办法。	由国务院期货监督管理机构会同国务院商务主管部门、外汇管理部门等有关部门制订,报国务院批准后施行。
期货业协会的章程。	由会员大会制定,并报国务院期货监督管理机构备案。
期货市场监督管理的规章、规则。	由国务院期货监督管理机构制定。
期货投资者保障基金的筹集、管理和使用的具体办法。	由国务院期货监督管理机构会同国务院财政部门制定。

章节测评

本书为考生提供了两种练习方式。

(1)章节练习。考生可以按章或按节选择做题范围、练习题数和练习题型,并可以自由选择考试模式或练习模式。

(2)章节测评。章节测评包含测评和推题两大功能。测评是从每个考点抽一道未做题给考生进行测练;推题是根据考生的测评结果,有针对性地为考生推送以往做错的题目及与错题同考点的试题。先测评,检查考生对知识点的掌握情况;后推题,攻克考生的薄弱知识点。

考生在备考时间充裕的情况下,可以选择章节练习进行全部题目的充分练习。如果考生备考时间不够充裕或者希望获得更高的学习效率,推荐使用章节测评。章节测评能智能追踪记录考生做题数据,进行测评及推题,帮助考生查找薄弱知识点,有效节省备考时间。

考生扫描【章节测评】右侧的二维码,即可进入智能题库进行相应的练习,首次进入需要激活才可使用,激活方式及激活码请见本书背面。

第二部分 与期货交易相关的部门规章与规范性文件

应试分析

　　部门规章及规范性文件由中国证券监督管理委员会根据法律和国务院行政法规制定,其效力仅次于法律和行政法规。本部分主要介绍了十七类主要的部门规章与规范性文件,内容非常多,且非常繁杂,是考试的重中之重,一般涉及的分值为63分。考生在学习时,应当重点掌握本部分内容,尤其是《期货交易所管理办法》《期货公司监督管理办法》《期货公司董事、监事和高级管理人员任职资格管理办法》《期货从业人员管理办法》《期货公司首席风险官管理规定(试行)》等,备受历次考试的青睐。建议考生在对比的基础上进行理解记忆,多做相关练习题巩固所学知识。

思维导图

与期货交易相关的部门规章与规范性文件

- 期货投资者保障基金管理办法
  - 总　则（掌握）
  - 保障基金的筹集（重点掌握）
  - 保障基金的管理和监管（掌握）
  - 保障基金的使用（重点掌握）
  - 罚　则（了解）
  - 附　则（了解）
- 期货交易所管理办法
  - 总　则（理解）
  - 设立、变更与终止（重点掌握）
  - 组织机构（重点掌握）
  - 会员管理（掌握）
  - 基本业务规则（重点掌握）
  - 监督管理（理解）
  - 法律责任（了解）
  - 附　则（了解）
- 期货公司监督管理办法
  - 总　则（了解）
  - 设立、变更与业务终止（重点掌握）
  - 公司治理（重点掌握）
  - 业务规则（重点掌握）
  - 客户资产保护（重点掌握）
  - 信息系统管理（掌握）
  - 监督管理（重点掌握）
  - 法律责任（了解）
  - 附　则（了解）
- 期货公司董事、监事和高级管理人员任职资格管理办法
  - 总　则（理解）
  - 任职资格条件（掌握）
  - 任职资格的申请与核准（重点掌握）
  - 行为规则（掌握）
  - 监督管理（重点掌握）
  - 法律责任（了解）
  - 附　则（了解）
- 期货从业人员管理办法
  - 总　则（重点掌握）
  - 从业资格的取得和注销（重点掌握）
  - 执业规则（重点掌握）
  - 监督管理（重点掌握）
  - 罚　则（重点掌握）
  - 附　则（了解）
- 期货公司首席风险官管理规定（试行）
  - 总　则（掌握）
  - 任免与行为规范（重点掌握）
  - 职责与履职保障（重点掌握）
  - 监督管理（掌握）
  - 附　则（了解）
- 期货公司金融期货结算业务试行办法
  - 总　则（理解）
  - 业务规则（重点掌握）
  - 监督管理（重点掌握）
  - 附　则（了解）

25

- 与期货交易相关的部门规章与规范性文件
  - 期货公司风险监管指标管理办法
    - 总 则（重点掌握）
    - 风险监管指标标准及计算要求（重点掌握）
    - 编制和披露（重点掌握）
    - 监督管理（掌握）
    - 附 则（掌握）
  - 证券公司为期货公司提供中间介绍业务试行办法
    - 总 则（理解）
    - 资格条件与业务范围（重点掌握）
    - 业务规则（重点掌握）
    - 监督管理（了解）
    - 附 则（了解）
  - 期货市场客户开户管理规定
    - 总 则（重点掌握）
    - 客户开户及交易编码申请（重点掌握）
    - 客户资料修改（理解）
    - 客户交易编码的注销（重点掌握）
    - 客户资料管理（理解）
    - 监督管理（重点掌握）
    - 附 则（理解）
  - 证券期货投资者适当性管理办法（重点掌握）
  - 期货公司期货投资咨询业务试行办法
    - 总 则（掌握）
    - 公司业务资格和人员从业资格（理解）
    - 业务规则（重点掌握）
    - 防范利益冲突（重点掌握）
    - 监督管理和法律责任（理解）
    - 附 则（理解）
  - 证券期货经营机构私募资产管理业务管理办法
    - 总 则（理解）
    - 业务主体（掌握）
    - 业务形式（理解）
    - 非公开募集（掌握）
    - 投资运作（重点掌握）
    - 信息披露（重点掌握）
    - 变更、终止与清算（掌握）
    - 风险管理与内部控制（掌握）
    - 监督管理与法律责任（理解）
    - 附 则（了解）
  - 证券期货经营机构私募资产管理计划运作管理规定（重点掌握）
  - 外商投资期货公司管理办法（重点掌握）
  - 境外交易者和境外经纪机构从事境内特定品种期货交易管理暂行办法（重点掌握）
  - 证券期货市场诚信监督管理办法
    - 总 则（理解）
    - 诚信信息的采集和管理（掌握）
    - 诚信信息的公开与查询（掌握）
    - 诚信约束、激励与引导（重点掌握）
    - 监督与管理（理解）
    - 附则（了解）

名师同步精讲

名师指导

期货投资者保障基金管理办法

视频讲解 微信扫描

随书赠送智能题库详见本书最后一页

（2007 年 4 月 19 日证监会、财政部公布；根据 2016 年 11 月 8 日中国证券监督管理委员会、财政部《关于修改〈期货投资者保障基金管理暂行办法〉的决定》修订）

考查概率：60%，所占分值约为0.5分。

考试题型：主要以单选题的形式出现。

考查重点：第三条至第七条。

第一章 总 则（掌握）

第一条 为保护期货投资者的合法权益，根据《期货交易管理条例》，制定本办法。

第二条 期货投资者保障基金（以下简称保障基金）是在期货公司严重违法违规或者风

险控制不力等导致保证金出现缺口,可能严重危及社会稳定和期货市场安全时,补偿投资者保证金损失的专项基金。

第三条　期货交易活动实行公开、公平、公正和投资者投资决策自主、投资风险自担的原则。

投资者在期货投资活动中因期货市场波动或者投资品价值本身发生变化所导致的损失,由投资者自行负担。

第四条　保障基金按照取之于市场、用之于市场的原则筹集。保障基金的规模应当与期货市场的发展状况、市场风险水平相适应。

第五条　保障基金由中国证监会集中管理、统筹使用。

第六条　保障基金的管理和运用遵循公开、合理、有效的原则。

第七条　保障基金的使用遵循保障投资者合法权益和公平救助原则,实行比例补偿。

◉ 母题精选

【单选题】期货投资者保障基金的管理和运用遵循(　　　)的原则。

　　A. 效率

　　B. 公开、合理、有效

　　C. 适度

　　D. 平均

【答案】B　【解析】根据《期货投资者保障基金管理办法》第六条的规定,选项 B 正确。

第二章　保障基金的筹集(重点掌握)

第八条　保障基金管理机构应当以保障基金名义设立资金专用账户,专户存储保障基金。

第九条　保障基金的启动资金由期货交易所从其积累的风险准备金中按照截至 2006 年 12 月 31 日风险准备金账户总额的百分之十五缴纳形成。

保障基金的后续资金来源包括:

(一)期货交易所按其向期货公司会员收取的交易手续费的一定比例缴纳;

(二)期货公司从其收取的交易手续费中按照代理交易额的一定比例缴纳;

(三)保障基金管理机构追偿或者接受的其他合法财产。

保障基金的后续资金缴纳比例,由中国证监会和财政部确定,并可根据期货市场发展状况、市场风险水平等情况进行调整。

对于因财务状况恶化、风险控制不力等存在较高风险的期货公司,应当按照较高比例缴纳保障基金,各期货公司的具体缴纳比例由中国证监会根据期货公司风险状况确定。期货交易所、期货公司缴纳的保障基金在其营业成本中列支。

第十条　期货交易所、期货公司应当按年度缴纳保障基金。期货交易所应当在每年度结束后30 个工作日内,缴纳前一年度应当缴纳的保障基金,并按照中国证监会和财政部确定的比例代扣代缴期货公司应当缴纳的保障基金。

第十一条　有下列情形之一的,经中国证监会、财政部批准,期货交易所、期货公司可以暂停缴纳保障基金:

(一)保障基金总额足以覆盖市场风险;

(二)期货交易所、期货公司遭受重大突发市场风险或者不可抗力。

考查概率:100%,所占分值为 1~2 分。

考试题型:主要以单选题和多选题的形式出现,偶尔会出综合题。

考查重点:所有内容均可以作为出题点,考生应当全部掌握。

当前款情形消除后,经中国证监会、财政部批准,应当恢复缴纳。

第十二条 对于新设立的期货公司,应当自产生经纪业务收入后纳入保障基金缴纳范围;公司停止经营的,应当告知期货交易所,对其当年应缴纳的保障基金份额进行扣缴。

第十三条 鼓励保障基金来源多元化,保障基金可以接受社会捐赠和其他合法财产。

保障基金产生的利息以及运用所产生的各种收益等孳息归属保障基金。

◉ 母题精选

【综合题】根据相关规定,对于期货投资者保障基金的资金来源,以下表述正确的是(   )。

A.保障基金总额达到 5 亿元人民币的规模后,经批准,期货交易所、期货公司可以暂停缴纳保障基金

B.保障基金总额足以覆盖市场风险后,经批准,期货交易所、期货公司可以暂停缴纳保障基金

C.期货公司按照代理交易额的千万分之五的统一标准缴纳

D.保障基金管理机构追偿或者接受的其他合法财产

【答案】BD **【解析】**根据《期货投资者保障基金管理办法》第九条的规定,选项 C 表述错误,选项 D 表述正确;根据《期货投资者保障基金管理办法》第十一条的规定,选项 A 表述错误,选项 B 表述正确。

第三章 保障基金的管理和监管(掌握) ►►

第十四条 中国证监会、财政部可以指定相关机构作为保障基金管理机构,代为管理保障基金。

第十五条 对保障基金的管理应当遵循安全、稳健的原则,保证保障基金的安全。[①]保障基金的资金运用限于银行存款、购买国债、中央银行债券(包括中央银行票据)和中央级金融机构发行的金融债券,以及中国证监会和财政部批准的其他资金运用方式。

第十六条 保障基金应当实行独立核算,分别管理,并与保障基金管理机构管理的其他资产有效隔离。

保障基金管理机构应当定期编报保障基金的筹集、管理、使用报告,经会计师事务所审计后,报送中国证监会和财政部。

第十七条 保障基金管理机构、期货交易所及期货公司,应当妥善保存有关保障基金的财务凭证、账簿和报表等资料,确保财务记录和档案完整、真实。

第十八条 财政部负责保障基金财务监管。保障基金的年度收支计划和决算报财政部批准。

第十九条 中国证监会负责保障基金业务监管,对保障基金的筹集、管理和使用等情况进行定期核查。

中国证监会定期向保障基金管理机构通报期货公司总体风险状况。存在较高风险的期货公司应当每月向保障基金管理机构提供财务监管报表。

◉ 母题精选

【单选题】期货投资者保障基金的年度收支计划和决算报(   )批准。

A. 期货投资者保障基金管理机构   B. 中国证监会和财政部

C. 财政部   D. 中国证监会

【答案】C **【解析】**根据《期货投资者保障基金管理办法》第十八条的规定,选项 C 正确。

考查概率:60%,所占分值为0.5分左右。

考试题型:主要以单选题和判断题的形式出现。

考查重点:第十六条、第十八条。

[①]保障基金作为稳定期货市场的专项基金,只能投资于一些风险性较小、较为稳健的金融工具,所以其投资的收益率相对较低。

第四章　保障基金的使用（重点掌握）

考查概率：100%，所占分值为 1.5~2 分。
考试题型：主要以单选题和判断题的形式出现。
考查重点：本部分内容较少，也较为简单，但是考查的较多，考生应当全部掌握，尤其是不同机构在保障基金的使用过程中的作用。

第二十条　期货公司因严重违法违规或者风险控制不力等导致保证金出现缺口的，中国证监会可以按照本办法规定决定使用保障基金，对不能清偿的投资者保证金损失予以补偿。

第二十一条　对期货投资者的保证金损失，保障基金按照下列原则予以补偿：

（一）对每位个人投资者的保证金损失在 10 万元以下（含 10 万元）的部分全额补偿，超过 10 万元的部分按百分之九十补偿；

（二）对每位机构投资者的保证金损失在 10 万元以下（含 10 万元）的部分全额补偿，超过 10 万元的部分按百分之八十补偿。

现有保障基金不足补偿的，由后续缴纳的保障基金补偿。

第二十二条　使用保障基金前，中国证监会和保障基金管理机构应当监督期货公司核实投资者保证金权益及损失，积极清理资产并变现处置，应当先以自有资金和变现资产弥补保证金缺口。不足弥补或者情况危急的，方能决定使用保障基金。

第二十三条　对投资者因参与非法期货交易而遭受的保证金损失，保障基金不予补偿。对机构投资者以个人名义参与期货交易的，按照机构投资者补偿规则进行补偿。

第二十四条　动用保障基金对期货投资者的保证金损失进行补偿后，保障基金管理机构依法取得相应的受偿权，可以依法参与期货公司清算。

第二十五条　保障基金管理机构应当及时将保障基金的使用、补偿、追偿等情况报告中国证监会和财政部。

母题精选

【多选题】期货投资者保障基金保障的主体范围包括(　　)。

　　A. 符合一定条件的期货公司

　　B. 期货交易所非期货公司会员

　　C. 期货市场机构投资者

　　D. 期货市场个人投资者

【答案】CD　【解析】《期货投资者保障基金管理办法》第二十一条规定了对期货市场个人投资者和机构投资者保证金损失进行补偿的具体标准。

第五章　罚　则（了解）

考查概率：0%。
考查重点：基本未考查，考生只需了解即可，不做重点要求。

第二十六条　期货公司因严重违法违规或者风险控制不力等导致保证金出现缺口的，中国证监会根据《期货交易管理条例》第六十六条、第六十七条进行处罚，吊销期货业务许可证。涉嫌犯罪的，依法移送司法机关。

第二十七条　期货交易所、期货公司违反本办法规定，延期缴纳或者拒不缴纳保障基金以及不按规定保存、报送有关信息和资料的，中国证监会根据《期货交易管理条例》第六十四条、第六十六条进行处罚。

第二十八条　对挪用、侵占、骗取保障基金的违法行为，依法查处；对有关失职人员，依法追究法律责任；涉嫌犯罪的，依法移送司法机关。

第六章 附 则 (了解)

考查概率:0%。

考查重点:基本未考查,考生只需了解即可,不做重点要求。

第二十九条 本办法自 2007 年 8 月 1 日起施行。

【名师点拨】

不同机构在缴纳、管理、使用、监管期货保障基金过程中的职责不同

机 构	职 责
期货交易所、期货公司	(1)按年度缴纳保障基金。 (2)妥善保存有关保障基金的财务凭证、账簿和报表等资料。
中国证监会	(1)集中管理、统筹使用保障基金。 (2)负责监管保障基金业务。 (3)按照规定决定使用保障基金。
财政部	负责监管保障基金财务。
中国证监会和财政部	(1)确定保障基金的后续资金缴纳比例。 (2)批准期货交易所、期货公司暂停和恢复缴纳保障基金。 (3)指定相关机构作为保障基金管理机构,代为管理保障基金。
保障基金管理机构	(1)设立资金专用账户,专户存储保障基金。 (2)定期编报保障基金的筹集、管理、使用报告,报送中国证监会和财政部。 (3)妥善保存有关保障基金的财务凭证、账簿和报表等资料。 (4)及时将保障基金的使用、补偿、追偿等情况报告中国证监会和财政部。

期货交易所管理办法

(2007 年 4 月 9 日中国证券监督管理委员会令第 42 号；根据 2017 年 12 月 7 日中国证券监督管理委员会令第 137 号《关于修改〈证券登记结算管理办法〉等七部规章的决定》修订)

第一章　总　则（理解）

第一条　为了加强对期货交易所的监督管理，明确期货交易所职责，维护期货市场秩序，促进期货市场积极稳妥发展，根据《期货交易管理条例》，制定本办法。

第二条　本办法适用于在中华人民共和国境内设立的期货交易所。

第三条　本办法所称期货交易所是指依照《期货交易管理条例》和本办法规定设立，不以营利为目的，履行《期货交易管理条例》和本办法规定的职责，按照章程和交易规则实行自律管理的法人。

第四条　经中国证券监督管理委员会（以下简称中国证监会）批准，期货交易所可以采取会员制或者公司制的组织形式。[①]

会员制期货交易所的注册资本划分为均等份额，由会员出资认缴。

公司制期货交易所采用股份有限公司的组织形式。

第五条　中国证监会依法对期货交易所实行集中统一的监督管理。

母题精选

【多选题】下列关于期货交易所组织形式和注册资本的陈述，正确的有(　　　)。

　　A.会员制期货交易所的注册资本划分为均等份额

　　B.会员制期货交易所的注册资本，由会员出资认缴

　　C.公司制期货交易所采用股份有限公司的组织形式

　　D.公司制期货交易所的注册资本，由期货公司出资认缴

【答案】ABC　【解析】根据《期货交易所管理办法》第四条的规定，选项 A、选项 B 和选项 C 正确，选项 D 错误。

第二章　设立、变更与终止（重点掌握）

第六条　设立期货交易所，由中国证监会审批。未经国务院或者中国证监会批准，任何单位或者个人不得设立期货交易场所或者以任何形式组织期货交易及其相关活动。

第七条　经中国证监会批准设立的期货交易所，应当标明"商品交易所"或者"期货交易所"字样。其他任何单位或者个人不得使用期货交易所或者近似的名称。

第八条　期货交易所除履行《期货交易管理条例》规定的职责外，还应当履行下列职责：

（一）制定并实施期货交易所的交易规则及其实施细则；

（二）发布市场信息；

（三）监管会员及其客户、指定交割仓库、期货保证金存管银行及期货市场其他参与者的期货业务；

（四）查处违规行为。

【知识链接】《期货交易管理条例》第十条规定，期货交易所履行下列职责：

（一）提供交易的场所、设施和服务；（二）设计合约，安排合约上市；（三）组织并监督交易、结算和交割；（四）为期货交易提供集中履约担保；（五）按照章程和交易规则对会员进行监督管理；（六）国务院期货监督管理机构规定的其他职责。

考查概率：30%，所占分值约为 1 分。

考试题型：单选题和多选题均有考查的可能。

考查重点：第四条。

①我国期货交易所包括上海期货交易所、郑州商品交易所、大连商品交易所和中国金融期货交易所。其中，前三个采用会员制的组织形式，最后一个采用公司制的组织形式。

考查概率：100%，所占分值为 0.5~1 分。

考试题型：主要以单选题的形式考查。

考查重点：第六条、第七条、第八条、第十一条、第十三条、第十四条。

第九条 申请设立期货交易所,应当向中国证监会提交下列文件和材料:

(一)申请书;

(二)章程和交易规则草案;

(三)期货交易所的经营计划;

(四)拟加入会员或者股东名单;

(五)理事会成员候选人或者董事会和监事会成员名单及简历;

(六)拟任用高级管理人员的名单及简历;

(七)场地、设备、资金证明文件及情况说明;

(八)中国证监会规定的其他文件、材料。

第十条 期货交易所章程应当载明下列事项:

(一)设立目的和职责;

(二)名称、住所和营业场所;

(三)注册资本及其构成;

(四)营业期限;

(五)组织机构的组成、职责、任期和议事规则;

(六)管理人员的产生、任免及其职责;

(七)基本业务制度;

(八)风险准备金管理制度;

(九)财务会计、内部控制制度;

(十)变更、终止的条件、程序及清算办法;

(十一)章程修改程序;

(十二)需要在章程中规定的其他事项。

第十一条 除本办法第十条规定的事项外,会员制期货交易所章程还应当载明下列事项:

(一)会员资格及其管理办法;

(二)会员的权利和义务;

(三)对会员的纪律处分。

第十二条 期货交易所交易规则应当载明下列事项:

(一)期货交易、结算和交割制度;

(二)风险管理制度和交易异常情况的处理程序;

(三)保证金的管理和使用制度;

(四)期货交易信息的发布办法;

(五)违规、违约行为及其处理办法;

(六)交易纠纷的处理方式;

(七)需要在交易规则中载明的其他事项。

公司制期货交易所还应当在交易规则中载明本办法第十一条规定的事项。

第十三条 期货交易所变更名称、注册资本的,应当事前向中国证监会报告。

第十四条 期货交易所的合并、分立或者变更组织形式,应当事前向中国证监会报告。

期货交易所合并可以采取吸收合并和新设合并两种方式,合并前各方的债权、债务由合并后存续或者新设的期货交易所承继。①

期货交易所分立的,其债权、债务由分立后的期货交易所承继。

第十五条 期货交易所联网交易的,应当于决定之日起 10 日内报告中国证监会。

第十六条 未经中国证监会批准,期货交易所不得设立分所或者其他任何期货交易场所。

①期货交易所的债权、债务关系不以期货交易所的合并、分立或者变更组织形式而消失,而是以承继的形式继续存在。

第十七条　期货交易所因下列情形之一解散：

（一）章程规定的营业期限届满；

（二）会员大会或者股东大会决定解散；

（三）中国证监会决定关闭。

期货交易所因前款第（一）项、第（二）项情形解散的，应当事前向中国证监会报告。

第十八条　期货交易所因合并、分立或者解散而终止的，由中国证监会予以公告。

期货交易所终止的，应当成立清算组进行清算。清算组制定的清算方案，应当事前向中国证监会报告。

◉ 母 题 精 选

【单选题】下列关于期货交易所名称的陈述，错误的是（　　）。

　　A.商品现货批发市场可以使用"期货交易所"的名称

　　B.经批准设立的期货交易所，其名称应当标明"商品交易所"或者"期货交易所"字样

　　C.经批准设立的期货交易所，其名称可以标明"期货交易所"字样

　　D.经批准设立的期货交易所，其名称可以标明"商品交易所"字样

【答案】A　【解析】除经中国证监会批准设立的期货交易所，其他任何单位或者个人不得使用期货交易所或者近似的名称。选项A表述错误。

【单选题】发生以下情形的，期货交易所应当解散（　　）。

　　A.会员大会或者股东大会决定解散　　　　B.会员数量少于规定的最低数量

　　C.总经理决定解散　　　　　　　　　　　D.中国期货业协会请求解散

【答案】A　【解析】根据《期货交易所管理办法》第十七条的规定，选项A属于期货交易所应当解散的情形。

第三章　组织机构（重点掌握）≫

第一节　会员制期货交易所

第十九条　会员制期货交易所设会员大会。会员大会是期货交易所的权力机构，由全体会员组成。

第二十条　会员大会行使下列职权：

（一）审定期货交易所章程、交易规则及其修改草案；

（二）选举和更换会员理事；

（三）审议批准理事会和总经理的工作报告；

（四）审议批准期货交易所的财务预算方案、决算报告；

（五）审议期货交易所风险准备金使用情况；

（六）决定增加或者减少期货交易所注册资本；

（七）决定期货交易所的合并、分立、解散和清算事项；

（八）决定期货交易所理事会提交的其他重大事项；

（九）期货交易所章程规定的其他职权。

第二十一条　会员大会由理事会召集，每年召开一次。

有下列情形之一的，应当召开临时会员大会：

（一）会员理事不足期货交易所章程规定人数的2/3；

（二）1/3以上会员联名提议；

（三）理事会认为必要。

考查概率：100%，所占分值为1.5～2分。

考试题型：主要以单选题、多选题和判断题的形式考查。

考查重点：本考点内容较多，主要介绍了会员制期货交易所和公司制期货交易所两种不同组织形式的期货交易所的机构设置、职权等，考生应当将两者内容进行对比学习。

第二十二条　会员大会由理事长主持。召开会员大会，应当将会议审议的事项于会议召开 10 日前通知会员。临时会员大会不得对通知中未列明的事项作出决议。

第二十三条　会员大会有 2/3 以上会员参加方为有效。会员大会应当对表决事项制作会议纪要，由出席会议的理事签名。

会员大会结束之日起 10 日内，期货交易所应当将大会全部文件报告中国证监会。

第二十四条　期货交易所设理事会，每届任期 3 年。理事会是会员大会的常设机构，对会员大会负责。

第二十五条　理事会行使下列职权：

（一）召集会员大会，并向会员大会报告工作；

（二）拟订期货交易所章程、交易规则及其修改草案，提交会员大会审定；

（三）审议总经理提出的财务预算方案、决算报告，提交会员大会通过；

（四）审议期货交易所合并、分立、解散和清算的方案，提交会员大会通过；

（五）决定专门委员会的设置；

（六）决定会员的接纳和退出；

（七）决定对违规行为的纪律处分；

（八）决定期货交易所变更名称、住所或者营业场所；

（九）审议批准根据章程和交易规则制定的细则和办法；

（十）审议结算担保金的使用情况；

（十一）审议批准风险准备金的使用方案；

（十二）审议批准总经理提出的期货交易所发展规划和年度工作计划；

（十三）审议批准期货交易所对外投资计划；

（十四）监督总经理组织实施会员大会和理事会决议的情况；

（十五）监督期货交易所高级管理人员和其他工作人员遵守国家有关法律、行政法规、规章、政策和期货交易所章程、交易规则及其实施细则的情况；

（十六）组织期货交易所年度财务会计报告的审计工作，决定会计师事务所的聘用和变更事项；

（十七）期货交易所章程规定和会员大会授予的其他职权。

第二十六条　理事会由会员理事和非会员理事组成；其中会员理事由会员大会选举产生，非会员理事由中国证监会委派。

第二十七条　理事会设理事长 1 人、副理事长 1 至 2 人。理事长、副理事长的任免，由中国证监会提名，理事会通过，理事长不得兼任总经理。

第二十八条　理事长行使下列职权：

（一）主持会员大会、理事会会议和理事会日常工作；

（二）组织协调专门委员会的工作；

（三）检查理事会决议的实施情况并向理事会报告。

副理事长协助理事长工作。理事长因故临时不能履行职权的，由理事长指定的副理事长或者理事代其履行职权。

第二十九条　理事会会议至少每半年召开一次。每次会议应当于会议召开 10 日前通知全体理事。

有下列情形之一的，应当召开理事会临时会议：

（一）1/3 以上理事联名提议；

（二）期货交易所章程规定的情形；

（三）中国证监会提议。

理事会召开临时会议，可以另定召集理事会临时会议的通知方式和通知时限。

第三十条　理事会会议须有 2/3 以上理事出席方为有效，其决议须经全体理事 1/2 以上表决通过。

理事会会议结束之日起 10 日内，理事会应当将会议决议及其他会议文件报告中国证监会。

第三十一条　理事会会议应当由理事本人出席。理事因故不能出席的，应当以书面形式委托其他理事代为出席；委托书中应当载明授权范围。每位理事只能接受一位理事的委托。

理事会应当对会议表决事项作成会议记录，由出席会议的理事和记录员在会议记录上签名。

第三十二条　理事会可以根据需要设立监察、交易、结算、交割、会员资格审查、纪律处分、调解、财务和技术等专门委员会。

各专门委员会对理事会负责，其职责、任期和人员组成等事项由理事会规定。

第三十三条　期货交易所设总经理 1 人，副总经理若干人。总经理、副总经理由中国证监会任免。总经理每届任期 3 年，连任不得超过两届。

总经理是期货交易所的法定代表人，总经理是当然理事。

第三十四条　总经理行使下列职权：

（一）组织实施会员大会、理事会通过的制度和决议；

（二）主持期货交易所的日常工作；

（三）根据章程和交易规则拟订有关细则和办法；

（四）决定结算担保金的使用；

（五）拟订风险准备金的使用方案；

（六）拟订并实施经批准的期货交易所发展规划、年度工作计划；

（七）拟订并实施经批准的期货交易所对外投资计划；

（八）拟订期货交易所财务预算方案、决算报告；

（九）拟订期货交易所合并、分立、解散和清算的方案；

（十）拟订期货交易所变更名称、住所或者营业场所的方案；

（十一）决定期货交易所机构设置方案，聘任和解聘工作人员；

（十二）决定期货交易所员工的工资和奖惩；

（十三）期货交易所章程规定的或者理事会授予的其他职权。

总经理因故临时不能履行职权的，由总经理指定的副总经理代其履行职权。

第三十五条　期货交易所任免中层管理人员，应当在决定之日起 10 日内向中国证监会报告。

第二节　公司制期货交易所

第三十六条　公司制期货交易所设股东大会。股东大会是期货交易所的权力机构，由全体股东组成。

第三十七条　股东大会行使下列职权：

（一）本办法第二十条第（一）项、第（四）项至第（七）项规定的职权；

（二）选举和更换非由职工代表担任的董事、监事；

（三）审议批准董事会、监事会和总经理的工作报告；

（四）决定期货交易所董事会提交的其他重大事项；

（五）期货交易所章程规定的其他职权。

第三十八条　股东大会会议的召开及议事规则应当符合期货交易所章程的规定。

会议结束之日起 10 日内，期货交易所应当将会议全部文件报告中国证监会。

35

第三十九条 期货交易所设董事会,每届任期3年。

第四十条 董事会对股东大会负责,行使下列职权:

(一)召集股东大会会议,并向股东大会报告工作;

(二)拟订期货交易所章程、交易规则及其修改草案,提交股东大会审定;

(三)审议总经理提出的财务预算方案、决算报告,提交股东大会通过;

(四)审议期货交易所合并、分立、解散和清算的方案,提交股东大会通过;

(五)监督总经理组织实施股东大会和董事会决议的情况;

(六)本办法第二十五条第(五)项至第(十三)项、第(十五)项、第(十六)项规定的职权;

(七)期货交易所章程规定和股东大会授予的其他职权。

第四十一条 期货交易所设董事长1人,副董事长1至2人。董事长、副董事长的任免,由中国证监会提名,董事会通过。董事长不得兼任总经理。

第四十二条 董事长行使下列职权:

(一)主持股东大会、董事会会议和董事会日常工作;

(二)组织协调专门委员会的工作;

(三)检查董事会决议的实施情况并向董事会报告。

副董事长协助董事长工作。董事长因故临时不能履行职权的,由董事长指定的副董事长或者董事代其履行职权。

第四十三条 董事会会议的召开和议事规则应当符合期货交易所章程的规定。

董事会会议结束之日起10日内,董事会应当将会议决议及其他会议文件报告中国证监会。

第四十四条 董事会可以根据需要设立本办法第三十二条规定的专门委员会。各专门委员会对董事会负责,其职责、任期和人员组成等事项由董事会规定。

第四十五条 期货交易所应当设独立董事。独立董事由中国证监会提名,股东大会通过。

第四十六条 期货交易所可以设董事会秘书。董事会秘书由中国证监会提名,董事会通过。

董事会秘书负责期货交易所股东大会和董事会会议的筹备、文件保管以及期货交易所股东资料的管理等事宜。

第四十七条 期货交易所设总经理1人,副总经理若干人。总经理、副总经理由中国证监会任免。总经理每届任期3年,连任不得超过两届。

总经理是期货交易所的法定代表人,总经理应当由董事担任。

第四十八条 总经理行使下列职权:

(一)组织实施股东大会、董事会通过的制度和决议;

(二)本办法第三十四条第(二)项至第(十二)项规定的职权;

(三)期货交易所章程规定或者董事会授予的其他职权。

总经理因故临时不能履行职权的,由总经理指定的副总经理代其履行职权。

第四十九条 期货交易所设监事会,每届任期3年。监事会成员不得少于3人。监事会设主席1人,副主席1至2人。监事会主席、副主席的任免,由中国证监会提名,监事会通过。

第五十条 监事会行使下列职权:

(一)检查期货交易所财务;

(二)监督期货交易所董事、高级管理人员执行职务行为;

(三)向股东大会会议提出提案;

(四)期货交易所章程规定的其他职权。

第五十一条 监事会会议的召开和议事规则应当符合期货交易所章程的规定。

监事会会议结束之日起 10 日内，监事会应当将会议决议及其他会议文件报告中国证监会。

第五十二条 本办法第三十五条的规定适用于公司制期货交易所。

> **【知识链接】**本办法第三十五条规定，期货交易所任免中层管理人员，应当在决定之日起 10 日内向中国证监会报告。

母 题 精 选

> **【多选题】**下列关于期货交易所理事会的表述，正确的有（   ）。
>
> A. 理事会对会员大会负责　　　　　B. 理事会是会员大会的临时机构
>
> C. 理事会每届任期有固定的年限　　D. 期货交易所设理事会
>
> **【答案】**ACD　**【解析】**根据《期货交易所管理办法》第二十四条的规定，理事会是会员大会的常设机构，选项 B 表述错误；选项 A、选项 C 和选项 D 表述正确。

> **【多选题】**下列关于公司制期货交易所监事会的表述，正确的有（   ）。
>
> A. 监事会成员不得少于 3 人　　　　B. 监事会主席、副主席的任免由证监会提名
>
> C. 监事会主席、副主席的任免由董事会通过 D. 监事会每届任期 3 年
>
> **【答案】**ABD　**【解析】**根据《期货交易所管理办法》第四十九条的规定，监事会主席、副主席的任免，由中国证监会提名，监事会通过。选项 C 表述错误；选项 A、选项 B 和选项 D 表述正确。

第四章　会员管理（掌握）

考查概率：60%，所占分值约为 0.5 分。

考试题型：主要以单选题的形式出现。

考查重点：第六十条、第六十三条、第六十五条、第六十六条、第六十七条。

第五十三条 期货交易所会员应是在中华人民共和国境内登记注册的企业法人或者其他经济组织。

第五十四条 取得期货交易所会员资格，应当经期货交易所批准。

期货交易所批准、取消会员的会员资格，应当向中国证监会报告。

第五十五条 期货交易所应当制定会员管理办法，规定会员资格的取得与终止的条件和程序、对会员的监督管理等内容。

第五十六条 会员制期货交易所会员享有下列权利：

（一）参加会员大会，行使选举权、被选举权和表决权；

（二）在期货交易所从事规定的交易、结算和交割等业务；

（三）使用期货交易所提供的交易设施，获得有关期货交易的信息和服务；

（四）按规定转让会员资格；

（五）联名提议召开临时会员大会；

（六）按照期货交易所章程和交易规则行使申诉权；

（七）期货交易所章程规定的其他权利。

第五十七条 会员制期货交易所会员应当履行下列义务：

（一）遵守国家有关法律、行政法规、规章和政策；

（二）遵守期货交易所的章程、交易规则及其实施细则及有关决定；

（三）按规定缴纳各种费用；

（四）执行会员大会、理事会的决议；

（五）接受期货交易所监督管理。

第五十八条 公司制期货交易所会员享有下列权利：

(一)本办法第五十六条第(二)项和第(三)项规定的权利；

(二)按照交易规则行使申诉权；

(三)期货交易所交易规则规定的其他权利。

第五十九条 公司制期货交易所会员应当履行本办法第五十七条第(一)项至第(三)项、第(五)项规定的义务。

第六十条 期货交易所每年应当对会员遵守期货交易所交易规则及其实施细则的情况进行抽样或者全面检查，并将检查结果报告中国证监会。

期货交易所行使监管职权时，可以按照期货交易所章程和交易规则及其实施细则规定的权限和程序对会员进行调查取证，会员应当配合。

第六十一条 期货交易所实行全员结算制度或者会员分级结算制度，应当事前向中国证监会报告。

第六十二条 实行全员结算制度的期货交易所会员均具有与期货交易所进行结算的资格。

第六十三条 实行全员结算制度的期货交易所会员由期货公司会员和非期货公司会员组成。期货公司会员按照中国证监会批准的业务范围开展相关业务；非期货公司会员不得从事《期货交易管理条例》规定的期货公司业务。

第六十四条 实行全员结算制度的期货交易所对会员结算，会员对其受托的客户结算。

第六十五条 实行会员分级结算制度的期货交易所会员由结算会员和非结算会员组成。结算会员具有与期货交易所进行结算的资格，非结算会员不具有与期货交易所进行结算的资格。

期货交易所对结算会员结算，结算会员对非结算会员结算，非结算会员对其受托的客户结算。

第六十六条 结算会员由交易结算会员、全面结算会员和特别结算会员组成。

全面结算会员、特别结算会员可以为与其签订结算协议的非结算会员办理结算业务。交易结算会员不得为非结算会员办理结算业务。

第六十七条 实行会员分级结算制度的期货交易所可以根据结算会员资信和业务开展情况，限制结算会员的结算业务范围，但应当于3日内报告中国证监会。

母题精选

【单选题】根据《期货交易所管理办法》，可以为非结算会员办理结算业务的是(　　)。

　A.全面结算会员和交易结算会员　　B.交易结算会员和特别结算会员

　C.特别结算会员和交易会员　　D.全面结算会员和特别结算会员

【答案】D 【解析】根据《期货交易所管理办法》第六十六条的规定，全面结算会员、特别结算会员可以为与其签订结算协议的非结算会员办理结算业务。选项D正确。

第五章　基本业务规则(重点掌握)

第六十八条 期货交易所向会员收取的保证金，只能用于担保期货合约的履行，不得查封、冻结、扣划或者强制执行。期货交易所应当在期货保证金存管银行开立专用结算账户，专户存储保证金，不得挪用。

保证金分为结算准备金和交易保证金。结算准备金是指未被合约占用的保证金；交易保证金是指已被合约占用的保证金。

实行会员分级结算制度的期货交易所只向结算会员收取保证金。

第六十九条 期货交易所应当建立保证金管理制度。保证金管理制度应当包括下列内容：

考查概率：100%，所占分值为2~3分。

考试题型：单选题、多选题、判断题和综合题均会出现。

考查重点：所有内容均有考查的可能，尤其是期货交易保证金与期货交易结算制度的相关内容。

（一）向会员收取保证金的标准和形式；

（二）专用结算账户中会员结算准备金最低余额；

（三）当会员结算准备金余额低于期货交易所规定最低余额时的处置方法。

会员结算准备金最低余额由会员以自有资金向期货交易所缴纳。

第七十条　期货交易所可以接受以下有价证券充抵保证金：

（一）经期货交易所认定的标准仓单；

（二）可流通的国债；

（三）中国证监会认定的其他有价证券。

以前款规定的有价证券充抵保证金的，充抵的期限不得超过该有价证券的有效期限。

第七十一条　标准仓单充抵保证金的，期货交易所以充抵日前一交易日该标准仓单对应品种最近交割月份期货合约的结算价为基准计算价值。

国债充抵保证金的，期货交易所以充抵日前一交易日该国债在上海证券交易所、深圳证券交易所较低的收盘价为基准计算价值。

期货交易所可以根据市场情况对用于充抵保证金的有价证券的基准计算价值进行调整。

第七十二条　有价证券充抵保证金的金额不得高于以下标准中的较低值：

（一）有价证券基准计算价值的80%；

（二）会员在期货交易所专用结算账户中的实有货币资金的4倍。

第七十三条　期货交易的相关亏损、费用、货款和税金等款项，应当以货币资金支付，不得以有价证券充抵的金额支付。

第七十四条　客户以有价证券充抵保证金的，会员应当将收到的有价证券提交期货交易所。

非结算会员的客户以有价证券充抵保证金的，非结算会员应将收到的有价证券提交结算会员，由结算会员提交期货交易所。

第七十五条　客户以有价证券充抵保证金的，期货交易所应当将用于充抵的有价证券的种类和数量如实反映在该客户的交易编码下。

第七十六条　实行会员分级结算制度的期货交易所应当建立结算担保金制度。结算担保金包括基础结算担保金和变动结算担保金。

结算担保金由结算会员以自有资金向期货交易所缴纳。结算担保金属于结算会员所有，用于应对结算会员违约风险。期货交易所应当按照有关规定管理和使用，不得挪作他用。

期货交易所调整基础结算担保金标准的，应当在调整前报告中国证监会。

第七十七条　期货交易所应当按照手续费收入的20%的比例提取风险准备金，风险准备金应当单独核算，专户存储。

中国证监会可以根据期货交易所业务规模、发展计划以及潜在的风险决定风险准备金的规模。

第七十八条　期货交易实行客户交易编码制度。会员和客户应当遵守一户一码制度，不得混码交易。

第七十九条　期货交易实行限仓制度和套期保值审批制度。

第八十条　期货交易实行大户持仓报告制度。会员或者客户持仓达到期货交易所规定的持仓报告标准的，会员或者客户应当向期货交易所报告。客户未报告的，会员应当向期货交易所报告。

期货交易所可以根据市场风险状况制定并调整持仓报告标准。

第八十一条　期货交易实行当日无负债结算制度。

第八十二条　实行全员结算制度的期货交易所对会员进行风险管理，会员对其受托的客户进行风险管理。

实行会员分级结算制度的期货交易所对结算会员进行风险管理,结算会员对与其签订结算协议的非结算会员进行风险管理,会员对其受托的客户进行风险管理。

第八十三条 会员在期货交易中违约的,应当承担违约责任。

期货交易所先以违约会员的保证金承担该会员的违约责任,保证金不足的,实行全员结算制度的期货交易所应当以违约会员的自有资金、期货交易所风险准备金和期货交易所自有资金承担;实行会员分级结算制度的期货交易所应当以违约会员的自有资金、结算担保金、期货交易所风险准备金和期货交易所自有资金承担。

期货交易所以结算担保金、期货交易所风险准备金和期货交易所自有资金代为承担责任后,由此取得对违约会员的相应追偿权。

第八十四条 有根据认为会员或者客户违反期货交易所交易规则及其实施细则并且对市场正在产生或者即将产生重大影响,为防止违规行为后果进一步扩大,期货交易所可以对该会员或者客户采取下列临时处置措施:

(一)限制入金;

(二)限制出金;

(三)限制开仓;

(四)提高保证金标准;

(五)限期平仓;

(六)强行平仓。

期货交易所按交易规则及其实施细则规定的程序采取前款第(四)项、第(五)项或者第(六)项措施的,应当在采取措施后及时报告中国证监会。

期货交易所对会员或者客户采取临时处置措施,应当按照期货交易所交易规则及其实施细则规定的方式通知会员或者客户,并列明采取临时处置措施的根据。

第八十五条 期货价格出现同方向连续涨跌停板的,期货交易所可以采用调整涨跌停板幅度、提高交易保证金标准及按一定原则减仓等措施化解风险。

第八十六条 期货交易所实行风险警示制度。期货交易所认为必要的,可以分别或同时采取要求会员和客户报告情况、谈话提醒、发布风险提示函等措施,以警示和化解风险。

第八十七条 在期货交易过程中出现以下情形之一的,期货交易所可以宣布进入异常情况,采取紧急措施化解风险:

(一)地震、水灾、火灾等不可抗力或者计算机系统故障等不可归责于期货交易所的原因导致交易无法正常进行;

(二)会员出现结算、交割危机,对市场正在产生或者即将产生重大影响;

(三)出现本办法第八十五条规定的情形经采取相应措施后仍未化解风险;

(四)期货交易所交易规则及其实施细则中规定的其他情形。

期货交易所宣布进入异常情况并决定采取紧急措施前应当报告中国证监会。

第八十八条 期货交易所宣布进入异常情况并决定暂停交易的,暂停交易的期限不得超过3个交易日,但经中国证监会批准延长的除外。

第八十九条 期货交易所应当以适当方式发布下列信息:

(一)即时行情;

(二)持仓量、成交量排名情况;

(三)期货交易所交易规则及其实施细则规定的其他信息。

期货交易涉及商品实物交割的,期货交易所还应当发布标准仓单数量和可用库容情况。

第九十条 期货交易所应当编制交易情况周报表、月报表和年报表,并及时公布。

第九十一条 期货交易所对期货交易、结算、交割资料的保存期限应当不少于20年。

母题精选

【综合题】客户王某收到期货公司追加保证金通知后,表示会以有价证券作为保证金。根据相关法律法规,可以用作期货保证金的有价证券是(　　)。

　　　A.经期货交易所认定的标准仓单　　　　B.股票

　　　C.可流通的国债　　　　　　　　　　　D.公司债券

【答案】AC　【解析】根据《期货交易所管理办法》第七十条的规定,选项A、选项C可以用作期货保证金的有价证券。

【单选题】会员在期货交易中违约并出现保证金不足时,实行会员分级结算制度的期货交易所应当以(　　)的顺序来承担风险。

　　　A.结算担保金、违约会员的自有资金、期货交易所风险准备金和期货交易所自有资金

　　　B.违约会员的自有资金、结算担保金、期货交易所风险准备金和期货交易所自有资金

　　　C.违约会员的自有资金、期货交易所风险准备金和期货交易所自有资金

　　　D.违约会员的自有资金、期货交易所自有资金和期货交易所风险准备金

【答案】B　【解析】根据《期货交易所管理办法》第八十三条的规定,选项B正确。

【多选题】期货交易所应当编制交易情况(　　),并及时公布。

　　　A.年报表　　　　B.月报表　　　　　C.周报表　　　　　D.日报表

【答案】ABC　【解析】根据《期货交易所管理办法》第九十条的规定,选项A、选项B和选项C均正确。

第六章　监督管理(理解) >>

> **考查概率:**30%,所占分值约为0.5分。
>
> **考试题型:**主要以单选题的形式出现。
>
> **考查重点:**第九十二条、第九十四条、第一百零一条。

　　第九十二条　期货交易所制定或者修改章程、交易规则,上市、中止、取消或者恢复交易品种,应当经中国证监会批准。期货交易所上市、修改或者终止合约,应当事前向中国证监会报告。

　　第九十三条　期货交易所应当对违反期货交易所交易规则及其实施细则的行为制定查处办法,并事前向中国证监会报告。

　　期货交易所对会员及其客户、指定交割仓库、期货保证金存管银行及期货市场其他参与者与期货业务有关的违规行为,应当在前款所称办法规定的职责范围内及时予以查处;超出前款所称办法规定的职责范围的,应当向中国证监会报告。

　　第九十四条　期货交易所制定或者修改交易规则的实施细则,应当事前向中国证监会报告。

　　第九十五条　期货交易所的交易结算系统和交易结算业务应当满足期货保证金安全存管监控的要求,真实、准确和完整地反映会员保证金的变动情况。

　　第九十六条　期货交易所应当按照中国证监会有关期货保证金安全存管监控的规定,向期货保证金安全存管监控机构报送相关信息。

　　第九十七条　公司制期货交易所收购本期货交易所股份、股东转让所持股份或者对其股份进行其他处置,应当按照中国证监会有关规定进行事前报告。

　　第九十八条　期货交易所的高级管理人员应当具备中国证监会要求的条件。未经中国证监会批准,期货交易所的理事长、副理事长、董事长、副董事长、监事会主席、监事会副主席、总经理、副总经理、董事会秘书不得在任何营利性组织中兼职。

　　未经批准,期货交易所的其他工作人员和非会员理事不得以任何形式在期货交易所会员单位及其他与期货交易有关的营利性组织兼职。

第九十九条 期货交易所工作人员应当自觉遵守有关法律、行政法规、规章和政策,恪尽职守,勤勉尽责,诚实信用,具有良好的职业操守。

期货交易所工作人员不得从事期货交易,不得泄漏内幕消息或者利用内幕消息获得非法利益,不得从期货交易所会员、客户处谋取利益。

期货交易所的工作人员履行职务,遇有与本人或者其亲属有利害关系的情形时,应当回避。

第一百条 期货交易所的所得收益按照国家有关规定管理和使用,但应当首先用于保证期货交易场所、设施的运行和改善。

第一百零一条 期货交易所应当向中国证监会履行下列报告义务:

(一)每一年度结束后4个月内提交经具有证券、期货相关业务资格的会计师事务所审计的年度财务报告;

(二)每一季度结束后15日内、每一年度结束后30日内提交有关经营情况和有关法律、行政法规、规章、政策执行情况的季度和年度工作报告;

(三)中国证监会规定的其他事项。

第一百零二条 发生下列重大事项,期货交易所应当及时向中国证监会报告:

(一)发现期货交易所工作人员存在或者可能存在严重违反国家有关法律、行政法规、规章、政策的行为;

(二)期货交易所涉及占其净资产10%以上或者对其经营风险有较大影响的诉讼;

(三)期货交易所的重大财务支出、投资事项以及可能带来较大财务或者经营风险的重大财务决策;

(四)中国证监会规定的其他事项。

第一百零三条 中国证监会可以根据市场情况调整期货交易所收取的保证金标准,暂停、恢复或者取消某一期货交易品种的交易。

第一百零四条 中国证监会认为期货市场出现异常情况的,可以决定采取延迟开市、暂停交易、提前闭市等必要的风险处置措施。

第一百零五条 中国证监会认为有必要的,可以对期货交易所高级管理人员实施提示。

第一百零六条 中国证监会派出机构对期货交易所会员进行风险处置,采取监管措施的,经中国证监会批准,期货交易所应当在限制会员资金划转、限制会员开仓、移仓和强行平仓等方面予以配合。

第一百零七条 中国证监会可以向期货交易所派驻督察员。督察员依照中国证监会的有关规定履行职责。

督察员履行职责,期货交易所应当予以配合。

第一百零八条 期货交易所应当按照国家有关规定及时缴纳期货市场监管费。

母题精选

【单选题】期货交易所制定或者修改交易规则的实施细则,应当事前向( )报告。

A. 中国证监会　　　　　　　　　　B. 中国期货业协会

C. 期货保证金安全存管监控机构　　D. 中国证监会派出机构

【答案】A 【解析】根据《期货交易所管理办法》第九十四条的规定,选项A正确。

第七章 法律责任(了解)

考查概率:0%

考查重点:基本未考查,考生只需了解即可,不做重点要求。

第一百零九条 期货交易所未按照本办法第十五条、第三十五条、第五十二条、第六十七条、第八十七条、第九十四条、第一百零一条和第一百零二条的规定履行报告义务,或者未按照本办法第二十三条、第三十条、第三十八条、第四十三条、第五十一条和第九十六条的规定报送有关文件、资料和信息的,根据《期货交易管理条例》第六十四条处罚。

第一百一十条 期货交易所有下列行为之一的,根据《期货交易管理条例》第六十五条处罚:

(一)未经报告变更名称或者注册资本;

(二)未经批准设立分所或者其他任何交易场所;

(三)违反有价证券充抵保证金规定;

(四)不按照规定对会员进行检查;

(五)未建立或者未执行客户交易编码制度、保证金管理制度;

(六)交易结算系统和交易结算业务不符合本办法第九十五条的规定。

第一百一十一条 期货交易所工作人员违反本办法第九十九条规定的,根据《期货交易管理条例》第七十八条处罚。

第八章 附 则（了解）

考查概率:0%。

考查重点:基本未考查,考生只需了解即可,不做重点要求。

第一百一十二条 在中国证监会批准的其他交易场所进行期货交易的,依照本办法的有关规定执行。

第一百一十三条 本办法自 2007 年 4 月 15 日起施行。2002 年 5 月 17 日发布的《期货交易所管理办法》(中国证券监督管理委员会令第 6 号)同时废止。

【名师点拨】

会员制期货交易所与公司制期货交易所的对比

项 目	会员制期货交易所	公司制期货交易所
我国的期货交易所	上海期货交易所、郑州商品交易所和大连商品交易所。	中国金融期货交易所。
权力机构	会员大会。	股东大会。
会员大会/股东大会职权	(一)审定期货交易所章程、交易规则及其修改草案; (二)选举和更换会员理事; (三)审议批准理事会和总经理的工作报告; (四)审议批准期货交易所的财务预算方案、决算报告; (五)审议期货交易所风险准备金使用情况; (六)决定增加或者减少期货交易所注册资本; (七)决定期货交易所的合并、分立、解散和清算事项; (八)决定期货交易所理事会提交的其他重大事项; (九)期货交易所章程规定的其他职权。	(一)审定期货交易所章程、交易规则及其修改草案; (二)审议批准期货交易所的财务预算方案、决算报告; (三)审议期货交易所风险准备金使用情况; (四)决定增加或者减少期货交易所注册资本; (五)决定期货交易所的合并、分立、解散和清算事项; (六)选举和更换非由职工代表担任的董事、监事; (七)审议批准董事会、监事会和总经理的工作报告; (八)决定期货交易所董事会提交的其他重大事项; (九)期货交易所章程规定的其他职权。
常设机构	理事会,每届任期 3 年。对会员大会负责。	董事会,每届任期 3 年。

项　目	会员制期货交易所	公司制期货交易所
理事长/董事长产生	设理事长1人、副理事长1至2人。理事长、副理事长的任免,由中国证监会提名,理事会通过。理事长不得兼任总经理。	期货交易所设董事长1人,副董事长1至2人。董事长、副董事长的任免,由中国证监会提名,董事会通过。董事长不得兼任总经理。
总经理	期货交易所设总经理1人,副总经理若干人。总经理、副总经理由中国证监会任免。总经理每届任期3年,连任不得超过两届。	期货交易所设总经理1人,副总经理若干人。总经理、副总经理由中国证监会任免。总经理每届任期3年,连任不得超过两届。 总经理是期货交易所的法定代表人,总经理应当由董事担任。
会员享有的权利	(一)参加会员大会,行使选举权、被选举权和表决权; (二)在期货交易所从事规定的交易、结算和交割等业务; (三)使用期货交易所提供的交易设施,获得有关期货交易的信息和服务; (四)按规定转让会员资格; (五)联名提议召开临时会员大会; (六)按照期货交易所章程和交易规则行使申诉权; (七)期货交易所章程规定的其他权利。	(一)在期货交易所从事规定的交易、结算和交割等业务; (二)使用期货交易所提供的交易设施,获得有关期货交易的信息和服务; (三)按照交易规则行使申诉权; (四)期货交易所交易规则规定的其他权利。
会员应当履行的义务	(一)遵守国家有关法律、行政法规、规章和政策; (二)遵守期货交易所的章程、交易规则及其实施细则及有关决定; (三)按规定缴纳各种费用; (四)执行会员大会、理事会的决议; (五)接受期货交易所监督管理。	(一)遵守国家有关法律、行政法规、规章和政策; (二)遵守期货交易所的章程、交易规则及其实施细则及有关决定; (三)按规定缴纳各种费用; (四)接受期货交易所监督管理。

期货公司监督管理办法

(2019 年 6 月 4 日中国证券监督管理委员会令第 155 号)

第一章　总　则（了解）

第一条　为了规范期货公司经营活动,加强对期货公司监督管理,保护客户合法权益,推进期货市场建设,根据《公司法》和《期货交易管理条例》等法律、行政法规,制定本办法。

第二条　在中华人民共和国境内设立的期货公司,适用本办法。

第三条　期货公司应当遵守法律、行政法规和中国证券监督管理委员会(以下简称中国证监会)的规定,审慎经营,防范利益冲突,履行对客户的诚信义务。

第四条　期货公司的股东、实际控制人和其他关联人不得滥用权利,不得占用期货公司资产或者挪用客户资产,不得侵害期货公司、客户的合法权益。

第五条　中国证监会及其派出机构依法对期货公司及其分支机构实行监督管理。

中国期货业协会、期货交易所按照自律规则对期货公司实行自律管理。

期货保证金安全存管监控机构依法对客户保证金安全实施监控。

第二章　设立、变更与业务终止（重点掌握）

第六条　申请设立期货公司,除应当符合《期货交易管理条例》第十六条规定的条件外,还应当具备下列条件:

(一)注册资本不低于人民币 1 亿元;

(二)具有期货从业人员资格的人员不少于 15 人;

(三)具备任职条件的高级管理人员不少于 3 人。

> 【知识链接】《期货交易管理条例》第十六条规定,申请设立期货公司,应当符合《中华人民共和国公司法》的规定,并具备下列条件:
> (一)注册资本最低限额为人民币 3000 万元;① (二)董事、监事、高级管理人员具备任职条件,从业人员具有期货从业资格;(三)有符合法律、行政法规规定的公司章程;(四)主要股东以及实际控制人具有持续盈利能力,信誉良好,最近 3 年无重大违法违规记录;(五)有合格的经营场所和业务设施;(六)有健全的风险管理和内部控制制度;(七)国务院期货监督管理机构规定的其他条件。

第七条　期货公司主要股东为法人或者非法人组织的,应当具备下列条件:

(一)实收资本和净资产均不低于人民币 1 亿元;

(二)净资产不低于实收资本的 50%,或有负债低于净资产的 50%,不存在对财务状况产生重大不确定影响的其他风险;

(三)具备持续盈利能力,持续经营 3 个以上完整的会计年度,最近 3 个会计年度连续盈利;

(四)出资额不得超过其净资产,且资金来源真实合法,不得以委托资金、负债资金等入股期货公司;

(五)信誉良好、公司治理规范、组织架构清晰、股权结构透明,主营业务性质与期货公司具有相关性;

(六)没有较大数额的到期未清偿债务;

(七)近 3 年未因重大违法违规行为受到行政处罚或者刑事处罚;

(八)未因涉嫌重大违法违规正在被有权机关立案调查或者采取强制措施;

(九)近 3 年作为公司(含金融机构)的股东或者实际控制人,未有滥用股东权利、逃避股东义务等不诚信行为;

(十)不存在中国证监会根据审慎监管原则认定的其他不适合持有期货公司股权的情形。

考查概率:0%。
考查重点:基本未考查过,考生只需了解不同机构在期货公司管理中的职责即可。

考查概率:100%,所占分值为 1～2 分。
考查题型:单选题和多选题。
考查重点:第六条、第十九条、第二十条、第三十一条、第三十八条。

①按照新法优于旧法原则,申请设立期货公司,注册资本应不低于人民币 1 亿元。考生在做题时,应认真审题,按照题目所给的法规答题。

第八条 期货公司主要股东为自然人的,除应当符合本办法第七条第(四)项、第(六)项至第(十)项规定的条件外,还应当具备下列条件:

(一)个人金融资产不低于人民币 3000 万元;

(二)信誉良好,不存在对所投资企业经营失败或重大违法违规行为负有直接责任未逾 3 年的情形。

间接持有期货公司 5% 以上股权的自然人应当符合前款规定。

第九条 期货公司控股股东、第一大股东除应当符合本办法第六条、第八条规定的条件外,还应当具备下列条件:

(一)净资本不低于人民币 5 亿元;股东不适用净资本或者类似指标的,净资产不低于人民币 10 亿元;

(二)在技术能力、管理服务、人员培训或营销渠道等方面具有较强优势;

(三)具备对期货公司持续的资本补充能力,对期货公司可能发生风险导致无法正常经营的情况具有妥善处置的能力;

(四)中国证监会根据审慎监管原则规定的其他条件。

第十条 非金融企业入股期货公司成为主要股东或者控股股东、第一大股东的,除应当符合本办法第七条、第九条规定的相关条件外,还应当具备下列条件:

(一)符合国家关于加强非金融企业投资金融机构监管的有关规定和相关指导意见;

(二)中国证监会根据审慎监管原则规定的其他条件。

第十一条 期货公司主要股东、控股股东、第一大股东为境外股东的,除应当符合本办法第七条、第九条规定的条件外,还应当具备下列条件:

(一)依其所在国家或者地区法律设立、合法存续的金融机构;

(二)近 3 年各项财务指标及监管指标符合所在国家或者地区法律的规定和监管机构的要求;

(三)所在国家或者地区具有完善的期货法律和监督管理制度,其期货监管机构已与中国证监会签订监管合作备忘录,并保持有效的监管合作关系;

(四)期货公司外资持股比例或者拥有的权益比例,累计(包括直接持有和间接持有)不得超过我国期货业对外或者对我国香港特别行政区、澳门特别行政区和台湾地区开放所作的承诺。

境外股东应当以可自由兑换货币或者合法取得的人民币出资。

(五)中国证监会根据审慎监管原则规定的其他条件。

第十二条 期货公司有关联关系的股东持股比例合计达到 5% 的,持股比例最高的股东应当符合本办法第六条、第八条和第十一条规定的条件。

期货公司有关联关系的股东、一致行动人持股比例合计达到成为期货公司控股股东、第一大股东的,持股比例最高的股东应当符合本办法第九条、第十一条规定的条件。涉及的非金融企业股东应当符合本办法第十条、第十一条规定的条件。

第十三条 申请设立期货公司,应当向中国证监会提交下列申请材料:

(一)申请书;

(二)发起协议;

(三)非自然人股东按照其自身决策程序同意出资设立期货公司的决定文件;

(四)公司章程草案;

(五)经营计划;

(六)发起人名单及其最近 3 年经会计师事务所审计的财务报告或者个人金融资产证明以及不存在对所投资企业经营失败或重大违法违规行为负有直接责任未逾 3 年的说明;

(七)拟任用高级管理人员和从业人员名单、简历、相关任职条件证明和相关资格证书;

(八)拟订的期货业务制度、内部控制制度和风险管理制度文本;

(九)场地、设备、资金来源证明文件;

(十)股权结构及股东间关联关系、一致行动人关系的说明;

(十一)资本补充方案及风险处置预案;

（十二）律师事务所出具的法律意见书；

（十三）中国证监会规定的其他申请材料。

期货公司单个境外股东的持股比例或者有关联关系的境外股东合计持股比例达到5%以上的，还应当提交下列申请材料：

（一）境外股东的章程、营业执照或者注册证书和相关业务资格证书复印件；

（二）境外股东所在国家或者地区的相关监管机构或者中国证监会认可的境外机构出具的关于其符合本办法第七条第（七）项、第（八）项与第十一条第（二）项规定条件的说明函。

存在非金融企业为期货公司主要股东、控股股东、第一大股东情形的，除上述材料外，还需提交国家关于加强非金融企业投资金融机构监管的有关规定和相关指导意见要求的其他材料。

第十四条　外资持有股权的期货公司，应当按照法律、行政法规的规定，向国务院商务主管部门和外汇管理部门申请办理相关手续。

第十五条　按照本办法设立的期货公司，可以依法从事商品期货经纪业务；[①]从事金融期货经纪、境外期货经纪、期货投资咨询的，应当取得相应业务资格。从事资产管理业务的，应当依法登记备案。

期货公司经批准或者备案可以从事中国证监会规定的其他业务。

第十六条　期货公司申请金融期货经纪业务资格，应当具备下列条件：

（一）申请日前2个月风险监管指标持续符合规定标准；

（二）具有健全的公司治理、风险管理制度和内部控制制度，并有效执行；

（三）符合中国证监会期货保证金安全存管监控的规定；

（四）业务设施和技术系统符合相关技术规范且运行状况良好；

（五）高级管理人员近2年内未受到刑事处罚，未因违法违规经营受到行政处罚，无不良信用记录，且不存在因涉嫌违法违规经营正在被有权机关调查的情形；

（六）不存在被中国证监会及其派出机构采取《期货交易管理条例》第五十五条第二款、第五十六条规定的监管措施的情形；

（七）不存在因涉嫌违法违规正在被有权机关立案调查的情形；

（八）近2年内未因违法违规行为受过刑事处罚或者行政处罚。但期货公司控股股东或者实际控制人变更，高级管理人员变更比例超过50%，对出现上述情形负有责任的高级管理人员和业务负责人已不在公司任职，且已整改完成并经期货公司住所地中国证监会派出机构验收合格的，可不受此限制；

（九）中国证监会根据审慎监管原则规定的其他条件。

第十七条　期货公司申请金融期货经纪业务资格，应当向中国证监会提交下列申请材料：

（一）申请书；

（二）加盖公司公章的营业执照和业务许可证复印件；

（三）股东会或者董事会决议文件；

（四）申请日前2个月风险监管报表；

（五）公司治理、风险管理制度和内部控制制度执行情况报告；

（六）业务设施和技术系统运行情况报告，以及信息系统内部审计报告等网络安全相关材料；

（七）律师事务所出具的法律意见书；

（八）若存在本办法第十六条第（八）项规定情形的，还应提供期货公司住所地中国证监会派出机构出具的整改验收合格意见书；

（九）中国证监会规定的其他申请材料。

第十八条　期货公司申请境外期货经纪、期货投资咨询以及经批准或者备案的其他业务的条件，由中国证监会另行规定。

第十九条　期货公司变更股权有下列情形之一的，应当经中国证监会批准：

（一）变更控股股东、第一大股东；

[①]期货公司成立后，即可依法从事商品期货经纪业务，无须再另行申请业务资格。

（二）单个股东的持股比例或者有关联关系的股东合计持股比例增加到 5% 以上，且涉及境外股东的。

除前款规定情形外，期货公司单个股东的持股比例或者有关联关系的股东合计持股比例增加到 5% 以上，应当经期货公司住所地中国证监会派出机构批准。

第二十条 期货公司变更股权有本办法第十九条所列情形的，应当具备下列条件：

（一）拟变更的股权不存在被冻结等情形；

（二）期货公司与股东之间不存在交叉持股的情形，期货公司不存在为股权受让方提供任何形式财务支持的情形；

（三）涉及的股东符合本办法第七条至第十二条规定的条件。

第二十一条 期货公司变更股权，有本办法第十九条所列情形的，应当提交下列相关申请材料：

（一）申请书；

（二）关于变更股权的决议文件；

（三）股权转让或者变更出资合同，以及有限责任公司其他股东放弃优先购买权的承诺书；

（四）所涉及股东的基本情况报告、变更后期货公司股东股权背景情况图以及期货公司关于变更后股东是否存在关联关系、期货公司是否为股权受让方提供任何形式财务支持的情况说明；

（五）所涉及股东的股东会、董事会或者其他决策机构做出的相关决议；

（六）所涉及股东的最近 3 年经会计师事务所审计的财务报告或者个人金融资产证明以及不存在对所投资企业经营失败或重大违法违规行为负有直接责任未逾 3 年的说明；

（七）律师事务所出具的法律意见书；

（八）中国证监会规定的其他材料。

期货公司单个境外股东的持股比例或者有关联关系的境外股东合计持股比例增加到 5% 以上的，还应当提交本办法第十三条第二款所规定的申请材料。

存在非金融企业为期货公司主要股东、控股股东、第一大股东情形的，除上述材料外，还需提交国家关于加强非金融企业投资金融机构监管的有关规定和相关指导意见要求的其他材料。

期货公司发生本办法第十九条规定情形以外的股权变更，且股权登记管理未在证券登记结算机构实施的，应当自完成工商变更登记手续之日起 5 个工作日内向公司住所地中国证监会派出机构报备下列书面材料：

（一）变更持有 5% 以下股权股东情况报告；

（二）股权受让方相关背景材料；

（三）股权背景情况图；

（四）股权变更相关文件；

（五）公司章程、准予变更登记文件、营业执照复印件；

（六）中国证监会规定的其他材料。

第二十二条 期货公司股东应当秉承长期投资理念，依法行使股东权利，履行股东义务，督促期货公司完善治理结构、风险管理与内部控制制度，实现持续、健康发展。

第二十三条 期货公司拟入股股东应当充分了解期货公司股东条件、权利和义务，入股期货公司的程序应当完备合法，不得存在损害期货公司其他股东或者客户的合法权益以及通过隐瞒等方式规避期货公司股东资格审批或者监管的情况。

第二十四条 期货公司股权出让方在股权转让期间，应当支持并配合期货公司董事会、监事会和高级管理人员依法履行职责，不得在股权转让完成前推荐股权受让方相关人员担任期货公司董事、监事、高级管理人员。

期货公司股东出让股权依法应经中国证监会批准的，在批准前，股权出让方应当继续独立行使表决权及其他股东权利，不得以任何形式变相让渡表决权予股权受让方。

第二十五条 期货公司变更法定代表人，拟任法定代表人应当具备任职条件。期货公司应当自完成相关工商变更登记之日起5个工作日内向住所地中国证监会派出机构提交下列备案材料：

（一）备案报告；

（二）变更后的营业执照副本复印件；

（三）公司决议文件；

（四）法定代表人期货从业资格证书、任职条件证明；

（五）期货公司原《经营证券期货业务许可证》正、副本原件；

（六）中国证监会要求提交的其他文件。

第二十六条　期货公司变更住所或营业场所，应当妥善处理客户资产，拟迁入的住所和拟使用的设施应当符合业务需要，并自完成相关工商变更登记之日起5个工作日内向住所地中国证监会派出机构报备。期货公司在中国证监会不同派出机构辖区变更住所的，还应当符合下列条件：

（一）符合持续性经营规则；

（二）近2年未因重大违法违规行为受到行政处罚或者刑事处罚；

（三）中国证监会根据审慎监管原则规定的其他条件。

第二十七条　期货公司变更住所或营业场所，应当向拟迁入地中国证监会派出机构提交下列备案材料：

（一）备案报告；

（二）变更后的营业执照副本复印件；

（三）公司决议文件；

（四）关于客户资产处理情况，变更后住所和使用的设施符合期货业务需要的说明；

（五）变更后住所所有权或者使用权证明；

（六）首席风险官出具的公司符合相关条件的意见；

（七）期货公司原《经营证券期货业务许可证》正、副本原件；

（八）中国证监会要求提交的其他文件。

期货公司在提交备案材料时，应当将备案材料同时抄报拟迁出地中国证监会派出机构。

第二十八条　期货公司设立营业部、分公司等境内分支机构，应当自完成相关工商设立登记之日起5个工作日内向公司住所地中国证监会派出机构报备。

期货公司设立境内分支机构，应当具备下列条件：

（一）公司治理健全，内部控制制度符合有关规定并有效执行；

（二）申请日前3个月符合风险监管指标标准；

（三）符合有关客户资产保护和期货保证金安全存管监控的规定；

（四）未因涉嫌违法违规经营正在被有权机关调查，近1年内未因违法违规经营受到行政处罚或者刑事处罚；

（五）具有符合业务发展需要的分支机构设立方案和稳定的经营计划；

（六）中国证监会根据审慎监管原则规定的其他条件。

第二十九条　期货公司设立境内分支机构，应当向公司住所地中国证监会派出机构提交下列备案材料：

（一）备案报告；

（二）分支机构营业执照副本复印件；

（三）公司决议文件；

（四）分支机构负责人任职条件证明；

（五）分支机构从业人员名册及期货从业资格证书；

（六）营业场所所有权或者使用权证明；

（七）首席风险官出具的公司符合相关条件的意见；

（八）中国证监会要求提交的其他文件。

期货公司在提交备案材料时，应当将备案材料同时抄报拟设立分支机构所在地的中国证监会派出机构。

第三十条　期货公司变更分支机构营业场所的,应当妥善处理客户资产,拟迁入的营业场所和拟使用的设施应当满足业务需要。

本办法所称期货公司变更分支机构营业场所仅限于在中国证监会同一派出机构辖区内变更营业场所。

第三十一条　期货公司终止境内分支机构的,应当先行妥善处理该分支机构客户资产,结清分支机构业务并终止经营活动,并自完成上述工作之日起5个工作日内向分支机构所在地中国证监会派出机构提交下列备案材料:

(一)备案报告;

(二)公司决议文件;

(三)关于处理分支机构客户资产、结清期货业务并终止经营活动情况的说明;

(四)在中国证监会指定报刊上的公告证明;

(五)首席风险官出具的公司符合相关条件的意见;

(六)期货公司分支机构《经营证券期货业务许可证》正、副本原件;

(七)中国证监会要求提交的其他文件。

期货公司在提交备案材料时,应当将备案材料同时抄报公司住所地的中国证监会派出机构。

第三十二条　期货公司设立、收购、参股境外经营机构,应当具备下列条件,并应当自公司决议生效之日起5个工作日内向中国证监会报备:

(一)申请日前6个月符合风险监管指标标准;

(二)最近一次期货公司分类监管评级不低于B类BB级;

(三)近3年内未因重大违法违规行为受到行政处罚或者刑事处罚,近1年未因治理结构不健全、内部控制不完善等原因被采取监管措施,不存在因涉嫌重大违法违规行为正在被立案调查或者正处于整改期间的情形;

(四)具有完备的境外机构管理制度,能够有效隔离风险;

(五)拟设立、收购或者参股机构所在国家或者地区的期货监管机构已与中国证监会签署监管合作备忘录;

(六)中国证监会根据审慎监管原则规定的其他条件。

第三十三条　期货公司设立、收购、参股境外经营机构,应当自获得境外有关监管机构核准文件之日起5个工作日内向中国证监会提交下列备案材料:

(一)备案报告;

(二)境外经营机构的章程;

(三)境外有关监管机构核准文件;

(四)中国证监会要求的其他资料。

期货公司变更境外经营机构注册资本或股权以及终止境外经营机构的,应当自获得境外有关监管机构核准文件之日起5个工作日内向中国证监会提交下列备案材料:

(一)备案报告;

(二)最近一年经具有证券、期货相关业务资格的会计师事务所审计的境外经营机构的财务报告;

(三)中国证监会要求的其他资料。

第三十四条　期货公司申请设立、收购或者参股境外经营机构,应当按照外汇管理部门相关规定办理有关手续。

第三十五条　期货公司因遭遇不可抗力等正当事由申请停业的,应当妥善处理客户资产,清退或者转移客户。

期货公司恢复营业的,应当符合期货公司持续性经营规则。停业期限届满后,期货公司未能恢复营业或者不符合持续性经营规则的,中国证监会可以根据《期货交易管理条例》第二十条第一款规定注销其期货业务许可证。

第三十六条　期货公司停业的,应当向中国证监会提交下列申请材料:

(一)申请书;

(二)停业决议文件;

（三）关于处理客户资产、处置或者清退客户情况的报告；

（四）中国证监会规定的其他材料。

第三十七条　期货公司被撤销所有期货业务许可的，应当妥善处理客户资产，结清期货业务；公司继续存续的，应当依法办理名称、营业范围和公司章程等工商变更登记，存续公司不得继续以期货公司名义从事业务，其名称中不得有"期货"或者近似字样。

期货公司解散、破产的，应当先行妥善处理客户资产，结清业务。

第三十八条　期货公司设立、变更、停业、解散、破产、被撤销期货业务许可或者其分支机构设立、变更、终止的，期货公司应当在<u>中国证监会指定的媒体</u>上公告。

第三十九条　期货公司及其分支机构的许可证由中国证监会统一印制。许可证正本或者副本遗失或者灭失的，期货公司应当在 30 个工作日内在中国证监会指定的媒体上声明作废，并持登载声明向中国证监会或期货公司分支机构所在地派出机构重新申领。

母题精选

【多选题】下列期货公司股权变更的情形，应当经中国证监会或其派出机构批准的有（　　）。

A. 有关联关系的境外股东合计持股比例增加到 5% 以上

B. 有关联关系的境外股东合计持股比例增加到 3%

C. 单个股东的持股比例增加到 5% 以上

D. 单个股东的持股比例增加到 3%

【答案】AC　【解析】根据《期货公司监督管理办法》第十九条的规定，选项 A、选项 C 的情形应当经中国证监会或其派出机构批准。

【单选题】根据《期货公司监督管理办法》，期货公司分支机构终止的，应当先行妥善处理该分支机构的（　　），结清分支机构业务并终止经营活动。

A. 客户资产　　　　　　　　B. 工作人员工资和劳务合同

C. 营业场所和设施　　　　　D. 交易账户和客户编码

【答案】A　【解析】根据《期货公司监督管理办法》第三十一条的规定，选项 A 正确。

【单选题】期货公司设立、变更、解散、破产、被销毁期货业务许可的，期货公司依法应当在（　　）上公告。

A. 中国期货业协会网站　　　B. 期货交易所网站

C. 期货公司网站　　　　　　D. 中国证监会指定的媒体

【答案】D　【解析】根据《期货公司监督管理办法》第三十八条的规定，选项 D 正确。

第三章　公司治理（重点掌握）

第四十条　期货公司应当按照<u>明晰职责、强化制衡、加强风险管理</u>的原则，建立并完善公司治理。

第四十一条　期货公司与其股东、实际控制人及其他关联人在业务、人员、资产、财务等方面应当严格分开，独立经营，独立核算。

未依法经期货公司股东会或者董事会决议，期货公司<u>股东、实际控制人不得任免期货公司的董事、监事、高级管理人员</u>，或者非法干预期货公司经营管理活动。

期货公司向股东、实际控制人及其关联人提供服务的，<u>不得降低风险管理要求</u>。

第四十二条　期货公司应当加强关联交易管理，准确识别关联方，严格落实关联交易审批和信息披露制度，及时向公司住所地中国证监会派出机构报告关联交易情况。

期货公司股东、实际控制人和其他关联人应当遵守法律、行政法规和中国证监会关于关联交易的相关规定，不得与期货公司进行不当的关联交易，不得利用其对期货公司经营管理的影响力获取不当利益。

第四十三条　期货公司控股股东、第一大股东应当每年对自身遵守法律法规及监管规定

考查概率：100%，所占分值为 1.5 ~ 2 分。

考查题型：所有题型均有考查的可能，多选题和综合题出题的可能性较大。

考查重点：第四十条、第四十一条、第四十四条、第四十五条、第四十八条。

情况、经营状况、履行对期货公司承诺事项和期货公司章程的情况进行自查自评,每年度结束之日起4个月内将评估报告通过期货公司报送期货公司住所地中国证监会派出机构。

第四十四条 期货公司主要股东或者实际控制人出现下列情形之一的,应当主动、准确、完整地在3个工作日内通知期货公司:

(一)所持有的期货公司股权被冻结或者被强制执行;

(二)质押或解除质押所持有的期货公司股权;

(三)决定转让所持有的期货公司股权;

(四)不能正常行使股东权利或者承担股东义务,可能造成期货公司治理的重大缺陷;

(五)股权变更或者业务范围、经营管理发生重大变化;

(六)董事长、总经理或者代为履行相应职务的董事、高级管理人员等发生变动;

(七)因国家法律法规、重大政策调整或者不可抗力等因素,可能对公司经营管理产生重大不利影响;

(八)涉嫌重大违法违规被有权机关调查或者采取强制措施;

(九)因重大违法违规行为受到行政处罚或者刑事处罚;

(十)变更名称;

(十一)合并、分立或者进行重大资产、债务重组;

(十二)被采取停业整顿、撤销、接管、托管等监管措施,或者进入解散、破产、关闭程序;

(十三)其他可能影响期货公司股权变更或者持续经营的情形。

期货公司主要股东发生前款规定情形的,期货公司应当自收到通知之日起3个工作日内向期货公司住所地中国证监会派出机构报告。

期货公司实际控制人发生第一款第(八)项至第(十二)项所列情形的,期货公司应当自收到通知之日起3个工作日内向中国证监会及住所地派出机构报告。

第四十五条 期货公司有下列情形之一的,应当立即书面通知全体股东或进行公告,并向住所地中国证监会派出机构报告:

(一)公司或者其董事、监事、高级管理人员因涉嫌违法违规被有权机关立案调查或者采取强制措施;

(二)公司或者其董事、监事、高级管理人员因违法违规行为受到行政处罚或者刑事处罚;

(三)风险监管指标不符合规定标准;

(四)客户发生重大透支、穿仓,可能影响期货公司持续经营;

(五)发生突发事件,对期货公司或者客户利益产生或者可能产生重大不利影响;

(六)其他可能影响期货公司持续经营的情形。

中国证监会及其派出机构对期货公司及其分支机构采取《期货交易管理条例》第五十五条第二款、第四款或者第五十六条规定的监管措施或者作出行政处罚,期货公司应当书面通知全体股东或进行公告。

第四十六条 期货公司股东会或股东大会应当按照《公司法》和公司章程,对职权范围内的事项进行审议和表决。股东会或股东大会每年应当至少召开一次会议。期货公司股东应当按照出资比例或者所持股份比例行使表决权。

第四十七条 期货公司应当设立董事会,并按照《公司法》的规定设立监事会或监事,切实保障监事会和监事对公司经营情况的知情权。

期货公司可以设立独立董事,期货公司的独立董事不得在期货公司担任董事会以外的职务,不得与本期货公司存在可能妨碍其作出独立、客观判断的关系。

第四十八条 期货公司应当设首席风险官,对期货公司经营管理行为的合法合规性、风险管理进行监督、检查。

首席风险官发现涉嫌占用、挪用客户保证金等违法违规行为或者可能发生风险的,应当立即向住所地中国证监会派出机构和公司董事会报告。

期货公司拟解聘首席风险官的,应当有正当理由,并向住所地中国证监会派出机构报告。

第四十九条　期货公司的董事长、总经理、首席风险官之间不得存在近亲属关系。

第五十条　期货公司应当合理设置业务部门及其职能,建立岗位责任制度,不相容岗位应当分离。交易、结算、财务业务应当由不同部门和人员分开办理。

期货公司应当设立风险管理部门或者岗位,管理和控制期货公司的经营风险。

期货公司应当设立合规审查部门或者岗位,审查和稽核期货公司经营管理的合法合规性。

第五十一条　期货公司应当建立健全并持续完善覆盖境内外分支机构、子公司及其业务的合规管理、风险管理和内部控制体系,贯穿决策、执行、监督、反馈等各个环节,实现风险管理全覆盖。

第五十二条　期货公司应当对分支机构实行集中统一管理,不得与他人合资、合作经营管理分支机构,不得将分支机构承包、租赁或者委托给他人经营管理。

分支机构经营的业务不得超出期货公司的业务范围,并应当符合中国证监会对相关业务的规定。

期货公司应当按照规定对分支机构实行统一结算、统一风险管理、统一资金调拨、统一财务管理和会计核算。

第五十三条　期货公司设立、收购、参股的境外经营机构发生下列事项的,期货公司应当在 5 个工作日内向公司住所地中国证监会派出机构书面报告:

(一)注册登记、取得业务资格、设立子公司;

(二)变更名称、变更业务范围以及修改章程重要条款等;

(三)取得、变更或者注销交易所、协会等会员资格;

(四)变更董事长、总经理、合规负责人和风险管理负责人;

(五)机构或其从业人员受到境外监管机构或交易所的调查、纪律处分或处罚;

(六)预计发生重大亏损或者遭受超过净资产10%的重大损失;

(七)与期货公司及其关联方发生重大关联交易;

(八)按规定应当向境外监管机构报告的重大事项;

(九)中国证监会规定的其他重大事项。

第五十四条　期货公司应当在每月结束之日起 7 个工作日内报送设立、收购的境外经营机构的上一月度主要财务数据及业务情况。

期货公司应当在每会计年度结束之日起 4 个月内报送上一年度境外经营机构经审计的财务报告、审计报告以及年度工作报告,年度工作报告的内容包括但不限于:持牌情况、业务开展情况、财务状况、下属机构以及被境外监管机构采取监管措施或处罚等情况。

第五十五条　期货公司可以按照规定,运用自有资金投资于股票、投资基金、债券等金融类资产,与业务相关的股权以及中国证监会规定的其他业务,但不得从事《期货交易管理条例》禁止的业务。

母题精选

【多选题】下列关于期货公司与控股股东关系的表述,正确的有(　　)。

　　A. 期货公司的股东不得直接任免期货公司的董事、监事和高级管理人员

　　B. 为保护股东利益,期货公司应当向股东做出分红的承诺

　　C. 期货公司向股东提供服务的,不得降低风险管理要求

　　D. 期货公司可以向股东做出最低收益的承诺

【答案】AC　【解析】根据《期货公司监督管理办法》第四十一条的规定,期货公司股东、实际控制人不得任免期货公司的董事、监事、高级管理人员。选项 A 表述正确。期货公司向股东、实际控制人及其关联人提供服务的,不得降低风险管理要求。选项 C 表述正确。期货公司不得向股东做出最低收益的承诺,也不得向股东做出分红的承诺。选项 B、选项 D 表述错误。

第四章 业务规则（重点掌握）

第一节 一般规定

第五十六条 期货公司应当建立并有效执行风险管理、内部控制、期货保证金存管等业务制度和流程，有效隔离不同业务之间的风险，确保客户资产安全和交易安全。

第五十七条 期货公司应当按照规定实行投资者适当性管理制度，建立执业规范和内部问责机制，了解客户的经济实力、专业知识、投资经历和风险偏好等情况，审慎评估客户的风险承受能力，提供与评估结果相适应的产品或者服务。

期货公司应当向客户全面客观介绍相关法律法规、业务规则、产品或者服务的特征，充分揭示风险，并按照合同的约定，如实向客户提供相关的资料、信息，不得欺诈或者误导客户。

期货公司应充分了解和评估客户风险承受能力，加强对客户的管理。

期货公司应当承担各项产品和服务的投资者教育义务，保障必要费用和人员配备，将投资者教育纳入各业务环节。

第五十八条 期货公司应当在本公司网站、营业场所等公示业务流程。

期货公司应当提供从业人员资格证书等资料供客户查阅，并在本公司网站和营业场所提示客户可以通过中国期货业协会网站查询。

第五十九条 期货公司应当承担投资者投诉处理的首要责任，建立、健全客户投诉处理制度，公开投诉处理流程，妥善处理客户投诉及与客户的纠纷。

第六十条 期货公司应当建立数据备份制度，对交易、结算、财务等数据进行备份管理。

期货公司应当妥善保存客户开户资料、委托记录、交易记录和与内部管理、业务经营有关的各项资料，任何人不得隐匿、伪造、篡改或者毁损，除依法接受调查和检查外，应当为客户保密，不得非法提供给他人。客户资料保存期限自账户销户之日起不得少于20年。

第二节 期货经纪业务

第六十一条 期货公司不得接受下列单位和个人的委托，为其进行期货交易：

（一）国家机关和事业单位；

（二）中国证监会及其派出机构、期货交易所、期货保证金安全存管监控机构、中国期货业协会工作人员及其配偶；

（三）期货公司工作人员及其配偶；

（四）证券、期货市场禁止进入者；

（五）未能提供开户证明材料的单位和个人；

（六）中国证监会规定的不得从事期货交易的其他单位和个人。

第六十二条 客户应当以自己的名义向期货公司提出开户申请，出具合法有效的单位、个人身份证明或者其他证明材料，如实提供相关信息和材料，承诺资金来源合法，对拟开立的账户与其他账户存在实际控制关系的，应当在开户时向期货公司披露。期货公司应当及时向期货交易所、期货保证金安全存管监控机构报告。

期货公司应当充分告知客户有关实际控制关系账户管理的规定，对客户实际控制关系账户的申报和变更进行管理。

第六十三条 期货公司应当对客户开户信息和资料进行审核。开户信息和资料不真实、不准确和不完整的，期货公司不得为其办理开户手续。

第六十四条 期货公司在为客户开立期货经纪账户前，应当向客户出示《期货交易风险说明书》，由客户签字确认，并签订期货经纪合同。

《〈期货经纪合同〉指引》和《期货交易风险说明书》由中国期货业协会制定。

第六十五条 客户可以通过书面、电话、计算机、互联网等委托方式下达交易指令。

考查概率：100%，所占分值为1.5～2分。

考查题型：主要以单选题和多选题的形式考查，偶尔会出综合题。

考查重点：本考点主要介绍了期货公司的一般规定和三种最常见的业务类型，考查最多的是期货公司的一般规定和期货公司经纪业务，这两处知识考生应当重点掌握，其他两种业务类型理解即可。

　　期货公司应当建立交易指令委托管理制度,并与客户就委托方式和程序进行约定。期货公司应当按照客户委托下达交易指令,不得未经客户委托或者未按客户委托内容,擅自进行期货交易。期货公司从业人员不得私下接受客户委托进行期货交易。

　　以书面方式下达交易指令的,客户应当填写书面交易指令单;以电话方式下达交易指令的,期货公司应当同步录音;以计算机、互联网等委托方式下达交易指令的,期货公司应当以适当方式保存。以互联网方式下达交易指令的,期货公司应当对互联网交易风险进行特别提示。

　　第六十六条　期货公司应当进行客户交易指令审核。期货公司应当在传递交易指令前对客户账户资金和持仓进行验证。

　　期货公司应当按照时间优先的原则传递客户交易指令。

　　第六十七条　期货公司应当建立健全客户交易行为管理制度,发现客户交易指令涉嫌违法违规或者出现交易异常的,应当及时向期货交易所、期货保证金安全存管监控机构及住所地中国证监会派出机构报告。

　　第六十八条　期货公司应当在每日结算后为客户提供交易结算报告,并提示客户可以通过期货保证金安全存管监控机构进行查询。客户应当按照期货经纪合同约定方式对交易结算报告内容进行确认。

　　客户对交易结算报告有异议的,应当在期货经纪合同约定的时间内以书面方式提出,期货公司应当在约定时间内进行核实。客户未在约定时间内提出异议的,视为对交易结算报告内容的确认。

　　第六十九条　期货公司应当制定并执行错单处理业务规则。

　　第七十条　期货公司应当按照规定为客户申请、注销交易编码。客户与期货公司的委托关系终止的,应当办理销户手续。期货公司不得将客户未注销的资金账号、交易编码借给他人使用。

　　第七十一条　期货公司为境外交易者和境外经纪机构提供境内特定品种期货交易、结算服务的,应当遵守法律、行政法规及中国证监会的有关规定。

　　第七十二条　期货公司可以按照规定委托其他机构或者接受其他机构委托从事中间介绍业务。

第三节　期货投资咨询业务

　　第七十三条　期货公司可以依法从事期货投资咨询业务,接受客户委托,向客户提供风险管理顾问、研究分析、交易咨询等服务。

　　第七十四条　期货公司从事期货投资咨询业务,应当与客户签订服务合同,明确约定服务内容、收费标准及纠纷处理方式等事项。

　　第七十五条　期货公司及其从业人员从事期货投资咨询业务,不得有下列行为:

　　(一)向客户做出保证其资产本金不受损失或者取得最低收益的承诺;

　　(二)以虚假信息、市场传言或者内幕信息为依据向客户提供期货投资咨询服务;

　　(三)对价格涨跌或者市场走势做出确定性的判断;

　　(四)利用向客户提供投资建议谋取不正当利益;

　　(五)利用期货投资咨询活动传播虚假、误导性信息;

　　(六)以个人名义收取服务报酬;

　　(七)法律、行政法规和中国证监会规定禁止的其他行为。

第四节　资产管理业务

　　第七十六条　期货公司可以依法从事资产管理业务,接受客户委托,运用客户资产进行投资。投资收益由客户享有,损失由客户承担。

第七十七条 期货公司从事资产管理业务,应当与客户签订资产管理合同,通过专门账户提供服务。

第七十八条 期货公司可以依法从事下列资产管理业务:

(一)为单一客户办理资产管理业务;

(二)为特定多个客户办理资产管理业务。

第七十九条 期货公司及其从业人员从事资产管理业务,不得有下列行为:

(一)以欺诈手段或者其他不当方式误导、诱导客户;

(二)向客户做出保证其资产本金不受损失或者取得最低收益的承诺;

(三)接受客户委托的初始资产低于中国证监会规定的最低限额;

(四)占用、挪用客户委托资产;

(五)以转移资产管理账户收益或者亏损为目的,在不同账户之间进行买卖,损害客户利益;

(六)以获取佣金或者其他利益为目的,使用客户资产进行不必要的交易;

(七)利用管理的客户资产为第三方谋取不正当利益,进行利益输送;

(八)利用或协助客户利用资管账户规避期货交易所限仓管理规定;

(九)违反投资者适当性要求,通过拆分资产管理产品等方式,向风险承受能力低于产品风险等级的投资者销售资产管理产品;

(十)法律、行政法规以及中国证监会规定禁止的其他行为。

第八十条 期货公司从事资产管理业务,除应当符合本办法规定外,还应当符合中国证监会关于期货公司从事资产管理业务的其他规定。

● 母 题 精 选

【多选题】根据《期货公司监督管理办法》,期货公司应当向客户全面客观介绍( )。

A. 产品或者服务的特征   B. 期货交易相关法律法规

C. 业务规则   D. 期货交易的风险

【答案】ABCD 【解析】根据《期货公司监督管理办法》第五十七条的规定,选项 A、选项 B、选项 C 和选项 D 均正确。

第五章 客户资产保护(重点掌握) »

> 考查概率:100%,所占分值为 3~3.5 分。
>
> 考查题型:主要以单选题、多选题和综合题的形式考查。
>
> 考查重点:本考点内容非常重要,每一条都有可能独立的出多选题和综合题,所有内容均需考生重点掌握。

第八十一条 客户的保证金和委托资产属于客户资产,归客户所有。客户资产应当与期货公司的自有资产相互独立、分别管理。非因客户本身的债务或者法律、行政法规规定的其他情形,不得查封、冻结、扣划或者强制执行客户资产。期货公司破产或者清算时,客户资产不属于破产财产或者清算财产。

第八十二条 期货公司应当在期货保证金存管银行开立期货保证金账户。

期货公司开立、变更或者撤销期货保证金账户的,应于当日向期货保证金安全存管监控机构备案,并通过规定方式向客户披露账户开立、变更或者撤销情况。

第八十三条 客户应当向期货公司登记以本人名义开立的用于存取期货保证金的结算账户。

期货公司和客户应当通过备案的期货保证金账户和登记的期货结算账户转账存取保证金。

第八十四条 期货公司存管的客户保证金应当全额存放在期货保证金账户和期货交易所专用结算账户内,严禁在期货保证金账户和期货交易所专用结算账户之外存放。

第八十五条 期货公司应当按照规定及时**向期货保证金安全存管监控机构报送信息。**

第八十六条 期货保证金存管银行未按规定向期货保证金安全存管监控机构报送信息，被期货交易所采取自律监管措施或者被中国证监会采取监管措施、处以行政处罚的，期货公司应当暂停在该存管银行开立期货保证金账户，并将期货保证金转存至其他符合规定的期货保证金存管银行。

第八十七条 期货公司应当按照期货交易所规则，**缴存结算担保金，并维持最低数额的结算准备金等专用资金，确保客户正常交易。**

第八十八条 除依据《期货交易管理条例》第二十八条划转外，任何单位或者个人不得以任何形式占用、挪用客户保证金。

客户在期货交易中违约造成保证金不足的，期货公司应当以**风险准备金和自有资金垫付**，不得占用其他客户保证金。

期货公司应当按照规定提取、管理和使用风险准备金，不得挪作他用。

母题精选

【多选题】客户甲将一笔1000万元的资金划入期货公司从事期货交易。某日，客户甲需从期货公司取出100万元，期货公司和客户应当通过( )进行转账。

A.客户登记的期货结算账户　　　　B.期货公司自有资金账户

C.期货交易所专用结算账户　　　　D.期货公司备案的期货保证金账户

【答案】AD 【解析】根据《期货公司监督管理办法》第八十三条的规定，期货公司和客户应当通过备案的期货保证金账户和登记的期货结算账户转账存取保证金。选项A、选项D正确。

【多选题】客户甲将一笔1000万元的资金划入期货公司从事期货交易。期货公司可以存放甲保证金的账户包括( )。

A.期货公司自有资金账户　　　　B.期货公司期货保证金账户

C.期货交易所专用结算账户　　　　D.客户登记的期货结算账户

【答案】BC 【解析】根据《期货公司监督管理办法》第八十四条的规定，期货公司存管的客户保证金应当全额存放在期货保证金账户和期货交易所专用结算账户内。选项B、选项C正确。

第六章 信息系统管理（掌握）

第八十九条 期货公司应当具有符合行业标准和自身业务发展需要的信息系统，制定信息技术管理制度，按照规定设置信息技术部门或岗位，保障信息系统安全运行。

第九十条 期货公司应当将**合规与风险管理**贯穿信息技术管理的各个环节，建立相应的审查、测试、监测和应急处置机制。

第九十一条 期货公司运用信息系统从事期货业务活动前，应当进行内部审查，验证下列事项并建立存档记录：

（一）信息系统的功能设计与技术实现应当遵循业务合规的原则，各项功能符合法律、行政法规以及中国证监会的规定；

（二）风险管理系统功能完备、权限清晰，能够正常运行；

（三）信息系统的安全防护措施能够保障经营数据和客户信息的安全、完整；

（四）期货公司运行管理能力和信息系统备份能力能够保障信息系统的安全运行；

（五）可能影响信息系统运行连续性、合规性、安全性的其他事项。

第九十二条 期货公司应当建立**独立于生产环境的专用信息系统开发测试环境**，运用信息系统**从事期货业务活动前**应当进行测试。

第九十三条 期货公司应当通过自身具有管理权限的信息系统直接接受客户交易指令，不得允许或者配合其他机构、个人截取、留存客户信息，不得以任何方式向其他机构、个人违

考查概率：80%，所占分值为0.5～1分。

考查题型：主要以单选题和多选题的形式考查。

考查重点：第九十条、第九十二条、第九十四条、第九十七条。

规提供客户信息,法律、行政法规以及中国证监会另有规定的除外。

期货公司发现其他机构、个人违规传输、转发、存储或者使用本公司经营数据和客户信息的,应当及时向公司住所地中国证监会派出机构报告,并评估影响范围、排查泄露途径。如涉及业务合作机构的,期货公司应当立即终止与其合作。

第九十四条 期货公司应当建立健全信息系统安全监测机制,设立监测指标并持续监测重要信息系统的运行状况。

期货公司应当跟踪监测发现的异常情形,及时处理并定期开展评估分析。

第九十五条 期货公司应当建立信息系统安全应急处置和报告机制,及时处置重大异常情况和突发信息安全事件,尽快恢复信息系统的正常运行,并向中国证监会及其派出机构和期货交易所报告。

第九十六条 期货公司重要信息系统部署以及所承载数据的管理,应当符合法律法规等规定。

第九十七条 期货公司应当建立健全外部接入信息系统管理制度。期货公司信息系统接入外部信息系统的,应当对接入的外部信息系统开展合规评估、风险评估和技术系统测试,保证接入的外部信息系统的合规性和安全性,并按照期货交易所、中国期货业协会的要求报告接入方及接入信息系统情况,不得违规为客户提供信息系统外部接入服务。

第九十八条 期货公司委托信息技术服务机构提供信息技术服务,应当建立内部审查、评估和管理机制。期货公司依法应当承担的相应责任不因委托而免除或减轻。

期货信息技术服务机构应当遵守法律、行政法规及中国证监会的相关规定。

第七章 监督管理(重点掌握)

第九十九条 期货公司应当按照规定报送年度报告、月度报告等资料。

期货公司法定代表人、经营管理主要负责人、首席风险官、财务负责人应当对年度报告和月度报告签署确认意见;监事会或监事应对年度报告进行审核并提出书面审核意见;期货公司董事应当对年度报告签署确认意见。

期货公司年度报告、月度报告签字人员应当保证报告内容真实、准确、完整;对报告内容有异议的,应当注明意见和理由。

第一百条 中国证监会及其派出机构可以要求下列机构或者个人,在指定期限内报送与期货公司经营相关的资料:

(一)期货公司及其董事、监事、高级管理人员及其他工作人员;

(二)期货公司股东、实际控制人或者其他关联人;

(三)期货公司控股、参股或者实际控制的企业;

(四)为期货公司提供相关服务的会计师事务所、律师事务所、资产评估机构等中介服务机构。

报送、提供或者披露的资料、信息应当真实、准确、完整,不得有虚假记载、误导性陈述或者重大遗漏。

第一百零一条 期货公司主要股东、实际控制人或者其他关联人在期货公司从事期货交易的,期货公司应当自开户之日起5个工作日内向住所地中国证监会派出机构报告开户情况,并定期报告交易情况。

第一百零二条 发生下列事项之一的,期货公司应当在5个工作日内向住所地中国证监会派出机构书面报告:

(一)变更公司名称、形式、章程;

(二)同比例增减资;

(三)变更股权或注册资本,且不涉及新增持有5%以上股权的股东;

(四)变更分支机构负责人或者营业场所;

考查概率:100%,所占分值为1~1.5分。

考查题型:主要以单选题和多选题的形式考查。

考查重点:第九十九条、第一百零一条、第一百零八条、第一百一十二条。

（五）作出终止业务等重大决议；

（六）被有权机关立案调查或者采取强制措施；

（七）发生影响或者可能影响期货公司经营管理、财务状况或者客户资产安全等重大事件；

（八）中国证监会规定的其他事项。

上述事项涉及期货公司分支机构的，期货公司应当同时向分支机构住所地中国证监会派出机构书面报告。

第一百零三条　期货公司聘请或者解聘会计师事务所的，应当自作出决定之日起 5 个工作日内向住所地中国证监会派出机构报告；解聘会计师事务所的，应当说明理由。

第一百零四条　期货公司应当按照规定，公示基本情况、历史情况、分支机构基本情况、董事及监事信息、高级管理人员及从业人员信息、公司股东信息、公司诚信记录以及中国证监会要求的其他信息。

期货公司公示信息及其他重大事项发生变更的，应当自变更之日起 5 个工作日内在中国证监会有关监管信息系统中进行更新。

第一百零五条　中国证监会可以按照规定对期货公司进行分类监管。

第一百零六条　中国证监会及其派出机构可以对期货公司及其分支机构进行定期或者不定期现场检查。

中国证监会及其派出机构依法进行现场检查时，检查人员不得少于 2 人，并应当出示合法证件和检查通知书，必要时可以聘请外部专业人士协助检查。

中国证监会及其派出机构可以对期货公司子公司以及期货公司的股东、实际控制人进行延伸检查。

第一百零七条　中国证监会及其派出机构对期货公司及其分支机构进行检查，有权采取下列措施：

（一）询问期货公司及其分支机构的工作人员，要求其对被检查事项作出解释、说明；

（二）查阅、复制与被检查事项有关的文件、资料；

（三）查询期货公司及其分支机构的客户资产账户；

（四）检查期货公司及其分支机构的信息系统，调阅交易、结算及财务数据。

第一百零八条　中国证监会及其派出机构认为期货公司可能存在下列情形之一的，可以要求其聘请中介服务机构进行专项审计、评估或者出具法律意见：

（一）期货公司年度报告、月度报告或者临时报告等存在虚假记载、误导性陈述或者重大遗漏；

（二）违反客户资产保护、期货保证金安全存管监控规定或者风险监管指标管理规定；

（三）中国证监会根据审慎监管原则认定的其他情形。

期货公司应当配合中介服务机构工作。

第一百零九条　期货公司及其分支机构、期货公司负有责任的董事、监事、高级管理人员以及其他直接责任人员违反本办法有关规定的，中国证监会及其派出机构可以对其采取监管谈话、责令改正、出具警示函等监管措施。

第一百一十条　期货公司或其分支机构有下列情形之一的，中国证监会及其派出机构可以依据《期货交易管理条例》第五十五条规定采取监管措施：

（一）公司治理不健全，部门或者岗位设置存在较大缺陷，关键业务岗位人员缺位或者未履行职责，可能影响期货公司持续经营；

（二）业务规则不健全或者未有效执行，风险管理或者内部控制等存在较大缺陷，经营管理混乱，可能影响期货公司持续经营或者可能损害客户合法权益；

（三）不符合有关客户资产保护或者期货保证金安全存管监控规定，可能影响客户资产安全；

（四）未按规定执行分支机构统一管理制度，经营管理存在较大风险或者风险隐患；

（五）未按规定实行投资者适当性管理制度，存在较大风险或者风险隐患；

（六）未按规定委托或者接受委托从事中间介绍业务；

（七）交易、结算或者财务信息系统存在重大缺陷，可能造成有关数据失真或者损害客户合法权益；

（八）信息系统不符合规定或者未按照规定要求实施信息系统管理，存在较大风险或者风险隐患；

（九）违规开展关联交易，可能影响持续经营；

（十）未按规定实施外部接入信息系统管理，存在较大风险或者风险隐患；

（十一）未按规定调拨和使用自有资金，存在较大风险或者风险隐患；

（十二）未按规定从事资产管理业务，存在较大风险或者风险隐患；

（十三）设立、收购、参股境外经营机构不符合本办法有关规定，存在较大风险或者风险隐患；

（十四）未按规定履行对境外经营机构的管理责任，导致境外经营机构运营不合规或者出现较大风险的；

（十五）股东、实际控制人或者其他关联人停业、发生重大风险或者涉嫌严重违法违规，可能影响期货公司治理或者持续经营；

（十六）存在重大纠纷、仲裁、诉讼，可能影响持续经营；

（十七）未按规定进行信息报送、披露或者报送、披露的信息存在虚假记载、误导性陈述或者重大遗漏；

（十八）其他不符合持续性经营规则规定或者出现其他经营风险的情形。

对经过整改仍未达到经营条件的分支机构，中国证监会派出机构有权依法关闭。

第一百一十一条 期货公司股东、实际控制人、其他关联人，为期货公司提供相关服务的会计师事务所、律师事务所、资产评估机构等中介服务机构违反本办法规定的，中国证监会及其派出机构可以对其采取监管谈话、责令改正、出具警示函等监管措施。

第一百一十二条 期货公司的股东、实际控制人或者其他关联人有下列情形之一的，中国证监会及其派出机构可以责令其限期整改：

（一）虚假出资、出资不实、抽逃出资的；

（二）违规使用委托资金、负债资金等投资入股的；

（三）股权转让过程中，在股权转让完成前推荐股权受让方相关人员担任期货公司董事、监事、高级管理人员或者出让股权依法应经中国证监会批准的，在批准前，让渡或者变相让渡表决权于股权受让方；

（四）占用期货公司资产；

（五）直接任免期货公司董事、监事、高级管理人员，或者非法干预期货公司经营管理活动；

（六）股东未按照出资比例或者所持股份比例行使表决权；

（七）报送、提供或者出具的材料、信息或者报告等存在虚假记载、误导性陈述或者重大遗漏；

（八）违规开展关联交易；

（九）拒绝或阻碍中国证监会或其派出机构进行调查核实；

（十）不配合中国证监会或其派出机构开展风险处置；

（十一）其他损害期货公司及其客户合法利益，扰乱期货市场秩序的行为。

因前款情形致使期货公司不符合持续性经营规则或者出现经营风险的，中国证监会及其派出机构可以依据《期货交易管理条例》第五十五条的规定责令控股股东转让股权或者限制有关股东行使股东权利。

第一百一十三条　未经中国证监会或其派出机构批准,任何个人或者单位及其关联人擅自持有期货公司5%以上股权,或者通过提供虚假申请材料等方式成为期货公司股东的,中国证监会或其派出机构可以责令其限期转让股权。该股权在转让之前,不具有表决权、分红权。

母题精选

【单选题】下列关于期货公司实际控制人或者其他关联人在期货公司从事期货交易的表述,正确的是(　　)。

　　A. 自开户之日起一定期限内,期货公司应当向中国期货业协会备案

　　B. 期货公司应当定期向全体股东、董事会和监事会或者监事报告相关交易情况

　　C. 期货公司应当定期向独立董事提交专项报告

　　D. 期货公司应当定期向其住所地的中国证监会派出机构报告相关交易情况

【答案】D　【解析】根据《期货公司监督管理办法》第一百零一条的规定,选项D表述正确。

第八章　法律责任(了解)

考查概率:0%。

考查重点:基本未考查,考生只需了解即可,不做重点要求。

第一百一十四条　期货公司及其分支机构接受未办理开户手续的单位或者个人委托进行期货交易,或者将客户的资金账号、交易编码借给其他单位或者个人使用的,给予警告,单处或者并处3万元以下罚款。

第一百一十五条　期货公司及其分支机构有下列行为之一的,根据《期货交易管理条例》第六十六条处罚:

　　(一)未按规定实行投资者适当性管理制度,损害客户合法权益;

　　(二)未按规定将客户资产与期货公司自有资产相互独立、分别管理;

　　(三)在期货保证金账户和期货交易所专用结算账户之外存放客户保证金;

　　(四)占用客户保证金;

　　(五)向期货保证金安全存管监控机构报送的信息存在虚假记载、误导性陈述或者重大遗漏;

　　(六)违反期货保证金安全存管监控管理相关规定,损害客户合法权益;

　　(七)未按规定缴存结算担保金,或者未能维持最低数额的结算准备金等专用资金;

　　(八)在传递交易指令前未对客户账户资金和持仓进行验证;

　　(九)违反中国证监会有关结算业务管理规定,损害其他期货公司及其客户合法权益;

　　(十)信息系统不符合规定或者未按照规定要求实施信息系统管理,损害客户合法权益或者扰乱期货市场秩序;

　　(十一)未按规定实施外部接入信息系统管理,损害客户合法权益或者扰乱期货市场秩序;

　　(十二)违反中国证监会风险监管指标规定;

　　(十三)违反规定从事期货投资咨询或者资产管理业务,情节严重的;

　　(十四)设立、收购、参股境外经营机构不符合本办法有关规定,情节严重或者出现严重后果的;

　　(十五)未按规定履行对境外经营机构的管理责任,导致境外经营机构违法经营或者出现重大风险的;

　　(十六)违反规定委托或者接受其他机构委托从事中间介绍业务,损害客户合法权益;

　　(十七)违规开展关联交易,情节严重的;

　　(十八)对股东、实际控制人及其关联人降低风险管理要求,侵害其他客户合法权益;

　　(十九)以合资、合作、联营方式设立分支机构,或者将分支机构承包、出租给他人,或者违反分支机构集中统一管理规定;

（二十）拒不配合、阻碍或者破坏中国证监会及其派出机构的监督管理；

（二十一）违反期货投资者保障基金管理规定。

第一百一十六条 期货公司及其分支机构有下列情形之一的，根据《期货交易管理条例》第六十七条处罚：

（一）发布虚假广告或者进行虚假宣传，诱骗客户参与期货交易；

（二）不按照规定变更或者撤销期货保证金账户，或者不按照规定方式向客户披露期货保证金账户信息。

第一百一十七条 期货公司因治理结构不健全、内部控制不完善，未按有关规定履行对子公司的管理职责，导致子公司违法经营或者出现重大风险的，对期货公司及其直接负责的董事、监事、高级管理人员和其他直接责任人员，依照《期货交易管理条例》第六十六条处罚。

第一百一十八条 会计师事务所、律师事务所、资产评估机构等中介服务机构不按照规定履行报告义务，提供或者出具的材料、报告、意见不完整，责令改正，没收业务收入，单处或者并处 3 万元以下罚款。对直接负责的主管人员和其他责任人员给予警告，并处 3 万元以下罚款。

第一百一十九条 未经中国证监会或其派出机构批准，任何个人或者单位及其关联人擅自持有期货公司 5% 以上股权，或者通过提供虚假申请材料等方式成为期货公司股东，情节严重的，给予警告，单处或者并处 3 万元以下罚款。

第一百二十条 期货公司股东、实际控制人或者其他关联人等有下列情形之一，除法律、行政法规另有规定外，给予警告，单独或者并处三万元以下罚款。对直接负责的主管人员和其他直接责任人员，给予警告，单独或者并处三万元以下罚款：

（一）违规使用委托资金、负债资金等投资入股，情节严重的；

（二）股权转让过程中，在股权转让完成前推荐股权受让方相关人员担任期货公司董事、监事、高级管理人员或者出让股权依法应经中国证监会批准的，在批准前，让渡或者变相让渡表决权予股权受让方，情节严重的；

（三）占用期货公司资产；

（四）直接任免期货公司董事、监事、高级管理人员，或者非法干预期货公司经营管理活动，情节严重的；

（五）股东未按照出资比例或者所持股份比例行使表决权，情节严重的；

（六）违规开展关联交易，情节严重的；

（七）其他损害期货公司及其客户合法权益，严重扰乱期货市场秩序的行为。

第九章　附　则（了解）

👍考查概率：0%。

考查重点：基本未考查，考生只需了解即可，不做重点要求。

第一百二十一条 经中国证监会批准，其他期货经营机构可以从事特定期货业务。具体办法由中国证监会另行制定。

第一百二十二条 期货公司参与其他交易场所交易的，应当遵守法律、行政法规、中国证监会的规定及其他交易场所业务规则的规定。

第一百二十三条 本办法下列用语的含义：

（一）期货公司主要股东，是指持有期货公司 5% 以上股权的法人、非法人组织或者自然人。

（二）外部接入信息系统，是指通过期货公司交易信息系统接口或其他信息技术手段接入期货公司交易信息系统，且期货公司不具有管理权限的客户交易系统。

第一百二十四条 本办法中所称金融资产包括银行存款、股票、债券、基金份额、资产管理计划、银行理财产品、信托计划、保险产品、期货权益等。

第一百二十五条 本办法自公布之日起施行。2014 年 10 月 29 日发布的《期货公司监督管理办法》（证监会令第 110 号）同时废止。

期货公司董事、监事和高级管理人员任职资格管理办法

（中国证券监督管理委员会令第 47 号）

《期货公司董事、监事和高级管理人员任职资格管理办法》已经中国证券监督管理委员会第 207 次主席办公会议审议通过，现予公布，自公布之日起施行。

中国证券监督管理委员会主席：尚福林

2007 年 7 月 4 日

第一章　总　则（理解）

第一条　为了加强对期货公司董事、监事和高级管理人员任职资格的管理，规范期货公司运作，防范经营风险，根据《公司法》和《期货交易管理条例》，制定本办法。

第二条　期货公司董事、监事和高级管理人员的任职资格管理，适用本办法。

本办法所称高级管理人员，是指期货公司的总经理、副总经理、首席风险官（以下简称经理层人员）①，财务负责人、营业部负责人以及实际履行上述职务的人员。

第三条　期货公司董事、监事和高级管理人员应当在任职前取得中国证券监督管理委员会（以下简称中国证监会）核准的任职资格。

期货公司不得任用未取得任职资格的人员担任董事、监事和高级管理人员。

第四条　期货公司董事、监事和高级管理人员应当遵守法律、行政法规和中国证监会的规定，遵守自律规则、行业规范和公司章程，恪守诚信，勤勉尽责。

第五条　中国证监会依法对期货公司董事、监事和高级管理人员进行监督管理。

中国证监会派出机构依照本办法和中国证监会的授权对期货公司董事、监事和高级管理人员进行监督管理。

中国期货业协会、期货交易所依法对期货公司董事、监事和高级管理人员进行自律管理。

母 题 精 选

【单选题】下列期货公司从业人员中，属于《期货公司董事、监事和高级管理人员任职资格管理办法》所称的经理层人员的是（　　）。

　　A. 首席风险官　　　　B. 财务负责人　　　　C. 监事　　　　　　D. 董事长

【答案】A　**【解析】**根据《期货公司董事、监事和高级管理人员任职资格管理办法》第二条，经理层人员包括期货公司的总经理、副总经理、首席风险官。

第二章　任职资格条件（掌握）

第六条　申请期货公司董事、监事和高级管理人员的任职资格，应当具有诚实守信的品质、良好的职业道德和履行职责所必需的经营管理能力。

第七条　申请除董事长、监事会主席、独立董事以外的董事、监事的任职资格，应当具备下列条件：

（一）具有从事期货、证券等金融业务或者法律、会计业务 3 年以上经验，或者经济管理工作 5 年以上经验；

（二）具有大学专科以上学历。

第八条　申请独立董事的任职资格，应当具备下列条件：

（一）具有从事期货、证券等金融业务或者法律、会计业务 5 年以上经验，或者具有相关

考查概率：30%，所占分值为 1 分左右。
考查题型：主要以单选题和多选题的形式出现。
考查重点：第二条。

①考生应注意高级管理人员与经理层之间的关系，二者是包含与被包含的关系。

考查概率：60%，所占分值约为 1 分。
考查题型：主要以单选题和多选题的形式出现。
考查重点：第六条、第九条、第十一条、第十二条、第十四条、第十九条。

学科教学、研究的高级职称；

（二）具有大学本科以上学历，并且取得学士以上学位；

（三）通过中国证监会认可的资质测试；

（四）有履行职责所必需的时间和精力。

第九条 下列人员不得担任期货公司独立董事：

（一）在期货公司或者其关联方任职的人员及其近亲属①和主要社会关系人员；

（二）在下列机构任职的人员及其近亲属和主要社会关系人员：持有或者控制期货公司5%以上股权的单位、期货公司前5名股东单位、与期货公司存在业务联系或者利益关系的机构；

（三）为期货公司及其关联方提供财务、法律、咨询等服务的人员及其近亲属；

（四）最近1年内曾经具有前三项所列举情形之一的人员；

（五）在其他期货公司担任除独立董事以外职务的人员；

（六）中国证监会认定的其他人员。

第十条 申请董事长和监事会主席的任职资格，应当具备下列条件：

（一）具有从事期货业务3年以上经验，或者其他金融业务4年以上经验，或者法律、会计业务5年以上经验；

（二）具有大学本科以上学历或者取得学士以上学位；

（三）通过中国证监会认可的资质测试。

第十一条 申请经理层人员的任职资格，应当具备下列条件：

（一）具有期货从业人员资格；

（二）具有大学本科以上学历或者取得学士以上学位；

（三）通过中国证监会认可的资质测试。

第十二条 申请总经理、副总经理的任职资格，除具备第十一条规定条件外，还应当具备下列条件：

（一）具有从事期货业务3年以上经验，或者其他金融业务4年以上经验，或者法律、会计业务5年以上经验；

（二）担任期货公司、证券公司等金融机构部门负责人以上职务不少于2年，或者具有相当职位管理工作经历。

第十三条 申请首席风险官的任职资格，除具备第十一条规定条件外，还应当具有从事期货业务3年以上经验，并担任期货公司交易、结算、风险管理或者合规负责人职务不少于2年；或者具有从事期货业务1年以上经验，并具有在证券公司等金融机构从事风险管理、合规业务3年以上经验。

第十四条 申请财务负责人、营业部负责人的任职资格，应当具备下列条件：

（一）具有期货从业人员资格；

（二）具有大学本科以上学历或者取得学士以上学位。

申请财务负责人的任职资格，还应当具有会计师以上职称或者注册会计师资格；申请营业部负责人的任职资格，还应当具有从事期货业务3年以上经验，或者其他金融业务4年以上经验。

第十五条 期货公司法定代表人应当具有期货从业人员资格。

第十六条 具有从事期货业务10年以上经验或者曾担任金融机构部门负责人以上职务8年以上的人员，申请期货公司董事长、监事会主席、高级管理人员任职资格的，学历可以放宽至大学专科。

① 近亲属主要包括：配偶、父母、子女、兄弟姐妹、祖父母、外祖父母、孙子女、外孙子女和其他具有抚养、赡养关系的亲属。

第十七条　具有期货等金融或者法律、会计专业硕士研究生以上学历的人员,申请期货公司董事、监事和高级管理人员任职资格的,从事除期货以外的其他金融业务,或者法律、会计业务的年限可以放宽1年。

第十八条　在期货监管机构、自律机构以及其他承担期货监管职能的专业监管岗位任职8年以上的人员,申请期货公司高级管理人员任职资格的,可以免试取得期货从业人员资格。

第十九条　有下列情形之一的,不得申请期货公司董事、监事和高级管理人员的任职资格:

(一)《公司法》第一百四十七条规定的情形;

(二)因违法行为或者违纪行为被解除职务的期货交易所、证券交易所、证券登记结算机构的负责人,或者期货公司、证券公司的董事、监事、高级管理人员,自被解除职务之日起未逾5年;

(三)因违法行为或者违纪行为被撤销资格的律师、注册会计师或者投资咨询机构、财务顾问机构、资信评级机构、资产评估机构、验证机构的专业人员,自被撤销资格之日起未逾5年;

(四)因违法行为或者违纪行为被开除的期货交易所、证券交易所、证券登记结算机构、证券服务机构、期货公司、证券公司的从业人员和被开除的国家机关工作人员,自被开除之日起未逾5年;

(五)国家机关工作人员和法律、行政法规规定的禁止在公司中兼职的其他人员;

(六)因违法违规行为受到金融监管部门的行政处罚,执行期满未逾3年;

(七)自被中国证监会或者其派出机构认定为不适当人选之日起未逾2年;

(八)因违法违规行为或者出现重大风险被监管部门责令停业整顿、托管、接管或者撤销的金融机构及分支机构,其负有责任的主管人员和其他直接责任人员,自该金融机构及分支机构被停业整顿、托管、接管或者撤销之日起未逾3年;

(九)中国证监会认定的其他情形。

> **【知识链接】**《公司法》第一百四十七条规定,董事、监事、高级管理人员应当遵守法律、行政法规和公司章程,对公司负有忠实义务和勤勉义务。
>
> 董事、监事、高级管理人员不得利用职权收受贿赂或者其他非法收入,不得侵占公司的财产。

母题精选

【单选题】下列人员不符合期货公司高级管理人员任职条件的是(　　)。

A. 因违纪行为被解除职务的证券交易所负责人,自解除职务之日起已逾5年

B. 因违纪行为被解除职务的证券公司高级管理人员,自被开除之日起已逾5年

C. 因违法行为被开除的证券公司从业人员,自被开除之日起已逾5年

D. 被中国证监会认定为不适当人选的人员,自被认定之日起未逾2年

【答案】D　**【解析】**根据《期货公司董事、监事和高级管理人员任职资格管理办法》第十九条的规定,选项A、选项B和选项C均自被开除之日起已逾5年,符合期货公司高级管理人员任职条件;选项D不符合期货公司高级管理人员任职条件。

【多选题】担任期货公司总经理、副总经理,应当具备的条件包括(　　)。

A. 具有期货从业人员资格　　　　　B. 具有大学本科以上学历或者取得学士以上学位

C. 具有符合规定的专业工作经验要求　D. 具有符合规定的管理工作经历

【答案】ABCD　**【解析】**根据《期货公司董事、监事和高级管理人员任职资格管理办法》第十一条和第十二条的规定,选项A、选项B、选项C和选项D均正确。

第三章　任职资格的申请与核准（重点掌握）

考查概率：100%，所占分值为 0.5 ~ 1 分。

考查题型：主要以单选题和判断题的形式出现，以单选题为主。

考查重点：第二十条、第二十三条、第二十九条、第三十一条、第三十二条、第三十三条。

第二十条　期货公司董事长、监事会主席、独立董事、经理层人员的任职资格，由中国证监会依法核准。经中国证监会授权，可以由中国证监会派出机构依法核准。

除董事长、监事会主席、独立董事以外的董事、监事和财务负责人的任职资格，由期货公司住所地的中国证监会派出机构依法核准。

营业部负责人的任职资格由期货公司营业部所在地的中国证监会派出机构依法核准。

第二十一条　申请期货公司董事长、监事会主席、独立董事的任职资格，应当由拟任职期货公司向中国证监会或者其授权的派出机构提出申请，并提交下列申请材料：

（一）申请书；

（二）任职资格申请表；

（三）2 名推荐人的书面推荐意见；

（四）身份、学历、学位证明；

（五）资质测试合格证明；

（六）中国证监会规定的其他材料。

申请独立董事任职资格的，还应当提供拟任人关于独立性的声明，声明应当重点说明其本人是否存在本办法第九条所列举的情形。

第二十二条　申请经理层人员的任职资格，应当由本人或者拟任职期货公司向中国证监会或者其授权的派出机构提出申请，并提交下列申请材料：

（一）申请书；

（二）任职资格申请表；

（三）2 名推荐人的书面推荐意见；

（四）身份、学历、学位证明；

（五）期货从业人员资格证书；

（六）资质测试合格证明；

（七）中国证监会规定的其他材料。

第二十三条　推荐人应当是任职 1 年以上的期货公司现任董事长、监事会主席或者经理层人员。

拟任人不具有期货从业经历的，推荐人中可有 1 名是其原任职单位的负责人。拟任人为境外人士的，推荐人中可有 1 名是拟任人曾任职的境外期货经营机构的经理层人员。

推荐人应当了解拟任人的个人品行、遵纪守法、从业经历、业务水平、管理能力等情况，承诺推荐内容的真实性，对拟任人是否存在本办法第十九条所列举的情形作出说明，并发表明确的推荐意见。

推荐人每年最多只能推荐 3 人申请期货公司董事长、监事会主席、独立董事或者经理层人员的任职资格。

第二十四条　申请除董事长、监事会主席、独立董事以外的董事、监事和财务负责人的任职资格，应当由拟任职期货公司向公司住所地的中国证监会派出机构提出申请，并提交下列申请材料：

（一）申请书；

（二）任职资格申请表；

（三）身份、学历、学位证明；

（四）中国证监会规定的其他材料。

申请财务负责人任职资格的，还应当提交期货从业人员资格证书，以及会计师以上职称或者注册会计师资格的证明。

第二十五条　申请营业部负责人的任职资格,应当由拟任职期货公司向营业部所在地的中国证监会派出机构提出申请,并提交下列申请材料:

(一)申请书;

(二)任职资格申请表;

(三)身份、学历、学位证明;

(四)期货从业人员资格证书;

(五)中国证监会规定的其他材料。

第二十六条　申请人提交境外大学或者高等教育机构学位证书或者高等教育文凭,或者非学历教育文凭的,应当同时提交国务院教育行政部门对拟任人所获教育文凭的学历学位认证文件。

第二十七条　中国证监会或者其派出机构通过审核材料、考察谈话、调查从业经历等方式,对拟任人的能力、品行和资历进行审查。

第二十八条　申请人或者拟任人有下列情形之一的,中国证监会或者其派出机构可以作出终止审查的决定:

(一)拟任人死亡或者丧失行为能力;

(二)申请人依法解散;

(三)申请人撤回申请材料;

(四)申请人未在规定期限内针对反馈意见作出进一步说明、解释;

(五)申请人或者拟任人因涉嫌违法违规行为被有权机关立案调查;

(六)申请人被依法采取停业整顿、托管、接管、限制业务等监管措施;

(七)申请人或者拟任人因涉嫌犯罪被司法机关立案侦查;

(八)中国证监会认定的其他情形。

第二十九条　期货公司应当自拟任董事、监事、财务负责人、营业部负责人取得任职资格之日起30个工作日内,按照公司章程等有关规定办理上述人员的任职手续。自取得任职资格之日起30个工作日内,上述人员未在期货公司任职,其任职资格自动失效,但有正当理由并经中国证监会相关派出机构认可的除外。

第三十条　期货公司任用董事、监事和高级管理人员,应当自作出决定之日起5个工作日内,向中国证监会相关派出机构报告,并提交下列材料:

(一)任职决定文件;

(二)相关会议的决议;

(三)相关人员的任职资格核准文件;

(四)高级管理人员职责范围的说明;

(五)中国证监会规定的其他材料。

第三十一条　期货公司免除董事、监事和高级管理人员的职务,应当自作出决定之日起5个工作日内,向中国证监会相关派出机构报告,并提交下列材料:

(一)免职决定文件;

(二)相关会议的决议;

(三)中国证监会规定的其他材料。

期货公司拟免除首席风险官的职务,应当在作出决定前10个工作日将免职理由及其履行职责情况向公司住所地的中国证监会派出机构报告。①

第三十二条　期货公司任用境外人士担任经理层人员职务的比例不得超过公司经理层人员总数的30%。

① 免除首席风险官的职务,应当在作出决定前向中国证监会派出机构报告,而免除董事、监事和高级管理人员的职务,应当在作出决定后向中国证监会派出机构报告。考生应注意区分,此处容易出单选题。

第三十三条 期货公司董事、监事和高级管理人员不得在党政机关兼职。

期货公司高级管理人员最多可以在期货公司参股的 2 家公司兼任董事、监事,但不得在上述公司兼任董事、监事之外的职务,不得在其他营利性机构兼职或者从事其他经营性活动。

期货公司营业部负责人不得兼任其他营业部负责人。

独立董事最多可以在 2 家期货公司兼任独立董事。

期货公司董事、监事和高级管理人员兼职的,应当自有关情况发生之日起 5 个工作日内向中国证监会相关派出机构报告。

第三十四条 期货公司董事、监事、财务负责人、营业部负责人离任的,其任职资格自离任之日起自动失效。

有以下情形的,不受前款规定所限:

(一)期货公司除董事长、监事会主席、独立董事以外的董事、监事,在同一期货公司内由董事改任监事或者由监事改任董事;

(二)在同一期货公司内,董事长改任监事会主席,或者监事会主席改任董事长,或者董事长、监事会主席改任除独立董事之外的其他董事、监事;

(三)在同一期货公司内,营业部负责人改任其他营业部负责人。

第三十五条 期货公司董事长、监事会主席、独立董事离任后到其他期货公司担任董事长、监事会主席、独立董事的,应当重新申请任职资格。上述人员离开原任职期货公司不超过12 个月,且未出现本办法第十九条规定情形的,拟任职期货公司应当提交下列申请材料:

(一)申请书;

(二)任职资格申请表;

(三)拟任人在原任职期货公司任职情况的陈述;

(四)中国证监会规定的其他材料。

第三十六条 取得经理层人员任职资格的人员,担任董事(不包括独立董事)、监事、营业部负责人职务,不需重新申请任职资格,由拟任职期货公司按照规定依法办理其任职手续。

母题精选

【单选题】下列关于期货公司董事、监事和高级管理人员兼职的表述,正确的是(   )。

　　A.期货公司总经理可以兼子公司的总经理

　　B.期货公司总经理可以兼子公司的董事

　　C.期货公司董事长可以在党政机关兼职

　　D.期货公司营业部负责人可以兼任其他营业部负责人

【答案】B 【解析】根据《期货公司董事、监事和高级管理人员任职资格管理办法》第三十三条的规定,选项 A、选项 C 和选项 D 表述错误;选项 B 表述正确。

第四章　行为规则(掌握)

第三十七条 期货公司董事应当按照公司章程的规定出席董事会会议,参加公司的活动,切实履行职责。

第三十八条 期货公司独立董事应当重点关注和保护客户、中小股东的利益,发表客观、公正的独立意见。

第三十九条 期货公司高级管理人员应当遵循诚信原则,谨慎地在职权范围内行使职权,维护客户和公司的合法利益,不得从事或者配合他人从事损害客户和公司利益的活动,不得利用职务之便为自己或者他人谋取属于本公司的商业机会。

考查概率:60%,所占分值为 0.5~1 分。

考查题型:主要以多选题和判断题的形式出现。

考查重点:第三十七条、第三十八条。

第四十条　期货公司董事、监事和高级管理人员的近亲属在期货公司从事期货交易的，有关董事、监事和高级管理人员应当在知悉或者应当知悉之日起 5 个工作日内向公司报告，并遵循回避原则。公司应当在接到报告之日起 5 个工作日内向中国证监会相关派出机构备案，并定期报告相关交易情况。

第四十一条　期货公司总经理应当认真执行董事会决议，有效执行公司制度，防范和化解经营风险，确保经营业务的稳健运行和客户保证金安全完整。副总经理应当协助总经理工作，忠实履行职责。

第四十二条　期货公司董事、监事和高级管理人员不得收受商业贿赂或者利用职务之便牟取其他非法利益。

● 母题精选

【多选题】根据《期货公司董事、监事和高级管理人员任职资格管理办法》，期货公司独立董事应当重点关注和保护(　　)。

    A. 中小股东的利益　　　　　　　　B. 客户的利益

    C. 控股股东的利益　　　　　　　　D. 实际控制人的利益

【答案】AB　【解析】根据《期货公司董事、监事和高级管理人员任职资格管理办法》第三十八条的规定，选项 A、选项 B 正确。

第五章　监督管理（重点掌握）

第四十三条　中国证监会对取得经理层人员任职资格但未实际任职的人员实行资格年检。

上述人员应当自取得任职资格的下一个年度起，在每年第一季度向住所地的中国证监会派出机构提交由单位负责人或者推荐人签署意见的年检登记表，对是否存在本办法第十九条所列举的情形作出说明。

第四十四条　取得经理层人员任职资格但未实际任职的人员，未按规定参加资格年检，或者未通过资格年检，或者连续 5 年未在期货公司担任经理层人员职务的，应当在任职前重新申请取得经理层人员的任职资格。

第四十五条　期货公司董事长、监事会主席、独立董事、经理层人员和取得经理层人员任职资格但未实际任职的人员，应当至少每 2 年参加 1 次由中国证监会认可、行业自律组织举办的业务培训，取得培训合格证书。

第四十六条　期货公司董事长、总经理、首席风险官在失踪、死亡、丧失行为能力等特殊情形下不能履行职责的，期货公司可以按照公司章程等规定临时决定由符合相应任职资格条件的人员代为履行职责，并自作出决定之日起 3 个工作日内向中国证监会及其派出机构报告。

公司决定的人员不符合条件的，中国证监会及其派出机构可以责令公司更换代为履行职责的人员。

代为履行职责的时间不得超过 6 个月。公司应当在 6 个月内任用具有任职资格的人员担任董事长、总经理、首席风险官。

第四十七条　期货公司调整高级管理人员职责分工的，应当在 5 个工作日内向中国证监会相关派出机构报告。

第四十八条　期货公司董事、监事和高级管理人员因涉嫌违法违规行为被有权机关立案调查或者采取强制措施的，期货公司应当在知悉或者应当知悉之日起 3 个工作日内向中国证监会相关派出机构报告。

考查概率：100%，所占分值为 1～1.5 分。

考查题型：单选题、多选题、判断题和综合题均有出现的可能。

考查重点：第四十六条、第四十八条、第五十六条、第五十八条。

第四十九条　期货公司对董事、监事和高级管理人员给予处分的,应当自作出决定之日起5个工作日内向中国证监会相关派出机构报告。

第五十条　期货公司董事、监事和高级管理人员受到非法或者不当干预,不能正常依法履行职责,导致或者可能导致期货公司发生违规行为或者出现风险的,该人员应当及时向中国证监会相关派出机构报告。

第五十一条　期货公司有下列情形之一的,中国证监会及其派出机构可以责令改正,并对负有责任的主管人员和其他直接责任人员进行监管谈话,出具警示函:

(一)法人治理结构、内部控制存在重大隐患;

(二)未按规定报告高级管理人员职责分工调整的情况;

(三)未按规定报告相关人员代为履行职责的情况;

(四)未按规定报告董事、监事和高级管理人员的近亲属在本公司从事期货交易的情况;

(五)未按规定对离任人员进行离任审计;

(六)中国证监会认定的其他情形。

第五十二条　期货公司董事、监事和高级管理人员有下列情形之一的,中国证监会及其派出机构可以责令改正,并对其进行监管谈话,出具警示函:

(一)未按规定履行职责;

(二)未按规定参加业务培训;

(三)违规兼职或者未按规定报告兼职情况;

(四)未按规定报告近亲属在本公司从事期货交易的情况;

(五)中国证监会认定的其他情形。

第五十三条　期货公司任用境外人士担任经理层人员职务的比例违反本办法规定的,中国证监会及其派出机构可以责令公司更换或调整经理层人员。

第五十四条　期货公司董事、监事和高级管理人员在任职期间出现下列情形之一的,中国证监会及其派出机构可以将其认定为不适当人选:

(一)向中国证监会提供虚假信息或者隐瞒重大事项,造成严重后果;

(二)拒绝配合中国证监会依法履行监管职责,造成严重后果;

(三)擅离职守,造成严重后果;

(四)1年内累计3次被中国证监会及其派出机构进行监管谈话;

(五)累计3次被行业自律组织纪律处分;

(六)对期货公司出现违法违规行为或者重大风险负有责任;

(七)中国证监会认定的其他情形。

第五十五条　期货公司董事、监事和高级管理人员被中国证监会及其派出机构认定为不适当人选的,期货公司应当将该人员免职。

自被中国证监会及其派出机构认定为不适当人选之日起2年内,任何期货公司不得任用该人员担任董事、监事和高级管理人员。

第五十六条　中国证监会建立期货公司董事、监事和高级管理人员诚信档案,记录董事、监事和高级管理人员的合规和诚信情况。

第五十七条　推荐人签署的意见有虚假陈述的,自中国证监会及其派出机构作出认定之日起2年内不再受理该推荐人的推荐意见和签署意见的年检登记表,并记入该推荐人的诚信档案。

第五十八条　期货公司董事长、总经理辞职,或者被认定为不适当人选而被解除职务,或者被撤销任职资格的,期货公司应当委托具有证券、期货相关业务资格的会计师事务所对其进行离任审计,并自其离任之日起3个月内将审计报告报中国证监会及其派出机构备案。

期货公司无故拖延或者拒不审计的,中国证监会及其派出机构可以指定具有证券、期货相关业务资格的会计师事务所进行审计。有关审计费用由期货公司承担。

母题精选

【综合题】某期货公司的董事王某因涉嫌洗钱犯罪被批准逮捕。对于王某被捕,下列说法正确的是(　　　)。

　　A.期货公司应当立即书面通知全体股东或进行公告

　　B.期货公司应当立即向监管机构报告

　　C.期货公司应当立即向期货交易所报告

　　D.期货公司应当立即向中国期货协会报告

【答案】AB　【解析】根据《期货公司董事、监事和高级管理人员任职资格管理办法》第四十八条和《期货公司监督管理办法》第四十五条的规定,公司或者其董事、监事、高级管理人员因涉嫌违法违规被有权机关立案调查或者采取强制措施的,应当立即书面通知全体股东或进行公告,并向住所地中国证监会派出机构报告。选项A、选项B说法正确。

第六章　法律责任(了解)

> 考查概率:0%。
>
> 考查重点:基本未考查,考生只需了解即可,不做重点要求。

第五十九条　申请人或者拟任人隐瞒有关情况或者提供虚假材料申请任职资格的,中国证监会及其派出机构不予受理或者不予行政许可,并依法予以警告。

第六十条　申请人或者拟任人以欺骗、贿赂等不正当手段取得任职资格的,应当予以撤销,对负有责任的公司和人员予以警告,并处以3万元以下罚款。

第六十一条　期货公司有下列情形之一的,根据《期货交易管理条例》第七十条[①]处罚:

(一)任用未取得任职资格的人员担任董事、监事和高级管理人员;

(二)任用中国证监会及其派出机构认定的不适当人选担任董事、监事和高级管理人员;

(三)未按规定报告董事、监事和高级管理人员的任免情况,或者报送的材料存在虚假记载、误导性陈述或者重大遗漏;

(四)未按规定报告董事、监事和高级管理人员的处分情况;

(五)董事、监事和高级管理人员被有权机关立案调查或者采取强制措施的,未按规定履行报告义务;

(六)未按照中国证监会的要求更换或者调整董事、监事和高级管理人员。

> ① 原《期货交易管理条例》第七十条,为现行《期货交易管理条例》第六十六条。

第六十二条　期货公司董事、监事和高级管理人员收受商业贿赂或者利用职务之便牟取其他非法利益的,没收违法所得,并处3万元以下罚款;情节严重的,暂停或者撤销任职资格。

第六十三条　违反本办法,涉嫌犯罪的,依法移送司法机关,追究刑事责任。

第七章　附　则(了解)

> 考查概率:0%。
>
> 考查重点:基本未考查,考生只需了解即可,不做重点要求。

第六十四条　期货公司现任法定代表人不具有期货从业人员资格的,应当自本办法施行之日起1年内取得期货从业人员资格。逾期未取得期货从业人员资格的,不得继续担任法定代表人。

第六十五条　本办法自公布之日起施行。中国证监会发布的《期货经纪公司高级管理人员任职资格管理办法(修订)》(证监发〔2002〕6号)、《关于期货经纪公司高级管理人员任职资格审核有关问题的通知》(证监期货字〔2004〕67号)、《期货经纪公司高级管理人员任职资格年检工作细则》(证监期货字〔2003〕110号)、《关于落实对涉嫌违法违规期货公司高管人员及相关人员责任追究的通知》(证监期货字〔2005〕159号)同时废止。

【名师点拨】

期货公司董事、监事和高级管理人员的任职资格与应提交的申请材料汇总

职　位	任职资格	应提交的申请材料
除董事长、监事会主席、独立董事以外的董事、监事	（一）具有从事期货、证券等金融业务或者法律、会计业务3年以上经验，或者经济管理工作5年以上经验； （二）具有大学专科以上学历。	由拟任职期货公司向公司住所地的中国证监会派出机构提出申请，并提交下列申请材料： （一）申请书； （二）任职资格申请表； （三）身份、学历、学位证明； （四）中国证监会规定的其他材料。 申请财务负责人任职资格的，还应当提交期货从业人员资格证书，以及会计师以上职称或者注册会计师资格的证明。
申请财务负责人	（一）具有期货从业人员资格； （二）具有大学本科以上学历或者取得学士以上学位； （三）具有会计师以上职称或者注册会计师资格。	
申请独立董事	（一）具有从事期货、证券等金融业务或者法律、会计业务5年以上经验，或者具有相关学科教学、研究的高级职称； （二）具有大学本科以上学历，并且取得学士以上学位； （三）通过中国证监会认可的资质测试； （四）有履行职责所必需的时间和精力。	由拟任职期货公司向中国证监会或者其授权的派出机构提出申请，并提交下列申请材料： （一）申请书； （二）任职资格申请表； （三）2名推荐人的书面推荐意见； （四）身份、学历、学位证明； （五）资质测试合格证明； （六）中国证监会规定的其他材料。 申请独立董事任职资格的，还应当提供拟任人关于独立性的声明，声明应当重点说明其本人是否存在本办法第九条所列举的情形。
申请董事长和监事会主席	（一）具有从事期货业务3年以上经验，或者其他金融业务4年以上经验，或者法律、会计业务5年以上经验； （二）具有大学本科以上学历或者取得学士以上学位； （三）通过中国证监会认可的资质测试。	

职　位	任职资格	应提交的申请材料
申请总经理、副总经理	（一）具有期货从业人员资格； （二）具有大学本科以上学历或者取得学士以上学位； （三）通过中国证监会认可的资质测试； （四）具有从事期货业务3年以上经验，或者其他金融业务4年以上经验，或者法律、会计业务5年以上经验； （五）担任期货公司、证券公司等金融机构部门负责人以上职务不少于2年，或者具有相当职位管理工作经历。	由本人或者拟任职期货公司向中国证监会或者其授权的派出机构提出申请，并提交下列申请材料： （一）申请书； （二）任职资格申请表； （三）2名推荐人的书面推荐意见； （四）身份、学历、学位证明； （五）期货从业人员资格证书； （六）资质测试合格证明； （七）中国证监会规定的其他材料。
申请首席风险官	（一）具有期货从业人员资格； （二）具有大学本科以上学历或者取得学士以上学位； （三）通过中国证监会认可的资质测试； （四）具有从事期货业务3年以上经验，并担任期货公司交易、结算、风险管理或者合规负责人职务不少于2年；或者具有从事期货业务1年以上经验，并具有在证券公司等金融机构从事风险管理、合规业务3年以上经验。	
申请营业部负责人	（一）具有期货从业人员资格； （二）具有大学本科以上学历或者取得学士以上学位； （三）具有从事期货业务3年以上经验，或者其他金融业务4年以上经验。	由拟任职期货公司向营业部所在地的中国证监会派出机构提出申请，并提交下列申请材料： （一）申请书； （二）任职资格申请表； （三）身份、学历、学位证明； （四）期货从业人员资格证书； （五）中国证监会规定的其他材料。

期货从业人员管理办法

（中国证券监督管理委员会令第48号）

《期货从业人员管理办法》已经中国证券监督管理委员会第207次主席办公会议审议通过，现予公布，自公布之日起施行。

中国证券监督管理委员会主席：尚福林
2007年7月4日

第一章　总　则（重点掌握）

第一条　为了加强期货从业人员的资格管理，规范期货从业人员的执业行为，根据《期货交易管理条例》，制定本办法。

第二条　申请期货从业人员资格（以下简称从业资格），从事期货经营业务的机构（以下简称机构）任用期货从业人员，以及期货从业人员从事期货业务的，应当遵守本办法。

第三条　本办法所称机构是指：

（一）期货公司；

（二）期货交易所的非期货公司结算会员；

（三）期货投资咨询机构；

（四）为期货公司提供中间介绍业务的机构；

（五）中国证券监督管理委员会（以下简称中国证监会）规定的其他机构。

第四条　本办法所称期货从业人员①是指：

（一）期货公司的管理人员和专业人员；

（二）期货交易所的非期货公司结算会员中从事期货结算业务的管理人员和专业人员；

（三）期货投资咨询机构中从事期货投资咨询业务的管理人员和专业人员；

（四）为期货公司提供中间介绍业务的机构中从事期货经营业务的管理人员和专业人员；

（五）中国证监会规定的其他人员。

第五条　中国证监会及其派出机构依法对期货从业人员进行监督管理。

中国期货业协会（以下简称协会）依法对期货从业人员实行自律管理，负责从业资格的认定、管理及撤销。

考查概率：100%，所占分值为0.5～1分。
考试题型：主要以单选题和多选题的形式出现。
考查重点：本考点内容较少，且较为简单，但是非常重要，考生应当全部掌握。

①本办法所称的机构与期货从业人员，在后文的学习中会频繁出现，考生应当重点掌握。

母题精选

【多选题】《期货从业人员管理办法》规范的事项包括（　　）。

A. 期货公司高级管理人员任职资格条件　　B. 期货从业人员执业行为

C. 期货从业人员的任用　　D. 期货从业人员资格的申请

【答案】BCD　【解析】根据《期货从业人员管理办法》第二条的规定，选项B、选项C和选项D均属于《期货从业人员管理办法》规范的事项。选项A属于《期货公司董事、监事和高级管理人员任职资格管理办法》规范的事项。

【单选题】下列机构任用期货从业人员应当适用《期货从业人员管理办法》的是(　　)。

A. 中国期货业协会　　　　　　　B. 期货交易所

C. 期货交易所自营会员　　　　　D. 期货公司

【答案】D　【解析】根据《期货从业人员管理办法》第三条的规定,选项D符合题意。

第二章　从业资格的取得和注销(重点掌握)

考查概率:100%,
所占分值为 1.5 ~
2 分。

第六条　协会负责组织从业资格考试。

第七条　参加从业资格考试的,应当符合下列条件:

(一)年满 18 周岁;

(二)具有完全民事行为能力;

(三)具有高中以上文化程度;

(四)中国证监会规定的其他条件。

第八条　通过从业资格考试的,取得协会颁发的从业资格考试合格证明。

第九条　取得从业资格考试合格证明的人员从事期货业务的,应当事先通过其所在机构向协会申请从业资格。

未取得从业资格的人员,不得在机构中开展期货业务活动。

第十条　机构任用具有从业资格考试合格证明且符合下列条件的人员从事期货业务的,应当为其办理从业资格申请:

(一)品行端正,具有良好的职业道德;

(二)已被本机构聘用;

(三)最近 3 年内未受过刑事处罚或者中国证监会等金融监管机构的行政处罚;

(四)未被中国证监会等金融监管机构采取市场禁入措施,或者禁入期已经届满;

(五)最近 3 年内未因违法违规行为被撤销证券、期货从业资格;

(六)中国证监会规定的其他条件。

机构不得任用无从业资格的人员从事期货业务,不得在办理从业资格申请过程中弄虚作假。

第十一条　期货从业人员辞职、被解聘或者死亡的,机构应当自上述情形发生之日起 10个工作日内向协会报告,由协会注销其从业资格。

机构的相关期货业务许可被注销的,由协会注销该机构中从事相应期货业务的期货从业人员的从业资格。

第十二条　取得从业资格考试合格证明或者被注销从业资格的人员连续 2 年未在机构中执业的,在申请从业资格前应当参加协会组织的后续职业培训。

母题精选

【单选题】以下关于从事期货业务、申请期货从业资格的说法正确的是(　　)。

A. 期货从业资格可以由本人直接向中国期货业协会申请

B. 未取得期货从业资格的人员,不得在期货公司从事期货业务

C. 通过期货从业资格考试,就可以从事期货业务

D. 通过期货从业资格考试,可以从事期货业务,但必须在 6 个月内申请从业资格

【答案】B　【解析】根据《期货从业人员管理办法》第八条、第九条、第十条的规定,选项B说法正确。

第三章 执业规则（重点掌握） ≫

第十三条 期货从业人员必须遵守有关法律、行政法规和中国证监会的规定，遵守协会和期货交易所的自律规则，不得从事或者协同他人从事欺诈、内幕交易、操纵期货交易价格、编造并传播有关期货交易的虚假信息等违法违规行为。

第十四条 期货从业人员应当遵守下列执业行为规范：

（一）诚实守信，恪尽职守，促进机构规范运作，维护期货行业声誉；

（二）以专业的技能，谨慎、勤勉尽责地为客户提供服务，保守客户的商业秘密，维护客户的合法权益；

（三）向客户提供专业服务时，充分揭示期货交易风险，不得作出不当承诺或者保证；

（四）当自身利益或者相关方利益与客户的利益发生冲突或者存在潜在利益冲突时，及时向客户进行披露，并且坚持客户合法利益优先的原则；

（五）具有良好的职业道德与守法意识，抵制商业贿赂，不得从事不正当竞争行为和不正当交易行为；

（六）不得为迎合客户的不合理要求而损害社会公共利益、所在机构或者他人的合法权益；

（七）不得以本人或者他人名义从事期货交易；

（八）协会规定的其他执业行为规范。

第十五条 期货公司的期货从业人员不得有下列行为：

（一）进行虚假宣传，诱骗客户参与期货交易；

（二）挪用客户的期货保证金或者其他资产；

（三）中国证监会禁止的其他行为。

第十六条 期货交易所的非期货公司结算会员的期货从业人员不得有下列行为：

（一）利用结算业务关系及由此获得的结算信息损害非结算会员及其客户的合法权益；

（二）代理客户从事期货交易；

（三）中国证监会禁止的其他行为。

第十七条 期货投资咨询机构的期货从业人员不得有下列行为：

（一）利用传播媒介或者通过其他方式提供、传播虚假或者误导客户的信息；

（二）代理客户从事期货交易；

（三）中国证监会禁止的其他行为。

第十八条 为期货公司提供中间介绍业务的机构的期货从业人员不得有下列行为：[1]

（一）收付、存取或者划转期货保证金；

（二）代理客户从事期货交易；

（三）中国证监会禁止的其他行为。

第十九条 机构或者其管理人员对期货从业人员发出违法违规指令的，期货从业人员应当予以抵制，并及时按照所在机构内部程序向高级管理人员或者董事会报告。机构应当及时采取措施妥善处理。

机构未妥善处理的，期货从业人员应当及时向中国证监会或者协会报告。中国证监会和协会应当对期货从业人员的报告行为保密。

机构的管理人员及其他相关人员不得对期货从业人员的上述报告行为打击报复。

👍 **考查概率**：100%，所占分值为1.5～2分。

考试题型：主要以单选题、多选题和判断题的形式出现。

考查重点：本考点内容同样非常重要，是历次考试的必考内容，考生应当全部掌握。

💡 [1]不同机构的期货从业人员不得从事的行为不同，考生应当注意区分并掌握各自对应的内容，考试中经常会将几项内容结合起来出题。

母题精选

【多选题】期货交易所的非期货公司结算会员的期货从业人员不得从事的行为包括(　　)。

    A.泄露因工作关系掌握的非结算会员的结算信息

    B.代理客户从事期货交易

    C.以本人名义从事期货交易

    D.利用结算业务关系及由此获得的结算信息损害非结算会员的合法权益

【答案】ABCD　【解析】根据《期货从业人员管理办法》第十四条和第十六条的规定,选项A、选项B、选项C和选项D均属于期货交易所的非期货公司结算会员的期货从业人员不得从事的行为。

第四章　监督管理(重点掌握)

考查概率:100%,所占分值为1.5～2分。

考试题型:主要以单选题、判断题和综合题的形式出现。

考查重点:第二十三条、第二十四条、第二十五条、第二十六条、第二十九条、第三十条。

第二十条　中国证监会指导和监督协会对期货从业人员的自律管理活动。

第二十一条　协会应当建立期货从业人员信息数据库,公示并且及时更新从业资格注册、诚信记录等信息。

中国证监会及其派出机构履行监管职责,需要协会提供期货从业人员信息和资料的,协会应当按照要求及时提供。

第二十二条　协会应当组织期货从业人员后续职业培训,提高期货从业人员的职业道德和专业素质。

期货从业人员应当按照有关规定参加后续职业培训,其所在机构应予以支持并提供必要保障。

第二十三条　协会应当对期货从业人员的执业行为进行定期或者不定期检查,期货从业人员及其所在机构应当予以配合。

第二十四条　期货从业人员违反本办法以及协会自律规则的,协会应当进行调查、给予纪律惩戒。

期货从业人员涉嫌违法违规需要中国证监会给予行政处罚的,协会应当及时移送中国证监会处理。

第二十五条　协会应当设立专门的纪律惩戒及申诉机构,制订相关制度和工作规程,按照规定程序对期货从业人员进行纪律惩戒,并保障当事人享有申诉等权利。

第二十六条　协会应当自对期货从业人员作出纪律惩戒决定之日起10个工作日内,向中国证监会及其有关派出机构报告,并及时在协会网站公示。

第二十七条　期货从业人员受到机构处分,或者从事的期货业务行为涉嫌违法违规被调查处理的,机构应当在作出处分决定、知悉或者应当知悉该期货从业人员违法违规被调查处理事项之日起10个工作日内向协会报告。

第二十八条　协会应当定期向中国证监会报告期货从业人员管理的有关情况。

第二十九条　期货从业人员违反本办法规定的,中国证监会及其派出机构可以采取责令改正、监管谈话、出具警示函等监管措施。

第三十条　期货从业人员自律管理的具体办法,包括从业资格考试、从业资格注册和公示、执业行为准则、后续职业培训、执业检查、纪律惩戒和申诉等,由协会制订,报中国证监会核准。

母 题 精 选

【综合题】期货从业人员王某(非管理人员)利用工作便利,了解到所在公司一些客户的交易信息,王某不仅自己利用客户的交易信息从事期货交易,还把信息透露给亲朋好友。中国证监会可以对王某采取的措施包括(   )。

A. 责令期货公司开除　　　　　　B. 责令改正

C. 监管谈话　　　　　　　　　　D. 出具警示函

【答案】BCD　**【解析】**根据《期货从业人员管理办法》第二十九条的规定,选项 B、选项 C 和选项 D 属于中国证监会可以对王某采取的措施。

第五章　罚　则(重点掌握)

第三十一条　未取得从业资格,擅自从事期货业务的,中国证监会责令改正,给予警告,单处或者并处 3 万元以下罚款。

第三十二条　有下列行为之一的,中国证监会根据《期货交易管理条例》第七十条处罚:

(一)任用无从业资格的人员从事期货业务;

(二)在办理从业资格申请过程中弄虚作假;

(三)不履行本办法第二十三条规定的配合义务;

(四)不按照本办法第二十七条的规定履行报告义务或者报告材料存在虚假内容。

第三十三条　违反本办法第十九条的规定,对期货从业人员进行打击报复的,中国证监会根据《期货交易管理条例》第七十条、第八十一条①处罚。

第三十四条　期货从业人员违法违规的,中国证监会依法给予行政处罚。但因被迫执行违法违规指令而按照本办法第十九条第二款的规定履行了报告义务的,可以从轻、减轻或者免予行政处罚。

第三十五条　协会工作人员不按本办法规定履行职责,徇私舞弊、玩忽职守或者故意刁难有关当事人的,协会应当给予纪律处分。

母 题 精 选

【单选题】期货从业人员被迫执行违法违规指令,在(   )情况下可以从轻、减轻或者免予行政处罚。

A. 公开声明的　　　　　　　　　B. 辞职的

C. 向期货交易所报告的　　　　　D. 依法履行了报告义务的

【答案】D　**【解析】**根据《期货从业人员管理办法》第三十四条的规定,选项 D 正确。

第六章　附　则(了解)

第三十六条　本办法自公布之日起施行。2002 年 1 月 23 日发布的《期货从业人员资格管理办法(修订)》(证监发〔2002〕6 号)同时废止。

考查概率:100%,所占分值为 1~1.5 分。

考试题型:主要以单选题、多选题和判断题的形式出现。

考查重点:本考点内容较少,但是非常重要,考生应当全部掌握。

①原《期货交易管理条例》第七十条、第八十一条,分别为现行《期货交易管理条例》第六十六条、第七十七条。

考查概率:0%。

考查重点:基本未考查,考生只需了解即可,不做重点要求。

【名师点拨】

不同机构的期货从业人员的禁止行为汇总

机　构	期货从业人员禁止行为
期货公司	（一）进行虚假宣传,诱骗客户参与期货交易； （二）挪用客户的期货保证金或者其他资产； （三）中国证监会禁止的其他行为。
期货交易所的非期货公司结算会员	（一）利用结算业务关系及由此获得的结算信息损害非结算会员及其客户的合法权益； （二）代理客户从事期货交易； （三）中国证监会禁止的其他行为。
期货投资咨询机构	（一）利用传播媒介或者通过其他方式提供、传播虚假或者误导客户的信息； （二）代理客户从事期货交易； （三）中国证监会禁止的其他行为。
为期货公司提供中间介绍业务的机构	（一）收付、存取或者划转期货保证金； （二）代理客户从事期货交易； （三）中国证监会禁止的其他行为。

期货公司首席风险官管理规定(试行)

(证监会公告〔2008〕10号)

现公布《期货公司首席风险官管理规定(试行)》,自2008年5月1日起施行,请各期货公司遵照执行。

中国证券监督管理委员会
2008年3月27日

第一章 总 则（掌握）

第一条 为了完善期货公司治理结构,加强内部控制和风险管理,促进期货公司依法稳健经营,维护期货投资者合法权益,根据《期货交易管理条例》《期货公司管理办法》和《期货公司董事、监事和高级管理人员任职资格管理办法》,制定本规定。

第二条 首席风险官是负责对期货公司<u>经营管理行为的合法合规性和风险管理状况进行监督检查</u>的期货公司高级管理人员。

首席风险官<u>向期货公司董事会负责</u>。

第三条 首席风险官应当遵守法律、行政法规、中国证券监督管理委员会(以下简称中国证监会)的规定和公司章程,忠于职守,恪守诚信,勤勉尽责。

第四条 期货公司应当建立并完善相关制度,为首席风险官独立、有效地履行职责提供必要的条件。

第五条 中国证监会及其派出机构依法对首席风险官进行监督管理。

中国期货业协会、期货交易所依法对首席风险官进行自律管理。

母题精选

【单选题】 下列关于期货公司首席风险官的表述,错误的是(　　)。

　　A. 首席风险官向期货公司董事会负责

　　B. 期货公司可以根据公司风险管理的需要决定设立首席风险官岗位

　　C. 首席风险官对期货公司经营管理行为的合法合规性进行监督、检查

　　D. 首席风险官对期货公司的风险管理进行监督、检查

【答案】 B　**【解析】** 根据《期货公司首席风险官管理规定(试行)》第二条和《期货公司监督管理办法》第四十八条的规定,选项A、选项C和选项D表述正确;选项B表述错误。

第二章 任免与行为规范（重点掌握）

第六条 期货公司应当<u>根据公司章程的规定</u>依法提名并聘任首席风险官。期货公司设有独立董事的,还应当<u>经全体独立董事同意</u>。

董事会选聘首席风险官,应当将其是否熟悉期货法律法规、是否诚信守法、是否具备胜任能力以及是否符合规定的任职条件作为主要判断标准。

第七条 期货公司章程应当明确规定首席风险官的<u>任期、职责范围、权利义务、工作报告的程序和方式</u>。

第八条 首席风险官应当具有良好的职业操守和专业素养,及时发现并报告期货公司在经营管理行为的合法合规性和风险管理方面存在的问题或者隐患。

第九条 首席风险官履行职责应当<u>保持充分的独立性</u>,作出独立、审慎、及时的判断,主

考查概率:60%,所占分值约为1分。

考试题型:主要以单选题或多选题的形式出现。

考查重点:第二条。本考点内容经常会与其他考点内容结合起来出题。

考查概率:100%,所占分值为2~2.5分。

考试题型:单选题、多选题、判断题和综合题均有出现的可能。

考查重点:本考点内容不多,历次考试中出多选题和综合题的可能性比较大,考生应当重点掌握。

动回避与本人有利害冲突的事项。

第十条　首席风险官应当保守期货公司的商业秘密和客户信息。

第十一条　首席风险官对于侵害客户和期货公司合法权益的指令或者授意应当予以拒绝；必要时，应当及时向公司住所地中国证监会派出机构报告。

第十二条　首席风险官开展工作应当制作并保留工作底稿和工作记录，真实、充分地反映其履行职责情况。

工作底稿和工作记录应当至少保存20年。

第十三条　首席风险官不得有下列行为：

（一）擅离职守，无故不履行职责或者授权他人代为履行职责；

（二）在期货公司兼任除合规部门负责人以外的其他职务，或者从事可能影响其独立履行职责的活动；

（三）对期货公司经营管理中存在的违法违规行为或者重大风险隐患知情不报、拖延报告或者作虚假报告；

（四）利用职务之便牟取私利；

（五）滥用职权，干预期货公司正常经营；

（六）向与履职无关的第三方泄露期货公司秘密或者客户信息，损害期货公司或者客户的合法权益；

（七）其他损害客户和期货公司合法权益的行为。

第十四条　首席风险官任期届满前，期货公司董事会无正当理由不得免除其职务。

第十五条　首席风险官不能够胜任工作，或者存在第十三条规定的情形和其他违法违规行为的，期货公司董事会可以免除首席风险官的职务。

第十六条　期货公司董事会拟免除首席风险官职务的，应当提前通知本人，并按规定将免职理由、首席风险官履行职责情况及替代人选名单书面报告公司住所地中国证监会派出机构。

被免职的首席风险官可以向公司住所地中国证监会派出机构解释说明情况。

【知识链接】《期货公司董事、监事和高级管理人员任职资格管理办法》第三十一条规定，期货公司拟免除首席风险官的职务，应当在作出决定前10个工作日将免职理由及其履行职责情况向公司住所地的中国证监会派出机构报告。

第十七条　期货公司董事会决定免除首席风险官职务时，应当同时确定拟任人选或者代行职责人选，按照有关规定履行相应程序。

第十八条　首席风险官提出辞职的，应当提前30日向期货公司董事会提出申请，并报告公司住所地中国证监会派出机构。

◆ 母题精选

【综合题】某期货公司拟聘请张某为首席风险官，对张某的提名和聘任，下列说法中正确的是（　　）。

　　A. 应当由股东会作出决议

　　B. 应当根据章程的规定进行提名和聘任

　　C. 拟任职的人员应当符合证监会规定的任职条件

　　D. 公司如设有独立董事，应当经全体独立董事同意

【答案】BCD　【解析】根据《期货公司首席风险官管理规定（试行）》第六条的规定，选项B、选项D说法正确；根据《期货公司董事、监事和高级管理人员任职资格管理办法》第十三条的规定，选项C说法正确。

【综合题】某期货公司任命李平为首席风险官,下列情形中违反了中国证监会管理规定的是( )。

A. 李平在期货公司兼任合规部门负责人

B. 董事会决议要求李平对总经理负责

C. 李平在期货公司兼任财务部门负责人

D. 期货公司董事会讨论时,独立董事于某投了反对票,其他人都同意,依据章程规定,通过了对李平的任命决议

【答案】BCD 【解析】根据《期货公司首席风险官管理规定(试行)》第二条,首席风险官向期货公司董事会负责。选项 B 违反了中国证监会管理规定;根据《期货公司首席风险官管理规定(试行)》第六条,期货公司设有独立董事的,还应当经全体独立董事同意。选项 D 违反了中国证监会管理规定;根据《期货公司首席风险官管理规定(试行)》第十三条的规定,选项 A 不违反中国证监会管理规定,选项 C 违反了中国证监会管理规定。

第三章 职责与履职保障(重点掌握) »

考查概率: 100%,所占分值为 2.5 ~ 3 分。

考试题型: 单选题、多选题、判断题和综合题均有出现的可能。

考查重点: 本考点内容非常重要,历次考试中出多选题和综合题的可能性比较大,考生应当重点掌握。

第十九条 首席风险官应当向期货公司总经理、董事会和公司住所地中国证监会派出机构报告公司经营管理行为的合法合规性和风险管理状况。

首席风险官应当按照中国证监会派出机构的要求对期货公司有关问题进行核查,并及时将核查结果报告公司住所地中国证监会派出机构。

第二十条 首席风险官应当对期货公司经营管理中可能发生的违规事项和可能存在的风险隐患进行质询和调查,并重点检查期货公司是否依据法律、行政法规及有关规定,建立健全和有效执行以下制度:

(一)期货公司客户保证金安全存管制度;

(二)期货公司风险监管指标管理制度;

(三)期货公司治理和内部控制制度;

(四)期货公司经纪业务规则、结算业务规则、客户风险管理制度和信息安全制度;

(五)期货公司员工近亲属持仓报告制度;

(六)其他对客户资产安全、交易安全等期货公司持续稳健经营有重要影响的制度。

第二十一条 对于依法委托其他机构从事中间介绍业务的期货公司,除第二十条所列事项外,首席风险官还应当监督检查以下事项:

(一)是否存在非法委托或者超范围委托等情形;

(二)在通知客户追加保证金、客户出入金、与中间介绍机构风险隔离等关键业务环节,期货公司是否有效控制风险;

(三)是否与中间介绍机构建立了介绍业务的对接规则,在办理开户、行情和交易系统的安装维护、客户投诉的接待处理等方面,与中间介绍机构的职责协作程序是否明确且符合规定。

第二十二条 对于取得实行会员分级结算制度的交易所的全面结算业务资格的期货公司,除第二十条所列事项外,首席风险官还应当监督检查以下事项:

(一)是否建立与全面结算业务相适应的结算业务制度和与业务发展相适应的风险管理制度,并有效执行;

(二)是否公平对待本公司客户的权益和受托结算的其他期货公司及其客户的权益,是否存在滥用结算权利侵害受托结算的其他期货公司及其客户的利益的情况。

第二十三条 首席风险官发现期货公司经营管理行为的合法合规性、风险管理等方面存在除本规定第二十四条所列违法违规行为和重大风险隐患之外的其他问题的,应当及时向总经理或者相关负责人提出整改意见。

总经理或者相关负责人对存在问题<u>不整改或者整改未达到要求的,首席风险官应当及时</u><u>向期货公司董事长、董事会常设的风险管理委员会或者监事会报告,必要时向公司住所地中</u><u>国证监会派出机构报告</u>。未设监事会的期货公司,可报告监事。

第二十四条　首席风险官发现期货公司有下列违法违规行为或者存在重大风险隐患的,应当立即<u>向公司住所地中国证监会派出机构报告,并向公司董事会和监事会报告</u>:

(一)涉嫌占用、挪用客户保证金等侵害客户权益的;

(二)期货公司资产被抽逃、占用、挪用、查封、冻结或者用于担保的;

(三)期货公司净资本无法持续达到监管标准的;

(四)期货公司发生重大诉讼或者仲裁,可能造成重大风险的;

(五)股东干预期货公司正常经营的;

(六)中国证监会规定的其他情形。

对上述情形,期货公司应当按照公司住所地中国证监会派出机构的整改意见进行整改。首席风险官应当配合整改,并将整改情况向公司住所地中国证监会派出机构报告。

第二十五条　首席风险官根据履行职责的需要,享有下列职权:

(一)参加或者列席与其履职相关的会议;

(二)查阅期货公司的相关文件、档案和资料;

(三)与期货公司有关人员、为期货公司提供审计、法律等中介服务的机构的有关人员进行谈话;

(四)了解期货公司业务执行情况;

(五)公司章程规定的其他职权。

第二十六条　期货公司董事、高级管理人员、各部门应当支持和配合首席风险官的工作,不得以涉及商业秘密或者其他理由限制、阻挠首席风险官履行职责。

第二十七条　期货公司股东、董事不得违反公司规定的程序,越过**董事会**直接向首席风险官下达指令或者干涉首席风险官的工作。

母题精选

【综合题】某期货公司任命王某为本公司的首席风险官。王某在开展工作过程中,发现公司在保证金安全存管工作中存在重大问题,王某将相关问题口头反映给公司总经理张某。张某要求相关部门对存在的问题进行了整改,解决了部分问题,仍未完全达到要求。王某在张某的说服下,接受了整改结果。因公司的整改仍未达到要求,下列说法正确的是(　　)。

A. 王某接受总经理说服,接受整改结果,事后期货公司发生重大风险的王某可以因为曾向总经理提出整改意见而被从轻处罚

B. 王某如因坚持要求公司整改而遭公司解聘,可向证监会报告,证监会有权要求公司重新聘任王某

C. 必要时,王某应当向公司住所地中国证监会派出机构报告

D. 王某应当及时向期货公司董事长、董事会常设风险管理委员会或者监事会报告

【答案】CD　【解析】根据《期货公司首席风险官管理规定(试行)》第二十三条的规定,选项C、选项D说法正确。

【综合题】某期货公司任命王某为本公司的首席风险官。下列关于王某开展工作的做法,正确的是(　　)。

A. 参加、列席相关会议

B. 对侵害客户合法权益的指令予以拒绝,必要时,应向股东大会报告上述情况

C. 与为期货公司提供审计服务的机构的有关人员进行谈话

D. 保存工作底稿和工作记录,相关记录至少保存至整改问题完全解决

【答案】AC　【解析】根据《期货公司首席风险官管理规定(试行)》第十一条和第十二条的规定,选项B、选项D做法错误;根据《期货公司首席风险官管理规定(试行)》第二十五条的规定,选项A、选项C做法正确。

第四章　监督管理（掌握）

第二十八条　首席风险官应当在每季度结束之日起 10 个工作日内向公司住所地中国证监会派出机构提交季度工作报告；每年 1 月 20 日前向公司住所地中国证监会派出机构提交上一年度全面工作报告，报告期货公司合规经营、风险管理状况和内部控制状况，以及首席风险官的履行职责情况，包括首席风险官所作的尽职调查、提出的整改意见以及期货公司整改效果等内容。

第二十九条　首席风险官不履行职责或者有第十三条所列行为的，中国证监会及其派出机构可以依照《期货公司董事、监事和高级管理人员任职资格管理办法》对首席风险官采取监管谈话、出具警示函、责令更换等监管措施；情节严重的，认定其为不适当人选。

自被中国证监会及其派出机构认定为不适当人选之日起 2 年内，任何期货公司不得任用该人员担任董事、监事和高级管理人员。

第三十条　期货公司发生严重违规或者出现重大风险，首席风险官未及时履行本规定所要求的报告义务的，应当依法承担相应的法律责任。但首席风险官已按照要求履行报告义务的，中国证监会可以从轻、减轻或者免予行政处罚。

第三十一条　期货公司股东、董事和经理层限制、阻挠首席风险官正常开展工作的，首席风险官可以向中国证监会派出机构报告，中国证监会派出机构依法进行调查和处理。

第三十二条　首席风险官因正当履行职责而被解聘的，中国证监会及其派出机构可以依法对期货公司及相关责任人员采取相应的监管措施。

第三十三条　首席风险官应当按时参加中国证监会组织或者认可的培训。

首席风险官连续两次不参加培训，或者连续两次培训考试成绩不合格的，中国证监会及其派出机构可以采取监管谈话、出具警示函等监管措施。

第三十四条　中国证监会及其派出机构将下列事项记入期货公司及首席风险官诚信档案：

（一）中国证监会及其派出机构对首席风险官采取的监管措施；

（二）首席风险官的培训情况和考试成绩；

（三）中国证监会及其派出机构认定的与首席风险官有关的其他事项。

母题精选

【多选题】首席风险官应当按时参加中国证监会组织或者认可的培训，如果首席风险官（　　），中国证监会及其派出机构采取监管谈话、出具警示函等监管措施。

　　A. 连续 2 次不参加培训　　　　　　B. 某次培训缺席

　　C. 连续 2 次培训考试成绩不合格　　D. 某次培训考试成绩不合格

【答案】AC　【解析】根据《期货公司首席风险官管理规定（试行）》第三十三条的规定，选项 A、选项 C 正确。

第五章　附　则（了解）

第三十五条　本规定自 2008 年 5 月 1 日起施行。

考查概率：60%，所占分值约为 1 分。

考试题型：主要以单选题或多选题的形式出现。

考查重点：第二十八条、第三十条、第三十二条、第三十三条。

考查概率：0%。

考查重点：基本未考查，考生只需了解即可，不做重点要求。

期货公司金融期货结算业务试行办法

（2007年4月19日证监发〔2007〕54号；根据2017年12月7日证监会公告〔2017〕16号《中国证监会关于修改、废止〈证券公司次级债管理规定〉等十三部规范性文件的决定》修订）

第一章　总　则（理解）

第一条　为了规范期货公司金融期货结算业务，维护期货市场秩序，防范风险，根据《期货交易管理条例》，制定本办法。

第二条　本办法所称期货公司金融期货结算业务①，是指期货公司作为实行会员分级结算制度的金融期货交易所（以下简称期货交易所）的结算会员，依据本办法规定从事的结算业务活动。

第三条　期货公司从事金融期货结算业务，应当遵守本办法。

第四条　中国证监会及其派出机构依法对期货公司从事金融期货结算业务实行监督管理。

中国期货业协会和期货交易所依法对期货公司的金融期货结算业务实行自律管理。

第二章　业务规则（重点掌握）

第五条　交易结算会员期货公司可以受托为客户办理金融期货结算业务，不得接受非结算会员的委托为其办理金融期货结算业务。

第六条　全面结算会员期货公司可以受托为其客户以及非结算会员办理金融期货结算业务。

第七条　全面结算会员期货公司为非结算会员结算，应当签订结算协议。结算协议应当包括下列内容：

（一）交易指令下达方式及审查或者验证措施；

（二）保证金标准；

（三）非结算会员结算准备金最低余额；

（四）风险管理措施、条件及程序；

（五）结算流程；

（六）通知事项、方式及时限；

（七）不可归责于协议双方当事人所造成损失的情形及其处理方式；

（八）协议变更和解除；

（九）违约责任；

（十）争议处理方式；

（十一）双方约定且不违反法律、行政法规规定的其他事项。

第八条　非结算会员的客户申请或者注销其交易编码的，由非结算会员按照期货交易所的规定办理。

第九条　非结算会员下达的交易指令应当经全面结算会员期货公司审查或者验证后进入期货交易所。全面结算会员期货公司可以按照结算协议的约定对非结算会员的指令采取必要的限制措施。

第十条　非结算会员下达的交易指令进入期货交易所后，期货交易所应当及时将委托回报和成交结果反馈给全面结算会员期货公司和非结算会员。

非结算会员对委托回报和成交结果有异议的，应当及时向全面结算会员期货公司和期货交易所提出。

👍 **考查概率**：30%，所占分值为0.5分左右。
考试题型：主要以单选题或判断题的形式出现。
考查重点：第二条、第四条。

💡 ①目前，我国只有中国金融期货交易所实行会员分级结算制度，所以本办法只适用于中国金融期货交易所。

👍 **考查概率**：100%，所占分值为2~2.5分。
考试题型：主要以单选题、多选题和判断题的形式出现。
考查重点：第五条、第九条、第十条、第十四条、第十五条、第十六条、第二十条、第二十三条、第二十七条。

第十一条 全面结算会员期货公司应当在期货保证金存管银行开设期货保证金账户①，用于存放其客户和非结算会员的保证金。

全面结算会员期货公司的期货保证金账户应当与其自有资金账户相互独立、分别管理。

全面结算会员期货公司应当为每个非结算会员开立一个内部专门账户，明细核算。

第十二条 非结算会员是期货公司的，其与全面结算会员期货公司期货业务资金往来，只能通过各自的期货保证金账户办理。

非结算会员的客户出入金，只能通过非结算会员的期货保证金账户办理。

第十三条 全面结算会员期货公司向非结算会员收取的保证金除用于非结算会员的期货交易外，任何机构或者个人不得占用、挪用。

非结算会员向客户收取的保证金属于客户所有，除用于客户的期货交易外，任何机构或者个人不得占用、挪用。

第十四条 全面结算会员期货公司和非结算会员在结算协议中约定全面结算会员期货公司的期货保证金账户中非结算会员结算准备金最低余额的，应当符合中国证监会、期货交易所的有关规定。结算准备金最低余额应当由非结算会员以自有资金向全面结算会员期货公司缴纳。

第十五条 全面结算会员期货公司应当按照结算协议约定的保证金标准向非结算会员收取保证金。

全面结算会员期货公司向非结算会员收取的保证金，不得低于期货交易所向全面结算会员期货公司收取的保证金标准。

第十六条 全面结算会员期货公司应当建立并执行当日无负债结算制度。

期货交易所对全面结算会员期货公司结算后，全面结算会员期货公司应当根据期货交易所结算结果及时对非结算会员进行结算，并出具交易结算报告。

全面结算会员期货公司对非结算会员的所有结算科目的内容、格式、处理方式和处理日期应当与期货交易所保持一致。

全面结算会员期货公司应当确保交易结算报告真实、准确和完整。

第十七条 非结算会员向期货交易所支付的手续费，由期货交易所从全面结算会员期货公司期货保证金账户中划拨。

第十八条 除下列情形外，全面结算会员期货公司不得划转非结算会员保证金：

（一）依据非结算会员的要求支付可用资金；

（二）收取非结算会员应当交存的保证金；

（三）收取非结算会员应当支付的手续费、税款及其他费用；

（四）双方约定且不违反法律、行政法规规定的其他情形。

第十九条 非结算会员应当按照结算协议约定的时间和方式查询交易结算报告。

第二十条 非结算会员对交易结算报告的内容有异议的，应当在结算协议约定的时间内书面向全面结算会员期货公司提出异议；非结算会员对交易结算报告的内容无异议的，应当按照结算协议约定的方式确认。非结算会员在结算协议约定的时间内既未对交易结算报告的内容确认，也未提出异议的，视为对交易结算报告内容的确认。

非结算会员有异议的，全面结算会员期货公司应当在结算协议约定的时间内予以核实。

第二十一条 全面结算会员期货公司应当按照中国证监会、期货交易所的规定，建立对非结算会员的保证金管理制度。

全面结算会员期货公司可以根据非结算会员的资信及市场情况调整保证金标准。

第二十二条 全面结算会员期货公司应当按照期货交易所的规定，建立并执行对非结算会员的限仓制度。

① 全面结算会员期货公司为客户开立期货保证金账户即可，为非全面结算会员开立期货保证金账户和内部专用账户。

第二十三条　非结算会员客户的持仓达到期货交易所规定的持仓报告标准的,客户应当通过非结算会员向期货交易所报告。客户未报告的,非结算会员应当向期货交易所报告。

第二十四条　非结算会员的结算准备金余额低于规定或者约定最低余额的,应当及时追加保证金或者自行平仓。非结算会员未在结算协议约定的时间内追加保证金或者自行平仓的,全面结算会员期货公司有权对该非结算会员的持仓强行平仓。

第二十五条　非结算会员的结算准备金余额小于零并未能在约定时间内补足的,全面结算会员期货公司应当按照约定的原则和措施对非结算会员或者其客户的持仓强行平仓。

除前款规定外,全面结算会员期货公司可以与非结算会员在结算协议中约定应予强行平仓的其他情形。

第二十六条　期货交易所开市前,非结算会员结算准备金余额小于规定或者约定最低余额的,全面结算会员期货公司应当禁止其开仓。

第二十七条　非结算会员在期货交易中违约的,应当承担违约责任。

全面结算会员期货公司先以该非结算会员的保证金承担该非结算会员的违约责任;保证金不足的,全面结算会员期货公司应当以风险准备金和自有资金代为承担违约责任,并由此取得对该非结算会员的相应追偿权。

第二十八条　全面结算会员期货公司认为必要的,可以对非结算会员进行风险提示。

母题精选

【多选题】非结算会员下达的交易指令进入期货交易所后,期货交易所应当及时将委托回报和成交结果反馈给(　　)。

  A. 全面结算会员期货公司   B. 非结算会员

  C. 非结算会员的客户   D. 中国证监会

【答案】AB　【解析】根据《期货公司金融期货结算业务试行办法》第十条的规定,选项A、选项B正确。

【单选题】期货交易所非结算会员在结算协议约定的时间内既未对交易结算报告的内容确认,也未向全面结算会员期货公司提出异议的,(　　)。

  A. 不能视为对交易结算报告内容的确认

  B. 全面结算会员期货公司应当及时提醒

  C. 视为对交易结算报告内容的确认

  D. 有权随时要求全面结算会员期货公司核实

【答案】C　【解析】根据《期货公司金融期货结算业务试行办法》第二十条的规定,选项C正确。

第三章　监督管理(重点掌握) »»

第二十九条　全面结算会员期货公司、交易结算会员期货公司应当按照《期货交易所管理办法》和期货交易所交易规则及其实施细则的规定行使结算会员的权利,履行结算会员的义务。

第三十条　全面结算会员期货公司、交易结算会员期货公司应当以自有资金向期货交易所缴纳结算担保金。

全面结算会员期货公司不得向非结算会员收取结算担保金。

第三十一条　全面结算会员期货公司应当建立并实施风险管理、内部控制等制度,保证金融期货结算业务正常进行,确保非结算会员及其客户资金安全。

第三十二条　全面结算会员期货公司应当谨慎、勤勉地办理金融期货结算业务,控制金

考查概率:100%,所占分值为1~1.5分。

考试题型:主要以单选题和多选题的形式出现。

考查重点:第三十条至第三十三条。

融期货结算业务风险；建立金融期货结算业务风险隔离机制和保密制度，平等对待本公司客户、非结算会员及其客户，防范利益冲突，不得利用结算业务关系及由此获得的信息损害非结算会员及其客户的合法权益。

非结算会员应当谨慎、勤勉地控制其客户交易风险，不得利用结算业务关系损害为其结算的全面结算会员期货公司及其客户的合法权益。

第三十三条　全面结算会员期货公司调整非结算会员结算准备金最低余额的，应当在当日结算前向期货交易所和期货保证金安全存管监控机构报告。

第三十四条　全面结算会员期货公司应当按规定向期货保证金安全存管监控机构报送非结算会员及非结算会员客户的相关信息。

母题精选

【多选题】全面结算会员期货公司在维护客户合法利益方面，应当做到(　　)。

    A. 确保其客户资金安全

    B. 平等对待本公司客户、非结算会员及其客户，防范利益冲突

    C. 不得利用结算业务关系及由此获得的信息损害非结算会员及其客户的合法权益

    D. 建立金融期货结算业务风险隔离机制和保密制度

【答案】ABCD　【解析】根据《期货公司金融期货结算业务试行办法》第三十一条和第三十二条的规定，选项A、选项B、选项C和选项D均正确。

第四章　附　则（了解）

第三十五条　本办法自发布之日起施行。

考查概率：0%。

考查重点：基本未考查，考生只需了解即可，不做重点要求。

期货公司风险监管指标管理办法

（中国证券监督管理委员会令 第 131 号）

《期货公司风险监管指标管理办法》已经 2017 年 2 月 7 日中国证券监督管理委员会 2017 年第 1 次主席办公会议审议通过，现予公布，自 2017 年 10 月 1 日起施行。

中国证券监督管理委员会主席：刘士余

2017 年 4 月 18 日

第一章　总　则（重点掌握）

第一条　为了加强期货公司监督管理，促进期货公司加强内部控制、防范风险、稳健发展，根据《期货交易管理条例》，制定本办法。

第二条　期货公司应当按照中国证券监督管理委员会（以下简称中国证监会）的有关规定计算风险监管指标。

第三条　中国证监会可以根据审慎监管原则，结合期货市场与期货行业发展状况，在征求行业意见基础上对期货公司风险监管指标标准及计算要求进行动态调整，并为调整事项的实施作出过渡性安排。

第四条　期货公司应当建立与风险监管指标相适应的内部控制制度及风险管理制度，建立动态的风险监控和资本补充机制，确保净资本等风险监管指标持续符合标准。

第五条　期货公司应当及时根据监管要求、市场变化及业务发展情况对公司风险监管指标进行压力测试。

压力测试结果显示潜在风险超过期货公司承受能力的，期货公司应当采取有效措施，及时补充资本或控制业务规模，将风险控制在可承受范围内。

第六条　期货公司应当聘请具备证券、期货相关业务资格的会计师事务所对期货公司年度风险监管报表进行审计。

会计师事务所及其注册会计师应当勤勉尽责，对出具报告所依据的文件资料内容的真实性、准确性和完整性进行核查和验证，并对出具审计报告的合法性和真实性负责。

第七条　中国证监会及其派出机构按照法律、行政法规及本办法的规定，对期货公司风险监管指标是否符合标准，期货公司编制、报送风险监管报表相关活动实施监督管理。

母题精选

【多选题】根据《期货公司风险监管指标管理办法》，期货公司应当（　　）。

A. 确保净资本等风险监管指标符合标准
B. 建立动态的资本补足机制
C. 建立动态的风险监控机制
D. 建立与风险监管指标相适应的内部控制制度

【答案】ABCD　【解析】根据《期货公司风险监管指标管理办法》第四条的规定，选项 A、选项 B、选项 C 和选项 D 均正确。

第二章　风险监管指标标准及计算要求（重点掌握）

第八条　期货公司应当持续符合以下风险监管指标标准：

（一）净资本不得低于人民币 3000 万元；

（二）净资本与公司风险资本准备的比例不得低于 100%；

（三）净资本与净资产的比例不得低于 20%；

考查概率：100%，所占分值为 0.5～1 分。
考试题型：主要以多选题和判断题的形式出现。
考查重点：第二条、第四条。

考查概率：100%，所占分值为 2～2.5 分。
考试题型：主要以单选题、多选题、判断题和综合题的形式出现，特别是计算形式综合题。

（四）流动资产与流动负债的比例不得低于100%；

（五）负债与净资产的比例不得高于150%；

（六）规定的最低限额结算准备金要求。

第九条　中国证监会对风险监管指标设置预警标准。①规定"**不得低于**"一定标准的风险监管指标，其**预警标准是规定标准的120%**，规定"**不得高于**"一定标准的风险监管指标，其**预警标准是规定标准的80%**。

最低限额结算准备金不设预警标准。

第十条　期货公司净资本是在净资产基础上，按照变现能力对资产负债项目及其他项目进行风险调整后得出的综合性风险监管指标。

净资本的计算公式为：净资本＝净资产－资产调整值＋负债调整值－／＋其他调整项。

第十一条　期货公司风险资本准备是指期货公司在开展各项业务过程中，为应对可能发生的风险损失所需要的资本。

第十二条　最低限额结算准备金是指期货公司按照交易所及登记结算机构的有关要求以自有资金缴存用于履约担保的最低金额。

第十三条　期货公司计算净资本时，应当按照企业会计准则的规定充分计提资产减值准备、确认预计负债。

中国证监会派出机构可以要求期货公司对资产减值准备计提的充足性和合理性、预计负债确认的完整性进行专项说明，并要求期货公司聘请具有证券、期货业务资格的会计师事务所出具鉴证意见；有证据表明期货公司未能充分计提资产减值准备或未能准确确认预计负债的，中国证监会派出机构应当要求期货公司相应核减净资本金额。

第十四条　期货公司应当根据期末未决诉讼、未决仲裁等或有事项的性质、涉及金额、形成原因、进展情况、可能发生的损失和预计损失进行会计处理，在计算净资本时按照一定比例扣减，并在风险监管报表附注中予以说明。

第十五条　期货公司借入次级债务、向股东或者其关联企业借入具有次级债务性质的长期借款以及其他清偿顺序在普通债之后的债务，可以按照规定计入净资本。

期货公司应当在相关事项完成后5个工作日内向住所地中国证监会派出机构报告。

期货公司不得互相持有次级债务。

第十六条　中国证监会及其派出机构认为期货公司开展某项业务存在未预期风险特征的，可以根据潜在风险状况确定所需资本规模，并要求期货公司补充计提风险资本准备。

考查重点：本知识点内容非常重要，考试中涉及的计算均出于此处，考生应当重点掌握，并多做练习辅助理解。

①根据第八条的规定，风险监管指标设置的预警标准为：

（一）净资本不得低于3600万元；

（二）净资本与公司风险资本准备的比例不得低于120%；

（三）净资本与净资产的比例不得低于24%；

（四）流动资产与流动负债的比例不得低于120%；

（五）负债与净资产的比例不得高于120%。

母题精选

【综合题】某期货公司的期末净资本为4200万元，净资产为6000万元，负债（不含客户权益）为1000万元，风险资本准备为4000万元。该公司下列风险监管指标中优于预警标准的是（　　）。

A. 负债/净资产　　　　　　　　B. 净资本/净资产

C. 净资本/风险资本准备　　　　D. 净资本

【答案】ABD　【解析】根据《期货公司风险监管指标管理办法》第八条和第九条的规定，负债/净资产＝1000/6000×100%＝16.7%，优于预警标准，选项A正确；净资本/净资产＝4200/6000×100%＝70%，优于预警标准，选项B正确；净资本/风险资本准备＝4200/4000×100%＝105%，低于预警标准，选项C错误；净资本为4200万元，优于预警标准，选项D正确。

【综合题】某期货公司的期末财务报表显示,公司净资产为3000万元,负债(不含客户权益)为1000万元。在计算期末净资本时,假定公司的资产调整值为500万元,负债调整为300万元,客户因可用资金为负(尚未穿仓),而应追加的保证金为100万元(按期货交易所规定的保证金标准计算)。该公司期末净资本为( )万元。

  A.2900   B.2100   C.2700   D.2800

【答案】D 【解析】根据《期货公司风险监管指标管理办法》第十条的规定,净资本 = 净资产 − 资产调整值 + 负债调整值 −/+ 其他调整项 = 3000 − 500 + 300 = 2800(万元)。

第三章 编制和披露(重点掌握)

考查概率:100%,所占分值为1~1.5分。

考试题型:单选题、多选题、判断题和综合题。经常以计算题的形式出综合题。

考查重点:第十八条至第二十一条。

第十七条 期货公司应当按照中国证监会规定的方式编制并报送风险监管报表。中国证监会可以根据监管需要及行业发展情况调整风险监管报表的编制及报送要求。

中国证监会派出机构可以根据审慎监管原则,要求期货公司不定期编制并报送风险监管报表,或要求期货公司在一段时期内提高风险监管报表的报送频率。

第十八条 期货公司法定代表人、经营管理主要负责人、首席风险官、财务负责人应当在风险监管报表上签字确认,并应当保证其真实、准确、完整。上述人员对风险监管报表内容持有异议的,应当书面说明意见和理由,向期货公司住所地中国证监会派出机构报告。

第十九条 期货公司应当保留书面月度及年度风险监管报表,法定代表人、经营管理主要负责人、首席风险官、财务负责人等责任人员应当在书面报表上签字,并加盖公司印章。风险监管报表的保存期限应当不少于5年。

第二十条 期货公司应当每半年向公司董事会提交书面报告,说明各项风险监管指标的具体情况,该报告应当经期货公司法定代表人签字确认。该报告经董事会审议通过后,应当向期货公司全体股东提交或进行信息披露。

第二十一条 净资本与风险资本准备的比例与上月相比向不利方向变动超过20%的,期货公司应当向公司住所地中国证监会派出机构提交书面报告,说明原因,并在5个工作日内向全体董事提交书面报告。

第二十二条 期货公司风险监管指标达到预警标准的,期货公司应当于当日向全体董事提交书面报告,详细说明原因、对期货公司的影响、解决问题的具体措施和期限,书面报告应当同时抄送期货公司住所地中国证监会派出机构。

期货公司风险监管指标不符合规定标准的,期货公司除履行上述程序外,还应当及时向全体股东报告或进行信息披露。

母题精选

【多选题】根据《期货公司风险监管指标管理办法》,期货公司应当定期向董事会及全体股东提交书面报告,说明净资本等各项风险监管指标的具体情况,以下选项中表述正确的有( )。

  A.每半年提交一次书面报告

  B.书面报告应当经公司法定代表人、财务负责人、结算负责人、制表人签字

  C.提交董事会的报告应当经公司法定代表人签字确认

  D.提交全体股东的书面报告应当经董事会审议通过

【答案】ACD 【解析】根据《期货公司风险监管指标管理办法》第二十条的规定,选项A、选项C和选项D均表述正确,书面报告应当经公司法定代表人签字,故选项B表述错误。

第四章 监督管理(掌握)

第二十三条 中国证监会派出机构应当对期货公司风险监管指标的计算过程及计算结果的真实性、准确性、完整性进行定期或者不定期检查。

中国证监会派出机构可以根据监管需要,要求期货公司聘请具有证券、期货相关业务资格的会计师事务所对其风险监管报表进行专项审计。

第二十四条 期货公司的风险监管报表被相关会计师事务所出具了保留意见、带强调事项段或其他事项段无保留意见的,期货公司应当自审计意见出具的5个工作日内就涉及事项对风险监管指标的影响进行专项说明,并向住所地中国证监会派出机构进行书面报告。中国证监会派出机构可以视情况要求期货公司限期改正并重新编制风险监管报表;期货公司未限期改正的,中国证监会派出机构可以认定其风险监管指标不符合规定标准。

期货公司的风险监管报表被相关会计师事务所出具了无法表示意见或者否定意见的,中国证监会派出机构可以认定其风险监管指标不符合规定标准。

第二十五条 期货公司未按期报送风险监管报表或者报送的风险监管报表存在虚假记载、误导性陈述、重大遗漏的,中国证监会派出机构应当要求期货公司限期报送或者补充更正。

期货公司未在限期内报送或者补充更正的,公司住所地中国证监会派出机构应当进行现场检查;发现期货公司违反企业会计准则和本办法有关规定的,可以认定其风险监管指标不符合规定标准。

第二十六条 期货公司报送的风险监管报表存在漏报、错报,影响中国证监会及其派出机构对期货公司风险状况判断的,中国证监会派出机构应当要求期货公司立即报送更正的风险监管报表,并可以视情况采取出具警示函、监管谈话等监管措施。

第二十七条 期货公司风险监管指标达到预警标准的,进入风险预警期。风险预警期内,中国证监会派出机构可视情况采取以下措施:

(一)要求期货公司制定风险监管指标改善方案并定期对监管指标的改善情况进行书面报告;

(二)要求期货公司进行重大业务决策时,应当至少提前5个工作日向住所地中国证监会派出机构报送临时报告,说明有关业务对风险监管指标的影响;

(三)要求期货公司增加内部合规检查的频率,并提交合规检查报告。

期货公司未能有效履行相关要求的,中国证监会派出机构可以视情况采取出具警示函、监管谈话等监管措施。

第二十八条 期货公司风险监管指标优于预警标准并连续保持3个月的,风险预警期结束。

第二十九条 期货公司风险监管指标不符合规定标准的,中国证监会派出机构应当在知晓相关情况后2个工作日内对期货公司不符合规定标准的情况和原因进行核实,视情况对期货公司及其董事、监事和高级管理人员采取谈话、提示、记入信用记录等监管措施①,并责令期货公司限期整改,整改期限不得超过20个工作日。

第三十条 经过整改,期货公司风险监管指标符合规定标准的,应当向住所地中国证监会派出机构报告,中国证监会派出机构应当进行验收。

期货公司风险监管指标符合规定标准的,中国证监会派出机构应当自验收合格之日起3个工作日内解除对期货公司采取的有关措施。

第三十一条 期货公司逾期未改正或者经过整改风险监管指标仍不符合规定标准的,中国证监会及其派出机构可以依据《期货交易管理条例》第五十五条采取监管措施。

考查概率:60%,所占分值为 0.5 ~ 1 分。

考试题型:以单选题为主,偶尔会结合前文内容出综合题。

考查重点:第二十四条、第二十五条、第二十九条。

①此处的监管措施分为两个部分:
(1)对期货公司董事、监事和高级管理人员:谈话、提示、记入信用记录等。
(2)对期货公司:责令期货公司限期整改。

第三十二条　期货公司违反本办法规定的,中国证监会及其派出机构可以依据《期货交易管理条例》第六十六条的规定处罚。

母题精选

【综合题】某期货公司的期末净资本为 5000 万元,风险资本准备为 5500 万元。根据《期货公司风险监管指标管理办法》,中国证监会派出机构应当对该公司采取以下监管措施(　　)。

A. 限制或暂停部分期货业务
B. 限制有关股东行使股东权利
C. 责令限期整改
D. 责令有关股东限期转让股权

【答案】C　【解析】根据《期货公司风险监管指标管理办法》第八条的规定,期货公司的净资本与公司的风险资本准备的比例不得低于 100%。本题中,该公司期末净资本与公司的风险资本准备的比例 = 5000/5500 × 100% ≈ 90.9%,低于规定标准。根据其第二十九条的规定,中国证监会派出机构应当责令期货公司限期整改,整改期限不得超过 20 个工作日。

第五章　附　则(掌握)

第三十三条　本办法相关用语含义如下:

(一)风险监管报表是期货公司编制的反映各项风险监管指标计算过程及计算结果的报表。

(二)资产、流动资产是指期货公司的自身资产,不含客户保证金。

(三)负债、流动负债是指期货公司的对外负债,不含客户权益。

(四)重大业务,是指可能导致期货公司风险监管指标发生 10% 以上变化的业务。

第三十四条　本办法自 2017 年 10 月 1 日起施行。《期货公司风险监管指标管理试行办法》(证监发〔2007〕55 号公布、证监会公告〔2013〕12 号修订)、《关于期货公司风险资本准备计算标准的规定》(证监会公告〔2013〕13 号)同时废止。

考查概率:60%,所占分值为 0.5 ~ 1 分。

考试题型:单选题和多选题。

考查重点:第三十三条。

证券公司为期货公司提供中间介绍业务试行办法

(证监发〔2007〕56号)

第一章 总 则（理解）

第一条 为了规范证券公司为期货公司提供中间介绍业务活动,防范和隔离风险,促进期货市场积极稳妥发展,根据《期货交易管理条例》,制定本办法。

第二条 本办法所称证券公司为期货公司提供中间介绍业务(以下简称介绍业务),是指证券公司接受期货公司委托,为期货公司介绍客户参与期货交易并提供其他相关服务的业务活动。①

第三条 证券公司从事介绍业务,应当依照本办法的规定取得介绍业务资格,审慎经营,并对通过其营业部开展的介绍业务实行统一管理。

第四条 中国证券监督管理委员会(以下简称中国证监会)及其派出机构依法对证券公司的介绍业务活动实行监督管理。

相关自律性组织依法对介绍业务活动实行自律管理。

第二章 资格条件与业务范围（重点掌握）

第五条 证券公司申请介绍业务资格,应当符合下列条件:

(一)申请日前6个月各项风险控制指标符合规定标准;

(二)已按规定建立客户交易结算资金第三方存管制度;

(三)全资拥有或者控股一家期货公司,或者与一家期货公司被同一机构控制,且该期货公司具有实行会员分级结算制度期货交易所的会员资格、申请日前2个月的风险监管指标持续符合规定的标准;

(四)配备必要的业务人员,公司总部至少有5名、拟开展介绍业务的营业部至少有2名具有期货从业人员资格的业务人员;

(五)已按规定建立健全与介绍业务相关的业务规则、内部控制、风险隔离及合规检查等制度;

(六)具有满足业务需要的技术系统;

(七)中国证监会根据市场发展情况和审慎监管原则规定的其他条件。

第六条 本办法第五条第(一)项所称风险控制指标标准是指:

(一)净资本不低于12亿元;

(二)流动资产余额不低于流动负债余额(不包括客户交易结算资金和客户委托管理资金)的150%;

(三)对外担保及其他形式的或有负债之和不高于净资产的10%,但因证券公司发债提供的反担保除外;

(四)净资本不低于净资产的70%。

中国证监会可以根据市场发展情况和审慎监管原则对前款标准进行调整。

第七条 证券公司申请介绍业务②,应当向中国证监会提交下列申请材料:

(一)介绍业务资格申请书;

(二)董事会关于从事介绍业务的决议,公司章程规定该决议由股东会或者股东大会做出的,应提供股东会或者股东大会的决议;

(三)净资本等指标的计算表及相关说明;

考查概率:30%,所占分值为0.5分左右。
考试题型:主要以单选题或判断题的形式出现。
考查重点:第三条。

①证券公司只能接受其全资拥有或者控股的、或者被同一机构控制的期货公司的委托从事介绍业务,不能接受其他期货公司的委托从事介绍业务。

考查概率:100%,所占分值为0.5~1.5分。
考试题型:主要以单选题和多选题的形式出现。
考查重点:第九条至第十一条。

②证券公司申请介绍业务资格时,申请日前6个月各项风险控制指标均需符合此规定标准。

（四）客户交易结算资金独立存管制度实施情况说明及客户交易结算资金第三方存管制度文本；

（五）分管介绍业务的有关负责人简历、相关业务人员简历、期货从业人员资格证明；

（六）关于介绍业务的业务规则、内部控制、风险隔离和合规检查等制度文本；

（七）关于技术系统准备情况的说明；

（八）全资拥有或者控股期货公司，或者与期货公司被同一机构控制的情况说明，该期货公司在申请日前2个月月末的风险监管报表；

（九）与期货公司拟签订的介绍业务委托协议文本。

第八条　中国证监会自受理申请材料之日起20个工作日内，作出批准或者不予批准的决定。

第九条　证券公司受期货公司委托从事介绍业务，应当提供下列服务：

（一）协助办理开户手续；

（二）提供期货行情信息、交易设施；

（三）中国证监会规定的其他服务。

证券公司不得代理客户进行期货交易、结算或者交割，不得代期货公司、客户收付期货保证金，不得利用证券资金账户为客户存取、划转期货保证金。

第十条　证券公司从事介绍业务，应当与期货公司签订书面委托协议。委托协议应当载明下列事项：

（一）介绍业务的范围；

（二）执行期货保证金安全存管制度的措施；

（三）介绍业务对接规则；

（四）客户投诉的接待处理方式；

（五）报酬支付及相关费用的分担方式；

（六）违约责任；

（七）中国证监会规定的其他事项。

双方可以在委托协议中约定前款规定以外的其他事项，但不得违反法律、行政法规和本办法的规定，不得损害客户的合法权益。

证券公司按照委托协议对期货公司承担介绍业务受托责任。基于期货经纪合同的责任由期货公司直接对客户承担。

第十一条　证券公司与期货公司签订、变更或者终止委托协议的，双方应当在5个工作日内报各自所在地的中国证监会派出机构备案。

母题精选

【单选题】根据《证券公司为期货公司提供中间介绍业务试行办法》，证券公司开展中间介绍业务应当提供（　　）服务。

A.代理客户进行期货交易

B.代期货公司收付期货保证金

C.协助办理开户手续

D.通过证券资金账户为客户存取、划转期货保证金

【答案】C　【解析】根据《证券公司为期货公司提供中间介绍业务试行办法》第九条的规定，选项C正确；选项A、选项B和选项D错误。

第三章　业务规则（重点掌握）

考查概率：100%，所占分值为2~2.5分。
考试题型：主要以单选题、多选题和判断题的形式出现。
考查重点：本考点内容非常重要，全部内容均需考生重点掌握。

第十二条　证券公司只能接受其全资拥有或者控股的、或者被同一机构控制的期货公司的委托从事介绍业务，不能接受其他期货公司的委托从事介绍业务。

第十三条　证券公司应当按照合规、审慎经营的原则，制定并有效执行介绍业务规则、内部控制、合规检查等制度，确保有效防范和隔离介绍业务与其他业务的风险。

第十四条　期货公司与证券公司应当建立介绍业务的对接规则，明确办理开户、行情和交易系统的安装维护、客户投诉的接待处理等业务的协作程序和规则。

第十五条　证券公司与期货公司应当独立经营，保持财务、人员、经营场所等分开隔离。

第十六条　证券公司应当根据内部控制和风险隔离制度的规定，指定有关负责人和有关部门负责介绍业务的经营管理。

证券公司应当配备足够的具有期货从业人员资格的业务人员，不得任用不具有期货从业人员资格的业务人员从事介绍业务。

证券公司从事介绍业务的工作人员不得进行期货交易。

第十七条　证券公司应当在其经营场所显著位置或者其网站，公开下列信息：

（一）受托从事的介绍业务范围；

（二）从事介绍业务的管理人员和业务人员的名单和照片；

（三）期货公司期货保证金账户信息、期货保证金安全存管方式；

（四）客户开户和交易流程、出入金流程；

（五）交易结算结果查询方式；

（六）中国证监会规定的其他信息。

中国证监会及其派出机构可以根据审慎监管原则，要求证券公司调整相关信息的公开方式。

第十八条　证券公司为期货公司介绍客户时，应当向客户明示其与期货公司的介绍业务委托关系，解释期货交易的方式、流程及风险，不得作获利保证、共担风险等承诺，不得虚假宣传，误导客户。

第十九条　证券公司应当建立完备的协助开户制度，对客户的开户资料和身份真实性等进行审查，向客户充分揭示期货交易风险，解释期货公司、客户、证券公司三者之间的权利义务关系，告知期货保证金安全存管要求。

证券公司应当及时将客户开户资料提交期货公司，期货公司应当复核后与客户签订期货经纪合同，办理开户手续。

第二十条　证券公司介绍其控股股东、实际控制人等开户的，证券公司应当将其期货账户信息报所在地中国证监会派出机构备案，并按照中国证监会的规定履行信息披露义务。

第二十一条　证券公司不得代客户下达交易指令，不得利用客户的交易编码、资金账号或者期货结算账户进行期货交易，不得代客户接收、保管或者修改交易密码。

第二十二条　证券公司不得直接或者间接为客户从事期货交易提供融资或者担保。

第二十三条　期货、现货市场行情发生重大变化或者客户可能出现风险时，证券公司及其营业部可以协助期货公司向客户提示风险。

第二十四条 证券公司应当协助维护期货交易系统的稳定运行,保证期货交易数据传送的安全和独立。

第二十五条 证券公司应当在营业场所妥善保存有关介绍业务的凭证、单据、账簿、报表、合同、数据信息等资料。

证券公司保存上述文件资料的期限**不得少于5年**。

第二十六条 证券公司应当建立并有效执行介绍业务的合规检查制度。

证券公司应当定期对介绍业务规则、内部控制、风险隔离等制度的执行情况和营业部介绍业务的开展情况进行检查,每半年向中国证监会派出机构报送合规检查报告。

发生重大事项的,证券公司应当在2个工作日内向所在地中国证监会派出机构报告。

⚬ 母 题 精 选

【单选题】证券公司从事期货中间介绍业务的专业人员必须具备(   )。

    A. 证券投资咨询资格   B. 期货投资咨询资格

    C. 期货从业人员资格   D. 证券销售从业人员资格

【答案】C **【解析】**根据《证券公司为期货公司提供中间介绍业务试行办法》第十六条的规定,选项C正确。

【多选题】证券公司从事中间介绍业务的,应当在其经营场所显著位置或其网站公开(   )信息。

    A. 与期货公司签署的书面委托协议

    B. 从事介绍业务的管理人员和业务人员的名单和照片

    C. 期货公司期货保证金账户信息、期货保证金安全存管方式

    D. 客户开户和交易流程、出入金流程,交易结算结果查询方式

【答案】BCD **【解析】**根据《证券公司为期货公司提供中间介绍业务试行办法》第十七条的规定,选项B、选项C、选项D正确。

【综合题】某证券公司业务人员在为期货公司介绍客户时,下列做法错误的是(   )。

    A. 告知客户,期货市场行情发生重大变化时由期货公司提示风险;证券市场行情发生重大变化时由证券公司提示风险

    B. 告知客户,虽然期货公司不能给客户提供融资,但是他所在的证券公司可以给客户融资从事期货交易

    C. 在查看了客户身份证复印件后,直接让客户在期货公司留在证券公司的《期货经纪合同》上签字

    D. 告知客户,由于期货公司是证券公司的全资子公司,期货公司的风险由证券公司承担

【答案】ABCD **【解析】**根据《证券公司为期货公司提供中间介绍业务试行办法》第十八条、第十九条、第二十二条、第二十三条的规定,选项A、选项B、选项C和选项D的做法均错误。

第四章 监督管理(了解) ≫

👍考查概率:0%。

考查重点:本考点内容在历次考试中基本未考查,但是第三十条有出题的可能,考生应当熟悉。

第二十七条 中国证监会及其派出机构按照审慎监管原则,对证券公司从事的介绍业务进行现场检查和非现场检查。

第二十八条 证券公司应当按照中国证监会的规定披露介绍业务的相关信息,报送介绍业务的相关文件、资料及数据信息。

第二十九条 证券公司取得介绍业务资格后不符合本办法第五条、第六条规定条件的,中国证监会及其派出机构责令其限期整改;经限期整改仍不符合条件的,中国证监会依法撤

销其介绍业务资格。

第三十条 证券公司违反本办法第三章业务规则的,中国证监会及其派出机构可以采取责令限期整改、监管谈话、出具警示函等监管措施;逾期未改正,其行为可能危及期货公司的稳健运行、损害客户合法权益的,中国证监会可以责令期货公司终止与该证券公司的介绍业务关系。

第三十一条 证券公司因其他业务涉嫌违法违规或者出现重大风险被暂停、限制业务或者撤销业务资格的,中国证监会可以责令期货公司终止与该证券公司的介绍业务关系。

第三十二条 证券公司有下列行为之一的,按照《期货交易管理条例》第七十条①进行处罚:

(一)未经许可擅自开展介绍业务;

(二)对客户未充分揭示期货交易风险,进行虚假宣传,误导客户;

(三)代理客户进行期货交易、结算或者交割;

(四)收付、存取或者划转期货保证金;

(五)为客户从事期货交易提供融资或者担保;

(六)未按规定审查客户的开户资料和身份真实性;

(七)代客户下达交易指令;

(八)利用客户的交易编码、资金账号或者期货结算账户进行期货交易;

(九)未将介绍业务与其他经营业务分开或者有效隔离;

(十)未将财务、人员、经营场所与期货公司分开隔离;

(十一)拒绝、阻碍中国证监会及其派出机构依法履行职责。

第五章　附　则(了解)

第三十三条 本办法自发布之日起施行。

①本条中的《期货交易管理条例》第七十条即现行《期货交易管理条例》第六十六条。

👍**考查概率**:0%。
考查重点:基本未考查,考生只需了解即可,不做重点要求。

期货市场客户开户管理规定

（2009年8月27日中国证券监督管理委员会公布；根据2012年2月2日中国证券监督管理委员会《关于修改〈期货市场客户开户管理规定〉的决定》修订）

第一章 总 则（重点掌握）

第一条 为加强期货市场监管，保护客户合法权益，维护期货市场秩序，防范风险，提高市场运行效率，根据《期货交易管理条例》、《期货交易所管理办法》、《期货公司管理办法》等行政法规和规章，制定本规定。

第二条 期货公司为客户开立账户，应当对客户开户资料进行审核，确保开户资料的合规、真实、准确和完整。

第三条 中国期货保证金监控中心有限责任公司（以下简称监控中心）负责客户开户管理的具体实施工作。期货公司为客户申请、注销各期货交易所交易编码，以及修改与交易编码相关的客户资料，应当统一通过监控中心办理。

第四条 监控中心应当建立和维护期货市场客户统一开户系统（以下简称统一开户系统），对期货公司提交的客户资料进行复核，并将通过复核的客户资料转发给相关期货交易所。

第五条 期货交易所收到监控中心转发的客户交易编码申请资料后，根据期货交易所业务规则对客户交易编码进行分配、发放和管理，并将各类申请的处理结果通过监控中心反馈期货公司。

第六条 监控中心应当为每一个客户设立统一开户编码，并建立统一开户编码与客户在各期货交易所交易编码的对应关系。

第七条 中国证券监督管理委员会（以下简称中国证监会）及其派出机构依法对期货市场客户开户实行监督管理。

中国期货业协会、期货交易所依法对期货市场客户开户实行自律管理。

母题精选

【多选题】《期货市场客户开户管理规定》的立法目的有（　　　）。
　　A. 加强期货市场监管　　　　　　　　B. 保护客户合法权益
　　C. 维护期货市场秩序，防范风险　　　D. 提高市场运行效率

【答案】ABCD 【解析】根据《期货市场客户开户管理规定》第一条的规定，选项A、选项B、选项C和选项D均正确。

【单选题】根据《期货市场客户开户管理规定》，中国期货保证金监控中心应当为每一个客户设立（　　　）。
　　A. 结算账户　　　B. 交易编码　　　C. 资金账户　　　D. 统一开户编码

【答案】D 【解析】根据《期货市场客户开户管理规定》第六条的规定，选项D正确。

第二章 客户开户及交易编码申请（重点掌握）

第八条 客户开户应当符合《期货交易管理条例》及中国证监会有关规定，并遵守以下实名制要求：

（一）个人客户应当本人亲自办理开户手续，签署开户资料，不得委托代理人代为办理开户手续。除中国证监会另有规定外，个人客户的有效身份证明文件为中华人民共和国居民身份证；

考查概率：100%，所占分值为1~1.5分。

考试题型：主要以单选题和多选题的形式出现。

考查重点：所有内容均有出题的可能，均需考生重点掌握。

考查概率：100%，所占分值为1.5~2分。

考试题型：主要以单选题、多选题、判断题和综合题的形式出现。

（二）单位客户应当出具单位客户的授权委托书、代理人的身份证和其他开户证件。除中国证监会另有规定外，一般单位客户的有效身份证明文件为组织机构代码证和营业执照，证券公司、基金管理公司、信托公司和其他金融机构，以及社会保障类公司、合格境外机构投资者等法律、行政法规和规章规定的需要资产分户管理的特殊单位客户，其有效身份证明文件由监控中心另行规定；

（三）期货经纪合同、期货结算账户中客户姓名或者名称与其有效身份证明文件中的姓名或者名称一致；

（四）在期货经纪合同及其他开户资料中真实、完整、准确地填写客户资料信息。

第九条 期货公司应当对客户进行以下实名制审核：

（一）对照有效身份证明文件，核实个人客户是否本人亲自开户，核实单位客户是否由经授权的代理人开户；

（二）确保客户交易编码申请表、期货结算账户登记表、期货经纪合同等开户资料所记载的客户姓名或者名称与其有效身份证明文件中的姓名或者名称一致。

第十条 客户开户时，期货公司应当实时采集并保存客户以下影像资料：

（一）个人客户头部正面照和身份证正反面扫描件；

（二）单位客户开户代理人头部正面照、开户代理人身份证正反面扫描件、单位客户有效身份证明文件扫描件。

第十一条 证券公司依法接受期货公司委托协助办理开户手续的，应当按照本规定的要求对照核实客户真实身份，核对客户期货结算账户户名与其有效身份证明文件中姓名或者名称一致，采集并留存客户影像资料，并随同其他开户资料一并提交期货公司审核开户和存档。

第十二条 期货公司应当按照监控中心规定的格式要求采集并以电子文档方式在公司总部集中统一保存客户影像资料，并随其他开户材料一并存档备查。各营业部也应当保存所办理的客户开户资料及其影像资料。

第十三条 期货公司不得与不符合实名制要求的客户签署期货经纪合同，也不得为未签订期货经纪合同的客户申请交易编码。

第十四条 期货公司为客户申请交易编码，应当向监控中心提交客户交易编码申请。客户交易编码申请填写内容应当完整并与期货经纪合同所记载的内容一致。[①]

第十五条 期货公司为单位客户申请交易编码时，应当按照规定要求向监控中心提交该单位客户的有效身份证明文件扫描件。

第十六条 期货公司应当按照规定要求定期向监控中心提交客户的以下资料：

（一）个人客户的头部正面照和身份证正反面扫描件；

（二）单位客户的开户代理人头部正面照和身份证正反面扫描件。

第十七条 监控中心应当按以下标准对期货公司提交的客户交易编码申请表及其他相关资料进行复核：

（一）客户交易编码申请表内容完整性、格式正确性；

（二）个人客户姓名和身份证号码与全国公民身份信息查询服务系统反馈结果的一致性；

（三）一般单位客户名称和组织机构代码证号码与全国组织机构代码管理中心反馈结果的一致性；

（四）客户姓名或者名称与其期货结算账户户名的一致性；

（五）其他应当复核的内容。

第十八条 监控中心在复核中发现以下情况之一的，监控中心应当退回客户交易编码申请，并告知期货公司：

考查重点： 本考点内容较为简单，历次考试对本考点均有考查，考生应当重点掌握，避免在简单的地方失分。

① 期货公司、期货保证金监控中心与期货交易所在客户开户过程中的职责：

（1）期货公司：为客户开立账户，对客户开户资料进行审核。

（2）期货保证金监控中心：负责客户开户管理的具体实施工作，对期货公司提交的客户资料进行复核，为每一个客户设立统一开户编码。

（3）期货交易所：对客户交易编码进行分配、发放和管理。

（一）客户资料不符合实名制要求；

（二）客户交易编码申请表及相关资料内容不完整、格式不正确；

（三）中国证监会规定的其他情形。

第十九条　监控中心应当将当日通过复核的客户交易编码申请资料转发给相关期货交易所。

第二十条　期货交易所应当将客户交易编码申请的处理结果发送监控中心，由监控中心当日反馈给期货公司。

第二十一条　当日分配的客户交易编码，期货交易所应当于下一交易日允许客户使用。

🔵 母 题 精 选

【综合题】小王对期货投资很感兴趣，决定去某期货公司开户进行期货交易。由于身份证遗失，小王持本人身份证复印件和单位的工作证件前往该公司开户。公司向小王讲解了期货交易的过程和期货交易的风险，与小王签订了《期货经纪合同》，下列关于开户的做法中正确的是(　　)。

  A. 期货公司审查身份证复印件与工作证件照片、姓名相符，可以给小王开户

  B. 小王可用妻子小张的身份证原件，代妻子开户

  C. 期货公司可先为小王开户，待其身份证原件补办后，再补办身份审查程序

  D. 未出具身份证原件，期货公司应当不予开户

【答案】D　【解析】根据《期货市场客户开户管理规定》第八条的规定，选项D做法正确。

【多选题】根据《期货市场客户开户管理规定》，中国期货保证金监控中心在复核中发现存在以下(　　)情况的，应当退回客户交易编码申请。

  A. 客户交易编码申请表及相关资料格式不正确

  B. 客户交易编码申请表及相关资料格式不完整

  C. 客户资料不符合实名制要求

  D. 客户没有期货交易的经历

【答案】ABC　【解析】根据《期货市场客户开户管理规定》第十八条的规定，选项A、选项B和选项C正确。

第三章　客户资料修改（理解）　»

第二十二条　期货公司修改与申请交易编码相关的客户资料，应当向监控中心提交修改申请，申请修改的内容应当与期货经纪合同中客户资料保持一致。

第二十三条　期货公司申请对客户姓名或者名称、客户有效身份证明文件号码、客户期货结算账户户名进行修改的，监控中心重新按本规定第十七条进行复核。通过复核的，监控中心将修改后的资料转发相关期货交易所和期货公司并由其进行相应处理。

第二十四条　期货公司申请对客户姓名或者名称、客户有效身份证明文件号码、客户期货结算账户户名之外的客户资料进行修改的，应当指明修改申请拟提交的期货交易所，监控中心对修改后客户资料内容的完整性、格式正确性进行复核，并将通过复核的申请转发相关期货交易所。期货交易所根据其业务规则检查后，向监控中心反馈修改申请的处理结果，由监控中心反馈给期货公司。

第二十五条　监控中心和期货交易所在管理中发现客户资料错误的，应当统一由监控中心通知期货公司，由期货公司登录统一开户系统进行修改。

👍 **考查概率：**30%，所占分值约为0.5分。

考试题型：主要以单选题或判断题的形式出现。

考查重点：本考点内容较为简单，考生只需关注第二十五条中客户资料修改的主体即可。

母题精选

【判断题】根据《期货市场客户开户管理规定》,中国期货保证金监控中心和期货交易所在管理中发现客户资料错误的,应当及时更正并通知期货公司进行相应修改。( )

【答案】× 【解析】根据《期货市场客户开户管理规定》第二十五条的规定,题干表述错误。

第四章 客户交易编码的注销(重点掌握) ➤➤

第二十六条 期货公司应当登录监控中心统一开户系统办理客户交易编码的注销。

第二十七条 监控中心接到期货公司的客户交易编码注销申请后,应当于当日转发给相关期货交易所。

第二十八条 期货交易所应当将期货公司客户交易编码注销申请处理结果及时反馈监控中心,监控中心据此反馈期货公司。

第二十九条 期货交易所注销客户交易编码的,应当于注销当日通知监控中心,监控中心据此通知期货公司。

> 考查概率:100%,所占分值为0~0.5分。
> 考试题型:主要以单选题或判断题的形式出现。
> 考查重点:第二十六条。

母题精选

【单选题】根据《期货市场客户开户管理规定》,( )应当登录监控系统中心统一开户系统办理客户交易编码的注销。

　　A. 中国期货业协会　　B. 客户　　C. 期货交易所　　D. 期货公司

【答案】D 【解析】根据《期货市场客户开户管理规定》第二十六条的规定,选项D正确。

第五章 客户资料管理(理解) ➤➤

第三十条 期货公司在交易结算系统中维护的客户资料应当与报送统一开户系统的客户资料保持一致。

监控中心应当对期货公司报送保证金监控系统与统一开户系统的客户姓名或者名称、内部资金账户、期货结算账户和交易编码进行一致性复核。

第三十一条 监控中心应当根据统一开户系统,建立期货市场客户基本资料库。

客户姓名或者名称、有效身份证明文件号码和客户期货结算账户户名之外的客户信息,监控中心应当根据不同的期货交易所、期货公司分别维护。

第三十二条 期货交易所应当定期向监控中心核对客户资料。

> 考查概率:25%,所占分值约为0.5分。
> 考试题型:主要以单选题的形式出现。
> 考查概率:第三十条。

第六章 监督管理(重点掌握) ➤➤

第三十三条 中国证监会依法对期货市场客户开户进行监督检查。中国证监会派出机构对期货公司客户开户进行监督检查。

第三十四条 监控中心应当依据本规定制定期货市场客户开户管理的业务操作规则,并报告中国证监会。

监控中心应当建立健全相应的应急处理机制,防范和化解统一开户系统的运行风险。

第三十五条 期货公司、证券公司违反本规定的,中国证监会及其派出机构可以采取责令限期整改、监管谈话、出具警示函等监管措施;逾期未改正,其行为可能危及期货公司稳健运行、损害客户合法权益的,中国证监会及其派出机构可以责令期货公司、证券公司暂停开户或办理相关业务。

第三十六条 期货交易所、监控中心的工作人员应当忠于职守,依法办事,公正廉洁,保

> 考查概率:100%,所占分值约为1分。
> 考试题型:主要以单选题或多选题的形式出现。
> 考查重点:第三十四条、第三十五条。

守期货公司和客户的商业秘密,不得利用职务便利牟取不正当的利益。

　　第三十七条　期货公司、证券公司违反本规定的,依照《期货交易管理条例》第七十条①的规定进行处罚。

　　第三十八条　期货交易所、监控中心违反本规定的,依照《期货交易管理条例》第六十八条、第六十九条②的规定进行处罚、处分。

　　第三十九条　期货交易所、监控中心的工作人员违反本规定的,依照《期货交易管理条例》第八十二条③的规定进行处分。

①②③此处的《期货交易管理条例》第七十条、第六十八条、第六十九条、第八十二条,分别为现行的《期货交易管理条例》第六十六条、第六十四条、第六十五条、第七十八条。

母题精选

【多选题】期货公司、证券公司违反《期货市场客户开户管理规定》的,中国证监会及其派出机构可以采取(　　)等监管措施。

　　　　A.责令停业整顿　　　B.出具警示函　　　C.监管谈话　　　　D.责令限期整改

【答案】BCD　【解析】根据《期货市场客户开户管理规定》第三十五条的规定,选项B、选项C和选项D正确。

第七章　附　则(理解)

　　第四十条　期货公司会员号变更、会员分级结算关系变更、会员资格转让或者交易编码申请权限受到期货交易所限制时,期货交易所应当将有关情况及时通知监控中心。

　　第四十一条　对于实行会员分级结算制度期货交易所的非结算会员,监控中心应当将其申请和注销客户交易编码的结果及时通知其结算会员。

　　第四十二条　特殊单位客户的实名制要求及核对应当遵循实质重于形式的原则,确保特殊单位客户、分户管理资产和期货结算账户对应关系准确。

　　第四十三条　本规定自2009年9月1日起施行。2007年11月5日中国证监会发布的《关于进一步加强期货公司开户环节实名制工作的通知》(证监期货字〔2007〕257号)同时废止。

考查概率:30%,所占分值约为1分。

考试题型:主要以单选题、多选题或判断题的形式出现。

考查重点:第四十条、第四十一条。

证券期货投资者适当性管理办法（**重点掌握**）

（中国证券监督管理委员会令 第 130 号）

《证券期货投资者适当性管理办法》已经 2016 年 5 月 26 日中国证券监督管理委员会 2016 年第 7 次主席办公会议审议通过，现予公布，自 2017 年 7 月 1 日起施行。

中国证券监督管理委员会主席：刘士余

2016 年 12 月 12 日

第一条 为了规范证券期货投资者适当性管理，维护投资者合法权益，根据《证券法》《证券投资基金法》《证券公司监督管理条例》《期货交易管理条例》及其他相关法律、行政法规，制定本办法。

第二条 向投资者销售公开或者非公开发行的证券、公开或者非公开募集的证券投资基金和股权投资基金（包括创业投资基金，以下简称基金）、公开或者非公开转让的期货及其他衍生产品，或者为投资者提供相关业务服务的，适用本办法。

第三条 向投资者销售证券期货产品或者提供证券期货服务的机构（以下简称经营机构）应当遵守法律、行政法规、本办法及其他有关规定，在销售产品或者提供服务的过程中，勤勉尽责，审慎履职，全面了解投资者情况，深入调查分析产品或者服务信息，科学有效评估，充分揭示风险，基于投资者的不同风险承受能力以及产品或者服务的不同风险等级等因素，提出明确的适当性匹配意见，将适当的产品或者服务销售或者提供给适合的投资者，并对违法违规行为承担法律责任。

第四条 投资者应当在了解产品或者服务情况，听取经营机构适当性意见的基础上，根据自身能力审慎决策，独立承担投资风险。

经营机构的适当性匹配意见不表明其对产品或者服务的风险和收益做出实质性判断或者保证。

第五条 中国证券监督管理委员会（以下简称中国证监会）及其派出机构依照法律、行政法规、本办法及其他相关规定，对经营机构履行适当性义务进行监督管理。

证券期货交易场所、登记结算机构及中国证券业协会、中国期货业协会、中国证券投资基金业协会（以下统称行业协会）等自律组织对经营机构履行适当性义务进行自律管理。

第六条 经营机构向投资者销售产品或者提供服务时，应当了解投资者的下列信息：

（一）自然人的姓名、住址、职业、年龄、联系方式，法人或者其他组织的名称、注册地址、办公地址、性质、资质及经营范围等基本信息；

（二）收入来源和数额、资产、债务等财务状况；

（三）投资相关的学习、工作经历及投资经验；

（四）投资期限、品种、期望收益等投资目标；

（五）风险偏好及可承受的损失；

（六）诚信记录；

（七）实际控制投资者的自然人和交易的实际受益人；

（八）法律法规、自律规则规定的投资者准入要求相关信息；

（九）其他必要信息。

第七条 投资者分为普通投资者与专业投资者。

普通投资者在信息告知、风险警示、适当性匹配等方面享有特别保护。

第八条 符合下列条件之一的是专业投资者：

（一）经有关金融监管部门批准设立的金融机构，包括证券公司、期货公司、基金管理公

考查概率：100%，所占分值为 6～7 分。

考试题型：主要以单选题、多选题和判断题的形式出现。

考查重点：投资者适当性制度构筑的是投资者进入资本市场的第一道防线，是中小投资者的保护伞。本办法作为我国证券期货市场首部投资者保护专项规章，是资本市场重要的基础性制度。考生应当重点掌握所学内容，尤其是对于专业投资者和普通投资者的界定以及两者相互转化的条件。

司及其子公司、商业银行、保险公司、信托公司、财务公司等；经行业协会备案或者登记的证券公司子公司、期货公司子公司、私募基金管理人。

(二)上述机构面向投资者发行的理财产品，包括但不限于证券公司资产管理产品、基金管理公司及其子公司产品、期货公司资产管理产品、银行理财产品、保险产品、信托产品、经行业协会备案的私募基金。

(三)社会保障基金、企业年金等养老基金，慈善基金等社会公益基金，合格境外机构投资者(QFII)、人民币合格境外机构投资者(RQFII)。

(四)同时符合下列条件的法人或者其他组织：

1.最近 1 年末净资产不低于 2000 万元；

2.最近 1 年末金融资产不低于 1000 万元；

3.具有 2 年以上证券、基金、期货、黄金、外汇等投资经历。

(五)同时符合下列条件的自然人：

1.金融资产不低于 500 万元，或者最近 3 年个人年均收入不低于 50 万元；

2.具有 2 年以上证券、基金、期货、黄金、外汇等投资经历，或者具有 2 年以上金融产品设计、投资、风险管理及相关工作经历，或者属于本条第(一)项规定的专业投资者的高级管理人员、获得职业资格认证的从事金融相关业务的注册会计师和律师。

前款所称金融资产，是指银行存款、股票、债券、基金份额、资产管理计划、银行理财产品、信托计划、保险产品、期货及其他衍生产品等。

第九条　经营机构可以根据专业投资者的业务资格、投资实力、投资经历等因素，对专业投资者进行细化分类和管理。

第十条　专业投资者之外的投资者为普通投资者。

经营机构应当按照有效维护投资者合法权益的要求，综合考虑收入来源、资产状况、债务、投资知识和经验、风险偏好、诚信状况等因素，确定普通投资者的风险承受能力，对其进行细化分类和管理。

第十一条　普通投资者和专业投资者在一定条件下可以互相转化。

符合本办法第八条第(四)、(五)项规定的专业投资者，可以书面告知经营机构选择成为普通投资者，经营机构应当对其履行相应的适当性义务。

符合下列条件之一的普通投资者可以申请转化成为专业投资者，但经营机构有权自主决定是否同意其转化：

(一)最近 1 年末净资产不低于 1000 万元，最近 1 年末金融资产不低于 500 万元，且具有 1 年以上证券、基金、期货、黄金、外汇等投资经历的除专业投资者外的法人或其他组织；

(二)金融资产不低于 300 万元或者最近 3 年个人年均收入不低于 30 万元，且具有 1 年以上证券、基金、期货、黄金、外汇等投资经历或者 1 年以上金融产品设计、投资、风险管理及相关工作经历的自然人投资者。

第十二条　普通投资者申请成为专业投资者应当以书面形式向经营机构提出申请并确认自主承担可能产生的风险和后果，提供相关证明材料。

经营机构应当通过追加了解信息、投资知识测试或者模拟交易等方式对投资者进行谨慎评估，确认其符合前条要求，说明对不同类别投资者履行适当性义务的差别，警示可能承担的投资风险，告知申请的审查结果及其理由。

第十三条　经营机构应当告知投资者，其根据本办法第六条规定所提供的信息发生重要变化、可能影响分类的，应及时告知经营机构。经营机构应当建立投资者评估数据库并及时更新，充分使用已了解信息和已有评估结果，避免重复采集，提高评估效率。

第十四条 中国证监会、自律组织在针对特定市场、产品或者服务制定规则时,可以考虑风险性、复杂性以及投资者的认知难度等因素,从资产规模、收入水平、风险识别能力和风险承担能力、投资认购最低金额等方面,规定投资者准入要求。投资者准入要求包含资产指标的,应当规定投资者在购买产品或者接受服务前一定时期内符合该指标。

现有市场、产品或者服务规定投资者准入要求的,应当符合前款规定。

第十五条 经营机构应当了解所销售产品或者所提供服务的信息,根据风险特征和程度,对销售的产品或者提供的服务划分风险等级。

第十六条 划分产品或者服务风险等级时应当综合考虑以下因素:

(一)流动性;

(二)到期时限;

(三)杠杆情况;

(四)结构复杂性;

(五)投资单位产品或者相关服务的最低金额;

(六)投资方向和投资范围;

(七)募集方式;

(八)发行人等相关主体的信用状况;

(九)同类产品或者服务过往业绩;

(十)其他因素。

涉及投资组合的产品或者服务,应当按照产品或者服务整体风险等级进行评估。

第十七条 产品或者服务存在下列因素的,应当审慎评估其风险等级:

(一)存在本金损失的可能性,因杠杆交易等因素容易导致本金大部分或者全部损失的产品或者服务;

(二)产品或者服务的流动变现能力,因无公开交易市场、参与投资者少等因素导致难以在短期内以合理价格顺利变现的产品或者服务;

(三)产品或者服务的可理解性,因结构复杂、不易估值等因素导致普通人难以理解其条款和特征的产品或者服务;

(四)产品或者服务的募集方式,涉及面广、影响力大的公募产品或者相关服务;

(五)产品或者服务的跨境因素,存在市场差异、适用境外法律等情形的跨境发行或者交易的产品或者服务;

(六)自律组织认定的高风险产品或者服务;

(七)其他有可能构成投资风险的因素。

第十八条 经营机构应当根据产品或者服务的不同风险等级,对其适合销售产品或者提供服务的投资者类型作出判断,根据投资者的不同分类,对其适合购买的产品或者接受的服务作出判断。

第十九条 经营机构告知投资者不适合购买相关产品或者接受相关服务后,投资者主动要求购买风险等级高于其风险承受能力的产品或者接受相关服务的,经营机构在确认其不属于风险承受能力最低类别的投资者后,应当就产品或者服务风险高于其承受能力进行特别的书面风险警示,投资者仍坚持购买的,可以向其销售相关产品或者提供相关服务。

第二十条 经营机构向普通投资者销售高风险产品或者提供相关服务,应当履行特别的注意义务,包括制定专门的工作程序,追加了解相关信息,告知特别的风险点,给予普通投资者更多的考虑时间,或者增加回访频次等。

第二十一条 经营机构应当根据投资者和产品或者服务的信息变化情况,主动调整投资者分类、产品或者服务分级以及适当性匹配意见,并告知投资者上述情况。

第二十二条　禁止经营机构进行下列销售产品或者提供服务的活动：

（一）向不符合准入要求的投资者销售产品或者提供服务；

（二）向投资者就不确定事项提供确定性的判断，或者告知投资者有可能使其误认为具有确定性的意见；

（三）向普通投资者主动推介风险等级高于其风险承受能力的产品或者服务；

（四）向普通投资者主动推介不符合其投资目标的产品或者服务；

（五）向风险承受能力最低类别的投资者销售或者提供风险等级高于其风险承受能力的产品或者服务；

（六）其他违背适当性要求，损害投资者合法权益的行为。

第二十三条　经营机构向普通投资者销售产品或者提供服务前，应当告知下列信息：

（一）可能直接导致本金亏损的事项；

（二）可能直接导致超过原始本金损失的事项；

（三）因经营机构的业务或者财产状况变化，可能导致本金或者原始本金亏损的事项；

（四）因经营机构的业务或者财产状况变化，影响客户判断的重要事由；

（五）限制销售对象权利行使期限或者可解除合同期限等全部限制内容；

（六）本办法第二十九条规定的适当性匹配意见。

第二十四条　经营机构对投资者进行告知、警示，内容应当真实、准确、完整，不存在虚假记载、误导性陈述或者重大遗漏，语言应当通俗易懂；告知、警示应当采用书面形式送达投资者，并由其确认已充分理解和接受。

第二十五条　经营机构通过营业网点向普通投资者进行本办法第十二条、第二十条、第二十一条和第二十三条规定的告知、警示，应当全过程录音或者录像；通过互联网等非现场方式进行的，经营机构应当完善配套留痕安排，由普通投资者通过符合法律、行政法规要求的电子方式进行确认。

第二十六条　经营机构委托其他机构销售本机构发行的产品或者提供服务，应当审慎选择受托方，确认受托方具备代销相关产品或者提供服务的资格和落实相应适当性义务要求的能力，应当制定并告知代销方所委托产品或者提供服务的适当性管理标准和要求，代销方应当严格执行，但法律、行政法规、中国证监会其他规章另有规定的除外。

第二十七条　经营机构代销其他机构发行的产品或者提供相关服务，应当在合同中约定要求委托方提供的信息，包括本办法第十六条、第十七条规定的产品或者服务分级考虑因素等，自行对该信息进行调查核实，并履行投资者评估、适当性匹配等适当性义务。委托方不提供规定的信息、提供信息不完整的，经营机构应当拒绝代销产品或者提供服务。

第二十八条　对在委托销售中违反适当性义务的行为，委托销售机构和受托销售机构应当依法承担相应法律责任，并在委托销售合同中予以明确。

第二十九条　经营机构应当制定适当性内部管理制度，明确投资者分类、产品或者服务分级、适当性匹配的具体依据、方法、流程等，严格按照内部管理制度进行分类、分级，定期汇总分类、分级结果，并对每名投资者提出匹配意见。

经营机构应当制定并严格落实与适当性内部管理有关的限制不匹配销售行为、客户回访检查、评估与销售隔离等风控制度，以及培训考核、执业规范、监督问责等制度机制，不得采取鼓励不适当销售的考核激励措施，确保从业人员切实履行适当性义务。

第三十条　经营机构应当每半年开展一次适当性自查，形成自查报告。发现违反本办法规定的问题，应当及时处理并主动报告住所地中国证监会派出机构。

第三十一条　鼓励经营机构将投资者分类政策、产品或者服务分级政策、自查报告在公司网站或者指定网站进行披露。

第三十二条　经营机构应当按照相关规定妥善保存其履行适当性义务的相关信息资料，防止泄露或者被不当利用，接受中国证监会及其派出机构和自律组织的检查。对匹配方案、告知警示资料、录音录像资料、自查报告等的保存期限不得少于20年。

第三十三条　投资者购买产品或者接受服务，按规定需要提供信息的，所提供的信息应当真实、准确、完整。投资者根据本办法第六条规定所提供的信息发生重要变化、可能影响其分类的，应当及时告知经营机构。

投资者不按照规定提供相关信息，提供信息不真实、不准确、不完整的，应当依法承担相应法律责任，经营机构应当告知其后果，并拒绝向其销售产品或者提供服务。

第三十四条　经营机构应当妥善处理适当性相关的纠纷，与投资者协商解决争议，采取必要措施支持和配合投资者提出的调解。经营机构履行适当性义务存在过错并造成投资者损失的，应当依法承担相应法律责任。

经营机构与普通投资者发生纠纷的，经营机构应当提供相关资料，证明其已向投资者履行相应义务。

第三十五条　中国证监会及其派出机构在监管中应当审核或者关注产品或者服务的适当性安排，对适当性制度落实情况进行检查，督促经营机构严格落实适当性义务，强化适当性管理。

第三十六条　证券期货交易场所应当制定完善本市场相关产品或者服务的适当性管理自律规则。

行业协会应当制定完善会员落实适当性管理要求的自律规则，制定并定期更新本行业的产品或者服务风险等级名录以及本办法第十九条、第二十二条规定的风险承受能力最低的投资者类别，供经营机构参考。经营机构评估相关产品或者服务的风险等级不得低于名录规定的风险等级。

证券期货交易场所、行业协会应当督促、引导会员履行适当性义务，对备案产品或者相关服务应当重点关注高风险产品或者服务的适当性安排。

第三十七条　经营机构违反本办法规定的，中国证监会及其派出机构可以对经营机构及其直接负责的主管人员和其他直接责任人员，采取责令改正、监管谈话、出具警示函、责令参加培训等监督管理措施。

第三十八条　证券公司、期货公司违反本办法规定，存在较大风险或者风险隐患的，中国证监会及其派出机构可以按照《证券公司监督管理条例》第七十条、《期货交易管理条例》第五十五条的规定，采取监督管理措施。

第三十九条　违反本办法第六条、第十八条、第十九条、第二十条、第二十一条、第二十二条第(三)项至第(六)项、第二十三条、第二十四条、第三十三条规定的，按照《证券投资基金法》第一百三十七条、《证券公司监督管理条例》第八十四条、《期货交易管理条例》第六十七条予以处理。

【知识链接】《证券投资基金法》第一百三十七条规定，违反本法规定，擅自从事公开募集基金的基金服务业务的，责令改正，没收违法所得，并处违法所得一倍以上五倍以下罚款；没有违法所得或者违法所得不足三十万元的，并处十万元以上三十万元以下罚款。对直接负责的主管人员和其他直接责任人员给予警告，并处三万元以上十万元以下罚款。

《证券公司监督管理条例》第八十四条规定，证券公司违反本条例的规定，有下列情形之一的，责令改正，给予警告，没收违法所得，并处以违法所得1倍以上5倍以下的罚款；没有违法所得或者违法所得不足3万元的，处以3万元以上30万元以下的罚款。对直接负责的主管人员和其他直接责任人员单处或者并处警告、3万元以上10万元以下的罚款；情节严重的，撤销任职资格或者证券从业资格：

（一）未按照规定对离任的法定代表人或者高级管理人员进行审计，并报送审计报告；（二）与他人合资、合作经营管理分支机构，或者将分支机构承包、租赁或者委托给他人经营管理；（三）未按照规定将证券自营账户或者证券资产管理客户的证券账户报证券交易所备案；（四）未按照规定程序了解客户的身份、财产与收入状况、证券投资经验和风险偏好；（五）推荐的产品或者服务与所了解的客户情况不相适应；（六）未按照规定指定专人向客户讲解有关业务规则和合同内容，并以书面方式向其揭示投资风险；（七）未按照规定与客户签订业务合同，或者未在与客户签订的业务合同中载入规定的必备条款；（八）未按照规定编制并向客户送交对账单，或者未按照规定建立并有效执行信息查询制度；（九）未按照规定指定专门部门处理客户投诉；（十）未按照规定提取一般风险准备金；（十一）未按照规定存放、管理客户的交易结算资金、委托资金和客户担保账户内的资金、证券；（十二）聘请、解聘会计师事务所，未按照规定向国务院证券监督管理机构备案，解聘会计师事务所未说明理由。

第四十条　违反本办法第二十二条第（一）项至第（二）项、第二十六条、第二十七条规定的，按照《证券投资基金法》第一百三十五条、《证券公司监督管理条例》第八十三条、《期货交易管理条例》第六十六条予以处理。

【知识链接】《证券投资基金法》第一百三十五条规定，违反本法规定，非公开募集基金募集完毕，基金管理人未备案的，处十万元以上三十万元以下罚款。对直接负责的主管人员和其他直接责任人员给予警告，并处三万元以上十万元以下罚款。

《证券公司监督管理条例》第八十三条规定，证券公司违反本条例的规定，有下列情形之一的，责令改正，给予警告，没收违法所得，并处以违法所得1倍以上5倍以下的罚款；没有违法所得或者违法所得不足10万元的，处以10万元以上30万元以下的罚款；情节严重的，暂停或者撤销其相关证券业务许可。对直接负责的主管人员和其他直接责任人员，给予警告，并处以3万元以上10万元以下的罚款；情节严重的，撤销任职资格或者证券从业资格：

（一）违反规定委托其他单位或者个人进行客户招揽、客户服务或者产品销售活动；（二）向客户提供投资建议，对证券价格的涨跌或者市场走势做出确定性的判断；（三）违反规定委托他人代为买卖证券；（四）从事证券自营业务、证券资产管理业务，投资范围或者投资比例违反规定；（五）从事证券资产管理业务，接受一个客户的单笔委托资产价值低于规定的最低限额。

第四十一条　经营机构有下列情形之一的，给予警告，并处以3万元以下罚款；对直接负责的主管人员和其他直接责任人员，给予警告，并处以3万元以下罚款：

（一）违反本办法第十条，未按规定对普通投资者进行细化分类和管理的；

（二）违反本办法第十一条、第十二条，未按规定进行投资者类别转化的；

（三）违反本办法第十三条，未建立或者更新投资者评估数据库的；

（四）违反本办法第十五条，未按规定了解所销售产品或者所提供服务信息或者履行分级义务的；

（五）违反本办法第十六条、第十七条，未按规定划分产品或者服务风险等级的；

（六）违反本办法第二十五条，未按规定录音录像或者采取配套留痕安排的；

（七）违反本办法第二十九条，未按规定制定或者落实适当性内部管理制度和相关制度机制的；

（八）违反本办法第三十条，未按规定开展适当性自查的；

（九）违反本办法第三十二条，未按规定妥善保存相关信息资料的；

（十）违反本办法第六条、第十八条至第二十四条、第二十六条、第二十七条、第三十三条规定，未构成《证券投资基金法》第一百三十五条、第一百三十七条，《证券公司监督管理条例》第八十三条、第八十四条，《期货交易管理条例》第六十六条、第六十七条规定情形的。

第四十二条 经营机构从业人员违反相关法律法规和本办法规定，情节严重的，中国证监会可以依法采取市场禁入的措施。

第四十三条 本办法自 2017 年 7 月 1 日起施行。

母题精选

【多选题】《证券期货投资者适当性管理办法》的适用范围包括（　　）。

A. 向投资者销售公开或者非公开发行的证券

B. 向投资者销售公开或者非公开募集的证券投资基金和股权投资基金（包括创业投资基金）

C. 向投资者销售公开或者非公开转让的期货及其他衍生产品

D. 为投资者提供相关业务服务的

【答案】ABCD 　**【解析】**根据《证券期货投资者适当性管理办法》第二条的规定，选项 A、选项 B、选项 C 和选项 D 均正确。

【多选题】根据《证券期货投资者适当性管理办法》，普通投资者享有的特别保护包括（　　）。

A. 风险警示　　　　B. 适当性匹配　　　　C. 投资收益　　　　D. 信息告知

【答案】ABD 　**【解析】**根据《证券期货投资者适当性管理办法》第七条规定，普通投资者在信息告知、风险警示、适当性匹配等方面享有特别保护。选项 A、选项 B 和选项 D 均正确。

【多选题】中国期货业协会制定期货投资者适当性自律规则，关于投资者准入要求的内容可以包括（　　）。

A. 资产规模　　　　　　　　　　B. 收入水平

C. 投资认购最低金额　　　　　　D. 风险识别能力和风险承担能力

【答案】ABCD 　**【解析】**根据《证券期货投资者适当性管理办法》第十四条的规定，选项 A、选项 B、选项 C 和选项 D 均属于投资者准入要求的内容。

【单选题】根据《证券期货投资者适当性管理办法》，经营机构开展适当性自查的时间要求是（　　）。

A. 每一年开展一次　　　　　　B. 每两年开展一次

C. 每半年开展一次　　　　　　D. 每三个月开展一次

【答案】C 　**【解析】**根据《证券期货投资者适当性管理办法》第三十条的规定，经营机构应当每半年开展一次适当性自查，形成自查报告。选项 C 正确。

【单选题】根据《证券期货投资者适当性管理办法》，中国证监会及其派出机构对经营机构未按照规定对普通投资者进行细化分类和管理的，可以给予警告，并处以（　　）万元以下罚款。

A. 5　　　　　　　　B. 10　　　　　　　　C. 3　　　　　　　　D. 15

【答案】C 　**【解析】**根据《证券期货投资者适当性管理办法》第四十一条的规定，选项 C 正确。

期货公司期货投资咨询业务试行办法

（中国证券监督管理委员会令第 70 号）

《期货公司期货投资咨询业务试行办法》已经 2010 年 12 月 23 日中国证券监督管理委员会第 289 次主席办公会议审议通过，现予公布，自 2011 年 5 月 1 日起施行。

中国证券监督管理委员会主席：尚福林

2011 年 3 月 23 日

第一章　总　则（掌握）

第一条　为了规范期货公司期货投资咨询业务活动，提高期货公司专业化服务能力，保护客户合法权益，促进期货市场更好地服务国民经济发展，根据《期货交易管理条例》等有关规定，制定本办法。

第二条　本办法所称期货公司期货投资咨询业务，是指期货公司基于客户委托从事的下列营利性活动：

（一）协助客户建立风险管理制度、操作流程，提供风险管理咨询、专项培训等风险管理顾问服务；

（二）收集整理期货市场信息及各类相关经济信息，研究分析期货市场及相关现货市场的价格及其相关影响因素，制作、提供研究分析报告或者资讯信息的研究分析服务；

（三）为客户设计套期保值、套利等投资方案，拟定期货交易策略等交易咨询服务；

（四）中国证券监督管理委员会（以下简称中国证监会）规定的其他活动。

第三条　期货公司从事期货投资咨询业务，应当经中国证监会批准取得期货投资咨询业务资格；期货公司从事期货投资咨询业务的人员应当取得期货投资咨询业务从业资格。

未取得规定资格的期货公司及其从业人员不得从事期货投资咨询业务活动。

第四条　期货公司及其从业人员从事期货投资咨询业务，应当遵守有关法律、法规、规章和本办法规定，遵循诚实信用原则，基于独立、客观的立场，公平对待客户，避免利益冲突。

第五条　中国证监会及其派出机构依法对期货公司及其从业人员从事期货投资咨询业务实行监督管理。

中国期货业协会对期货公司及其从业人员从事期货投资咨询业务实行自律管理。

第二章　公司业务资格和人员从业资格（理解）

第六条　期货公司申请从事期货投资咨询业务，应当具备下列条件：

（一）注册资本不低于人民币 1 亿元，且净资本不低于人民币 8000 万元；

（二）申请日前 6 个月的风险监管指标持续符合监管要求；

（三）具有 3 年以上期货从业经历并取得期货投资咨询从业资格的高级管理人员不少于 1 名，具有 2 年以上期货从业经历并取得期货投资咨询从业资格的业务人员不少于 5 名，且前述高级管理人员和业务人员最近 3 年内无不良诚信记录，未受到行政、刑事处罚，且不存在因涉嫌违法违规正被有权机关调查的情形；

（四）具有完备的期货投资咨询业务管理制度；

（五）近 3 年内未因违法违规经营受到行政、刑事处罚，且不存在因涉嫌重大违法违规正被有权机关调查的情形；

（六）近 1 年内不存在被监管机构采取《期货交易管理条例》第五十九条第二款、第六十条①规定的监管措施的情形；

（七）中国证监会根据审慎监管原则规定的其他条件。

考查概率：50%，所占分值为 0.5～1 分。
考试题型：偶尔会出判断题或综合题。
考查重点：第二条、第三条。

考查概率：30%，所占分值为0.5～1分。
考试题型：主要以单选或多选题的形式出现。
考查重点：第六条。
①此处的《期货交易管理条例》第五十九条第二款、第六十条，分别为现行的《期货交易管理条例》第五十五条第二款、第五十六条。

第七条 期货公司申请期货投资咨询业务资格,应当提交下列申请材料:

(一)期货投资咨询业务资格申请书;

(二)股东会关于申请期货投资咨询业务的决议文件;

(三)申请日前6个月的期货公司风险监管报表;

(四)期货投资咨询业务管理制度文本,内容包括部门和人员管理、业务操作、合规检查、客户回访与投诉等;

(五)最近3年的期货公司合规经营情况说明;

(六)拟从事期货投资咨询业务的高级管理人员和业务人员的名单、简历、相关任职资格和从业资格证明,以及公司出具的诚信合规证明材料;

(七)加盖公司公章的《企业法人营业执照》复印件、《经营期货业务许可证》复印件;

(八)经具有证券、期货相关业务资格的会计师事务所审计的前一年度财务报告;申请日在下半年的,还应当提供经审计的半年度财务报告;

(九)律师事务所就期货公司是否符合本办法第六条第(三)、(五)项规定的条件,以及股东会决议是否合法出具的法律意见书;

(十)中国证监会规定的其他材料。

第八条 中国证监会自受理期货公司期货投资咨询业务资格申请之日起2个月内,作出批准或者不予批准的决定。

第九条 中国期货业协会负责期货投资咨询业务从业人员的资格考试、资格认定、日常管理等相关工作,相关自律管理办法由中国期货业协会制定。

母题精选

【单选题】期货公司申请从事期货投资咨询业务,注册资本应当不低于人民币( )元,且净资本不低于人民币( )元。

    A.2亿;5000万   B.1亿;8000万   C.2亿;8000万   D.1亿;5000万

【答案】B 【解析】根据《期货公司期货投资咨询业务试行办法》第六条的规定,选项B正确。

第三章 业务规则(重点掌握) »

第十条 期货公司及其从业人员应当以专业的技能,谨慎、勤勉、尽责地为客户提供期货投资咨询服务,保守客户的商业秘密,维护客户合法权益。

期货公司及其从业人员不得对期货投资咨询服务能力进行虚假、误导性的宣传,不得欺诈或者误导客户。

第十一条 期货公司应当按照信息公示有关规定,在营业场所、公司网站和中国期货业协会网站上公示公司的业务资格、人员的从业资格、服务内容、投诉方式等相关信息。

第十二条 期货公司开展期货投资咨询业务活动,应当遵循具体的业务操作规范,并应与自身的管理能力、业务水平和人员配置相适应,有效执行期货投资咨询业务管理制度,加强合规检查,防范业务风险。

第十三条 期货公司及其从业人员在开展期货投资咨询服务时,不得从事下列行为:

(一)向客户做获利保证,或者约定分享收益或共担风险;

(二)以虚假信息、市场传言或者内幕信息为依据向客户提供期货投资咨询服务;

(三)利用期货投资咨询活动操纵期货交易价格、进行内幕交易,或者传播虚假、误导性信息;

(四)以个人名义收取服务报酬;

考查概率:100%,所占分值为3.5~4分。

考试题型:主要以单选题、多选题和判断题的形式出现。

考查重点:本考点内容非常重要,在考试中经常出多选题,考生应当全部掌握。

（五）期货法规、规章禁止的其他行为。

期货投资咨询业务人员在开展期货投资咨询服务时，不得接受客户委托代为从事期货交易。

第十四条　期货公司应当事前了解客户的身份、财务状况、投资经验等情况，认真评估客户的风险偏好、风险承受能力和服务需求，并以书面和电子形式保存客户相关信息。

期货公司应当针对客户期货投资咨询具体服务需求，揭示期货市场风险，明确告知客户独立承担期货市场风险。

第十五条　期货公司应当与客户签订期货投资咨询服务合同，明确约定服务的具体内容和费用标准等相关事项。

期货投资咨询服务合同指引和风险揭示书格式，由中国期货业协会制定。

第十六条　期货公司提供风险管理服务时，应当发挥自身专业优势，为客户制定符合其需要的风险管理制度或者操作流程，提供有针对性的风险管理咨询或者培训，不得夸大期货的风险管理功能。

期货公司应当定期评估风险管理服务效果和客户反馈意见，不断改进风险管理服务能力。

第十七条　期货公司提供研究分析服务时，应当公平对待委托客户，并采取有效措施，保证研究分析人员独立形成研究分析意见和结论。

期货公司应当建立研究分析报告和资讯信息的审阅、管理及使用机制，对研究分析报告、资讯信息的使用进行审阅和合规检查。

期货公司应当采取有效措施，防止研究分析人员以及公司内部其他人员利用研究报告、资讯信息为自身及其他利益相关方谋取不当利益。

第十八条　研究分析人员应当对研究分析报告的内容和观点负责，保证信息来源合法合规，研究方法专业审慎，分析结论合理。

研究分析报告应当制作形成适当的书面或者电子文本形式，载明期货公司名称及其业务资格、研究分析人员姓名、从业证号、制作日期等内容，同时注明相关信息资料的来源、研究分析意见的局限性与使用者风险提示。

期货公司制作、提供的研究分析报告不得侵犯他人的知识产权。

第十九条　期货公司提供交易咨询服务时，应当向客户明示有无利益冲突，提示潜在的市场变化和投资风险，不得就市场行情做出确定性判断。

期货公司提供的投资方案或者期货交易策略应当以本公司的研究报告、合法取得的研究报告、相关行业信息资料以及公开发布的相关信息等为主要依据。

期货公司应当告知客户自主做出期货交易决策，独立承担期货交易后果，并不得泄露客户的投资决策计划信息。

第二十条　期货公司以期货交易软件、终端设备为载体，向客户提供交易咨询服务或者具有类似功能服务的，应当执行本办法，并向客户说明交易软件、终端设备的基本功能，揭示使用局限性，说明相关数据信息来源，不得对交易软件、终端设备的使用价值或功能作出虚假、误导性宣传。

第二十一条　期货公司应当对期货投资咨询业务操作实行留痕管理，并按照中国证监会规定的保存年限和要求，妥善保存期货投资咨询业务的风险揭示书、合同、风险管理意见、研究分析报告、交易咨询建议、期货交易软件或者终端设备说明等业务材料。

第二十二条　期货公司应当有效执行期货投资咨询业务管理制度中的客户回访与投诉规定，明确客户回访与投诉的内容、要求、程序，及时、妥善处理客户投诉事项。

母题精选

【多选题】期货公司开展期货投资咨询业务活动,应当(   )。

A.加强合规检查,防范业务风险

B.有效执行期货投资咨询业务管理制度

C.与自身的管理能力、业务水平和人员配置相适应

D.遵循具体的业务操作规范

【答案】ABCD **【解析】**根据《期货公司期货投资咨询业务试行办法》第十二条的规定,选项A、选项B、选项C和选项D均正确。

【多选题】下列关于期货公司提供研究服务分析的表述,正确的是(   )。

A.研究分析报告应当注明相关信息资料的来源、研究分析意见的局限性与使用者风险提示

B.制作、提供的研究分析报告不得侵犯他人的知识产权

C.研究分析报告应当制作形成适当的书面或者电子文本形式,载明期货公司名称及其业务资格、研究分析人员姓名、从业证号、制作日期等内容

D.研究分析人员应当对研究分析报告的内容和观点负责,保证信息来源合法合规,研究方法专业审慎,分析结论合理

【答案】ABCD **【解析】**根据《期货公司期货投资咨询业务试行办法》第十八条的规定,选项A、选项B、选项C和选项D均正确。

第四章　防范利益冲突（重点掌握）

第二十三条　期货公司应当制定防范期货投资咨询业务与其他期货业务之间利益冲突的管理制度,建立健全信息隔离机制,并保持办公场所和办公设备相对独立。

期货投资咨询业务活动之间可能发生利益冲突的,期货公司应当作出必要的岗位独立、信息隔离和人员回避等工作安排。

期货公司首席风险官应当对前款规定事项进行检查落实。

第二十四条　期货公司及其从业人员与客户之间可能发生利益冲突的,应当遵循客户利益优先的原则予以处理;不同客户之间存在利益冲突的,应当遵循公平对待的原则予以处理。

第二十五条　期货公司总部应当设立独立的部门,对期货投资咨询业务实行统一管理。

期货公司营业部应当在公司总部的统一管理下对外提供期货投资咨询服务。

第二十六条　期货投资咨询业务人员应当以期货公司名义开展期货投资咨询业务活动,不得以个人名义为客户提供期货投资咨询服务。

第二十七条　期货投资咨询业务人员应当与交易、结算、风险控制、财务、技术等业务人员岗位独立,职责分离。

考查概率:100%,所占分值为0.5～1分。

考试题型:主要以单选题的形式出现。

考查重点:第二十三条、第二十四条、第二十五条。

母题精选

【单选题】下列关于期货公司投资咨询业务利益冲突防范的表述,错误的是(   )。

A.期货公司总部应当设立独立的部门,对期货投资咨询业务实行统一管理

B.期货投资咨询业务活动之间可能发生利益冲突的,期货公司应当作出必要的岗位独立,信息隔离和人员回避等工作安排

C.期货公司营业部不得对外提供期货投资咨询服务

D.期货公司应当指定防范期货投资咨询业务与其他期货业务之间利益冲突的管理制度,建立健全信息隔离机制,并保持办公场所和办公设备相对独立

【答案】C **【解析】**根据《期货公司期货投资咨询业务试行办法》第二十三条和第二十五条的规定,选项A、选项B和选项D表述正确,选项C表述错误。

第五章　监督管理和法律责任（理解） ▶▶

第二十八条　期货公司应当按照规定的内容与格式要求，每月向住所地中国证监会派出机构报送期货投资咨询业务信息。

第二十九条　期货公司首席风险官负责监督期货投资咨询业务管理制度的制定和执行，对期货投资咨询业务的合规性定期检查，并依法履行督促整改和报告职责。

期货公司首席风险官向住所地中国证监会派出机构报送的季度报告、年度报告中，应当包括本公司期货投资咨询业务的合规性及其检查情况，并重点就防范利益冲突作出说明。

第三十条　中国证监会及其派出机构按照审慎监管原则，定期或者不定期对期货公司期货投资咨询业务进行检查。

第三十一条　期货公司未取得规定资格从事期货投资咨询业务活动的，或者任用不具备相应资格的人员从事期货投资咨询业务活动的，责令改正；情节严重的，根据《期货交易管理条例》第七十条的规定处罚。

第三十二条　期货公司或其从业人员开展期货投资咨询业务出现下列情形之一的，中国证监会及其派出机构可以针对具体情况，根据《期货交易管理条例》第五十九条[①]的规定采取相应监管措施：

（一）对期货投资咨询服务能力进行虚假、误导性宣传，欺诈或者误导客户；

（二）高级管理人员缺位或者业务部门人员低于规定要求；

（三）以个人名义为客户提供期货投资咨询服务；

（四）违反本办法第十三条规定；

（五）未按照规定建立防范利益冲突的管理制度、机制；

（六）未有效执行防范利益冲突管理制度、机制且处置失当，导致发生重大利益冲突事件；

（七）利用研究报告、资讯信息为自身及其他利益相关方谋取不当利益；

（八）其他不符合本办法规定的情形。

期货公司或其从业人员出现前款所列情形之一，情节严重的，根据《期货交易管理条例》第七十条、第七十一条、第七十三条、第七十四条[②]相关规定处罚；涉嫌犯罪的，依法移送司法机关。

第六章　附　则（理解） ▶▶

第三十三条　期货公司基于期货经纪业务向客户提供咨询、培训等附属服务的，应当遵守期货法规、规章的相关规定。

第三十四条　期货公司及其从业人员通过报刊、电视、电台和网络等公共媒体开展期货行情分析等信息传播活动的，应当取得期货投资咨询业务资格及从业资格，遵守金融信息传播相关规定，保护他人的知识产权；在开展期货信息传播活动前，期货公司及其从业人员应当向住所地的中国证监会派出机构备案。

第三十五条　证券经营机构从事期货投资咨询业务活动的资格条件和监管要求等由中国证监会另行规定。

第三十六条　本办法自 2011 年 5 月 1 日起施行。

考查概率：30%，所占分值为 0.5 分左右。

考试题型：主要以单选题的形式出现。

考查重点：第二十八条。

①② 此处的《期货交易管理条例》第五十九条、第七十条、第七十一条、第七十三条、第七十四条，分别为现行《期货交易管理条例》第五十五条、第六十六条、第六十七、第六十九、第七十条。

考查概率：25%，所占分值为 0.5 分左右。

考试题型：主要以单选题的形式出现。

考查重点：第三十四条。

证券期货经营机构私募资产管理业务管理办法

《证券期货经营机构私募资产管理业务管理办法》已经中国证券监督管理委员会2018年第8次主席办公会议审议通过，现予公布，自公布之日起施行。

中国证券监督管理委员会主席：刘士余
2018年10月22日

第一章 总 则（理解）

第一条 为规范证券期货经营机构私募资产管理业务，保护投资者及相关当事人的合法权益，维护证券期货市场秩序，根据《中华人民共和国证券法》、《中华人民共和国证券投资基金法》（以下简称《证券投资基金法》）、《证券公司监督管理条例》、《期货交易管理条例》、《关于规范金融机构资产管理业务的指导意见》（银发〔2018〕106号，以下简称《指导意见》）及相关法律法规，制定本办法。

第二条 在中华人民共和国境内，证券期货经营机构非公开募集资金或者接受财产委托，设立私募资产管理计划（以下简称资产管理计划）并担任管理人，由托管机构担任托管人，依照法律法规和资产管理合同的约定，为投资者的利益进行投资活动，适用本办法。

本办法所称证券期货经营机构，是指证券公司、基金管理公司、期货公司及前述机构依法设立的从事私募资产管理业务的子公司。

证券期货经营机构非公开募集资金开展资产证券化业务，由中国证券监督管理委员会（以下简称中国证监会）另行规定。

第三条 证券期货经营机构从事私募资产管理业务，应当遵循自愿、公平、诚实信用和客户利益至上原则，恪尽职守，谨慎勤勉，维护投资者合法权益，服务实体经济，不得损害国家利益、社会公共利益和他人合法权益。

证券期货经营机构应当遵守审慎经营规则，制定科学合理的投资策略和风险管理制度，有效防范和控制风险，确保业务开展与资本实力、管理能力及风险控制水平相适应。

第四条 证券期货经营机构不得在表内从事私募资产管理业务，不得以任何方式向投资者承诺本金不受损失或者承诺最低收益。

投资者参与资产管理计划，应当根据自身能力审慎决策，独立承担投资风险。

第五条 证券期货经营机构从事私募资产管理业务，应当实行集中运营管理，建立健全内部控制和合规管理制度，采取有效措施，将私募资产管理业务与公司其他业务分开管理，控制敏感信息的不当流动和使用，防范内幕交易、利用未公开信息交易、利益冲突和利益输送。

第六条① 资产管理计划财产的债务由资产管理计划财产本身承担，投资者以其出资为限对资产管理计划财产的债务承担责任。但资产管理合同依照《证券投资基金法》另有约定的，从其约定。

资产管理计划财产独立于证券期货经营机构和托管人的固有财产，并独立于证券期货经营机构管理的和托管人托管的其他财产。证券期货经营机构、托管人不得将资产管理计划财产归入其固有财产。

第七条 中国证监会及其派出机构依据法律、行政法规和本办法的规定，对证券期货经营机构私募资产管理业务实施监督管理。

第八条 证券交易场所、期货交易所、证券登记结算机构、中国证券业协会（以下简称证券业协会）、中国期货业协会（以下简称期货业协会）、中国证券投资基金业协会（以下简称证

👍 **考查概率**：40%，所占分值约为0.5分。
考试题型：偶尔会出单选题或判断题。
考查重点：第四条、第六条。

💡 ①证券期货经营机构、托管人因资产管理计划财产的管理、运用或者其他情形而取得的财产和收益，归入资产管理计划财产。证券期货经营机构、托管人因依法解散、被依法撤销或者被依法宣告破产等原因进行清算的，资产管理计划财产不属于其清算财产。非因资产管理计划本身的债务或者法律规定的其他情形，不得查封、冻结、扣划或者强制执行资产管理计划财产。

券投资基金业协会)依照法律、行政法规和中国证监会的规定,对证券期货经营机构私募资产管理业务实施自律管理。

第二章　业务主体(掌握)

第九条　证券期货经营机构从事私募资产管理业务,应当依法经中国证监会批准。法律、行政法规和中国证监会另有规定的除外。

第十条①　证券期货经营机构从事私募资产管理业务,应当符合以下条件:

(一)净资产、净资本等财务和风险控制指标符合法律、行政法规和中国证监会的规定;

(二)法人治理结构良好,内部控制、合规管理、风险管理制度完备;

(三)具备符合条件的高级管理人员和三名以上投资经理;

(四)具有投资研究部门,且专职从事投资研究的人员不少于三人;

(五)具有符合要求的营业场所、安全防范设施、信息技术系统;

(六)最近两年未因重大违法违规行为被行政处罚或者刑事处罚,最近一年未因重大违法违规行为被监管机构采取行政监管措施,无因涉嫌重大违法违规正受到监管机构或有权机关立案调查的情形;

(七)中国证监会根据审慎监管原则规定的其他条件。

第十一条　证券期货经营机构从事私募资产管理业务,应当履行以下管理人职责:

(一)依法办理资产管理计划的销售、登记、备案事宜;

(二)对所管理的不同资产管理计划的受托财产分别管理、分别记账,进行投资;

(三)按照资产管理合同的约定确定收益分配方案,及时向投资者分配收益;

(四)进行资产管理计划会计核算并编制资产管理计划财务会计报告;

(五)依法计算并披露资产管理计划净值,确定参与、退出价格;

(六)办理与受托财产管理业务活动有关的信息披露事项;

(七)保存受托财产管理业务活动的记录、账册、报表和其他相关资料;

(八)以管理人名义,代表投资者利益行使诉讼权利或者实施其他法律行为;

(九)法律、行政法规和中国证监会规定的其他职责。

第十二条　投资经理应当依法取得从业资格,具有三年以上投资管理、投资研究、投资咨询等相关业务经验,具备良好的诚信记录和职业操守,且最近三年未被监管机构采取重大行政监管措施、行政处罚。

第十三条　证券期货经营机构应当将受托财产交由依法取得基金托管资格的托管机构实施独立托管。法律、行政法规和中国证监会另有规定的除外。

托管人应当履行下列职责:

(一)安全保管资产管理计划财产;

(二)按照规定开设资产管理计划的托管账户,不同托管账户中的财产应当相互独立;

(三)按照资产管理合同约定,根据管理人的投资指令,及时办理清算、交割事宜;

(四)建立与管理人的对账机制,复核、审查管理人计算的资产管理计划资产净值和资产管理计划参与、退出价格;

(五)监督管理人的投资运作,发现管理人的投资或清算指令违反法律、行政法规、中国证监会的规定或者资产管理合同约定的,应当拒绝执行,并向中国证监会相关派出机构和证券投资基金业协会报告;

(六)办理与资产管理计划托管业务活动有关的信息披露事项;

(七)对资产管理计划财务会计报告、年度报告出具意见;

(八)保存资产管理计划托管业务活动的记录、账册、报表和其他相关资料;

考查概率:60%,所占分值在1分左右。

考试题型:主要出单选题或多选题。

考查重点:第十条、第十三条、第十七条。

①证券公司、基金管理公司、期货公司设立子公司从事私募资产管理业务,并由其投资研究部门为子公司提供投资研究服务的,视为符合第(四)项规定的条件。

时间类信息属于考试常考点,考生需关注。

(九)对资产管理计划投资信息和相关资料承担保密责任,除法律、行政法规、规章规定或者审计要求、合同约定外,不得向任何机构或者个人提供相关信息和资料;

(十)法律、行政法规和中国证监会规定的其他职责。

第十四条 证券期货经营机构可以自行销售资产管理计划,也可以委托具有基金销售资格的机构(以下简称销售机构)销售或者推介资产管理计划。

销售机构应当依法、合规销售或者推介资产管理计划。

第十五条 证券期货经营机构可以自行办理资产管理计划份额的登记、估值、核算,也可以委托中国证监会认可的其他机构代为办理。

第十六条① 证券期货经营机构从事私募资产管理业务,可以聘请符合中国证监会规定条件并接受国务院金融监督管理机构监管的机构为其提供投资顾问服务。证券期货经营机构依法应当承担的责任不因聘请投资顾问而免除。

第十七条 证券期货经营机构、托管人、投资顾问及相关从业人员不得有下列行为:

(一)利用资产管理计划从事内幕交易、操纵市场或者其他不当、违法的证券期货业务活动;

(二)泄露因职务便利获取的未公开信息、利用该信息从事或者明示、暗示他人从事相关交易活动;

(三)为违法或者规避监管的证券期货业务活动提供交易便利;

(四)从事非公平交易、利益输送等损害投资者合法权益的行为;

(五)利用资产管理计划进行商业贿赂;

(六)侵占、挪用资产管理计划财产;

(七)利用资产管理计划或者职务便利为投资者以外的第三方谋取不正当利益;

(八)直接或者间接向投资者返还管理费;

(九)以获取佣金或者其他不当利益为目的,使用资产管理计划财产进行不必要的交易;

(十)法律、行政法规和中国证监会规定禁止的其他行为。

①证券期货经营机构应当向投资者详细披露所聘请投资顾问的资质、收费等情况,以及更换、解聘投资顾问的条件和程序,充分揭示聘请投资顾问可能产生的特定风险。证券期货经营机构不得聘请个人或者不符合条件的机构提供投资顾问服务。

母题精选

【单选题】证券期货经营机构从事私募资产管理业务,不符合条件的是( )。

A.法人治理结构良好,内部控制、合规管理、风险管理制度完备

B.具备符合条件的高级管理人员和三名以上投资经理

C.具有投资研究部门,且专职从事投资研究的人员不少于三人

D.最近一年未因重大违法违规行为被行政处罚或者刑事处罚,最近半年未因重大违法违规行为被监管机构采取行政监管措施

【答案】D 【解析】根据《证券期货经营机构私募资产管理业务管理办法》第十条的规定,选项D不正确。

【单选题】证券期货经营机构、托管人、投资顾问及相关从业人员不允许的行为不包括( )。

A.泄露因职务便利获取的未公开信息、利用该信息从事或者明示、暗示他人从事相关交易活动

B.为违法或者规避监管的证券期货业务活动提供交易便利

C.以管理人名义,代表投资者利益行使诉讼权利或者实施其他法律行为

D.以获取佣金或者其他不当利益为目的,使用资产管理计划财产进行不必要的交易

【答案】C 【解析】根据《证券期货经营机构私募资产管理业务管理办法》第十七条的规定,选项C不正确。

第三章 业务形式（理解）

第十八条 证券期货经营机构可以为单一投资者设立单一资产管理计划，也可以为多个投资者设立集合资产管理计划。

集合资产管理计划的投资者人数不少于二人，不得超过二百人。

第十九条 单一资产管理计划可以接受货币资金委托，或者接受投资者合法持有的股票、债券或中国证监会认可的其他金融资产委托。集合资产管理计划原则上应当接受货币资金委托，中国证监会认可的情形除外。

证券登记结算机构应当按照规定为接受股票、债券等证券委托的单一资产管理计划办理证券非交易过户等手续。

第二十条 资产管理计划应当具有明确、合法的投资方向，具备清晰的风险收益特征，并区分最终投向资产类别，按照下列规定确定资产管理计划所属类别：

（一）投资于存款、债券等债权类资产的比例不低于资产管理计划总资产80%的，为固定收益类；

（二）投资于股票、未上市企业股权等股权类资产的比例不低于资产管理计划总资产80%的，为权益类；

（三）投资于商品及金融衍生品的持仓合约价值的比例不低于资产管理计划总资产80%，且衍生品账户权益超过资产管理计划总资产20%的，为商品及金融衍生品类；

（四）投资于债权类、股权类、商品及金融衍生品类资产的比例未达到前三类产品标准的，为混合类。

第二十一条 根据资产管理计划的类别、投向资产的流动性及期限特点、投资者需求等因素，证券期货经营机构可以设立存续期间办理参与、退出的开放式资产管理计划，或者存续期间不办理参与和退出的封闭式资产管理计划。

开放式资产管理计划应当明确投资者参与、退出的时间、次数、程序及限制事项。开放式集合资产管理计划每三个月至多开放一次计划份额的参与、退出，中国证监会另有规定的除外。

第二十二条① 单一资产管理计划可以不设份额，集合资产管理计划应当设定为均等份额。

开放式集合资产管理计划不得进行份额分级。封闭式集合资产管理计划可以根据风险收益特征对份额进行分级。同级份额享有同等权益、承担同等风险。分级资产管理计划优先级与劣后级的比例应当符合法律、行政法规和中国证监会的规定。

第二十三条 证券期货经营机构可以设立基金中基金资产管理计划，将80%以上的资产管理计划资产投资于接受国务院金融监督管理机构监管的机构发行的资产管理产品，但不得违反本办法第四十四条、第四十五条以及中国证监会的其他规定。

证券期货经营机构应当向投资者充分披露基金中基金资产管理计划所投资资产管理产品的选择标准、资产管理计划发生的费用、投资管理人及管理人关联方所设立的资产管理产品的情况。

本办法所称关联方按照《企业会计准则》的规定确定。

第二十四条 证券期货经营机构可以设立管理人中管理人资产管理计划，具体规则由中国证监会另行制定。

👍 考查概率：30%，所占分值约为0.5分。
考试题型：主要出单选题或多选题。
考查重点：第十八条、第二十条。

💡 第二十条需考生重点记忆。

💡 ①分级资产管理计划的名称应当包含"分级"或"结构化"字样，证券期货经营机构应当向投资者充分披露资产管理计划的分级设计及相应风险、收益分配、风险控制等信息。

母题精选

【单选题】下列关于资产管理计划所属类别的规定,不正确的是( )。

　　A. 投资于存款、债券等债权类资产的比例不低于资产管理计划总资产80%的,为固定收益类

　　B. 投资于股票、未上市企业股权等股权类资产的比例不低于资产管理计划总资产80%的,为权益类

　　C. 投资于商品及金融衍生品的持仓合约价值的比例不低于资产管理计划总资产80%,且衍生品账户权益超过资产管理计划总资产10%的,为商品及金融衍生品类

　　D. 投资于债权类、股权类、商品及金融衍生品类资产的比例未达到固定收益类、权益类、商品及金融衍生品类产品标准的,为混合类

【答案】C　【解析】投资于商品及金融衍生品的持仓合约价值的比例不低于资产管理计划总资产80%,且衍生品账户权益超过资产管理计划总资产20%的,为商品及金融衍生品类,选项C不正确。

第四章　非公开募集(掌握)

第二十五条①　资产管理计划应当以非公开方式向合格投资者募集。

　　证券期货经营机构、销售机构不得公开或变相公开募集资产管理计划,不得通过报刊、电台、电视、互联网等传播媒体或者讲座、报告会、传单、布告、自媒体等方式向不特定对象宣传具体资产管理计划。

　　任何单位和个人不得以拆分份额或者转让份额收(受)益权等方式,变相突破合格投资者标准或人数限制。

　　第二十六条　证券期货经营机构募集资产管理计划,应当与投资者、托管人签订资产管理合同。资产管理合同应当包括《证券投资基金法》第九十二条、第九十三条规定的内容。

　　资产管理合同应当对巨额退出、延期支付、延期清算、管理人变更或者托管人变更等或有事项,作出明确约定。

　　第二十七条②　证券期货经营机构和销售机构在募集资产管理计划过程中,应当按照中国证监会的规定,严格履行适当性管理义务,充分了解投资者,对投资者进行分类,对资产管理计划进行风险评级,遵循风险匹配原则,向投资者推荐适当的产品,禁止误导投资者购买与其风险承受能力不相符合的产品,禁止向风险识别能力和风险承受能力低于产品风险等级的投资者销售资产管理计划。

　　投资者应当以真实身份和自有资金参与资产管理计划,并承诺委托资金的来源符合法律、行政法规的规定。

　　第二十八条　销售机构应当在募集结束后<u>十个工作日内</u>,将销售过程中产生和保存的投资者信息及资料全面、准确、及时提供给证券期货经营机构。

　　资产管理计划存续期间持续销售的,销售机构应当在销售行为完成后<u>五个工作日内</u>,将销售过程中产生和保存的投资者信息及资料全面、准确、及时提供给证券期货经营机构。

　　第二十九条　集合资产管理计划募集期间,证券期货经营机构、销售机构应当在规定期限内,将投资者参与资金存入集合资产管理计划份额登记机构指定的专门账户。集合资产管理计划成立前,任何机构和个人不得动用投资者参与资金。

　　按照前款规定存入专门账户的投资者参与资金,独立于证券期货经营机构、销售机构的固有财产。非因投资者本身的债务或者法律规定的其他情形,不得查封、冻结、扣划或者强制

考查概率:50%,所占分值在1分左右。

考试题型:主要出单选题或多选题。

考查重点:第二十八条、第三十条、第三十三条。

①证券期货经营机构不得设立多个资产管理计划,同时投资于同一非标准化资产,以变相突破投资者人数限制或者其他监管要求。单一主体及其关联方的非标准化资产,视为同一非标准化资产。

②投资者未作承诺,或者证券期货经营机构、销售机构知道或者应当知道投资者身份不真实、委托资金来源不合法的,证券期货经营机构、销售机构不得接受其参与资产管理计划。

执行存入专门账户的投资者参与资金。

第三十条　集合资产管理计划成立应当具备下列条件：

（一）募集过程符合法律、行政法规和中国证监会的规定；

（二）募集金额达到资产管理合同约定的成立规模，且不违反中国证监会规定的最低成立规模；

（三）投资者人数不少于二人；

（四）符合中国证监会规定以及资产管理合同约定的其他条件。

第三十一条　集合资产管理计划的募集金额缴足之日起十个工作日内，证券期货经营机构应当委托具有证券相关业务资格的会计师事务所进行验资并出具验资报告。

集合资产管理计划在取得验资报告后，由证券期货经营机构公告资产管理计划成立；单一资产管理计划在受托资产入账后，由证券期货经营机构书面通知投资者资产管理计划成立。

第三十二条①　证券期货经营机构应当在资产管理计划成立之日起五个工作日内，将资产管理合同、投资者名单与认购金额、验资报告或者资产缴付证明等材料报证券投资基金业协会备案，并抄报中国证监会相关派出机构。

第三十三条　证券期货经营机构应当在资产管理合同约定的募集期内，完成集合资产管理计划的募集。募集期届满，集合资产管理计划未达到本办法第三十条规定的成立条件的，证券期货经营机构应当承担下列责任：

（一）以其固有财产承担因募集行为而产生的债务和费用；

（二）在募集期届满后三十日内返还投资者已缴纳的款项，并加计银行同期活期存款利息。

第三十四条　证券期货经营机构以自有资金参与集合资产管理计划，应当符合法律、行政法规和中国证监会的规定，并按照《中华人民共和国公司法》和公司章程的规定，获得公司股东会、董事会或者其他授权程序的批准。

证券期货经营机构自有资金所持的集合资产管理计划份额，应当与投资者所持的同类份额享有同等权益、承担同等风险。

第三十五条　投资者可以通过证券交易所以及中国证监会认可的其他方式，向合格投资者转让其持有的集合资产管理计划份额，并按规定办理份额变更登记手续。转让后，持有资产管理计划份额的合格投资者合计不得超过二百人。

证券期货经营机构应当在集合资产管理计划份额转让前，对受让人的合格投资者身份和资产管理计划的投资者人数进行合规性审查。受让方首次参与集合资产管理计划的，应当先与证券期货经营机构、托管人签订资产管理合同。

证券期货经营机构、交易场所不得通过办理集合资产管理计划的份额转让，公开或变相公开募集资产管理计划。

①资产管理计划完成备案前不得开展投资活动，以现金管理为目的，投资于银行活期存款、国债、中央银行票据、政策性金融债、地方政府债券、货币市场基金等中国证监会认可的投资品种的除外。
证券投资基金业协会应当制定资产管理计划备案规则，明确工作程序和期限，并向社会公开。

💡 母题精选

【单选题】销售机构应当在募集结束后（　　）个工作日内，资产管理计划存续期间持续销售的，销售机构应当在销售行为完成后（　　）个工作日内，将销售过程中产生和保存的投资者信息及资料全面、准确、及时提供给证券期货经营机构。

　　　　　A. 十；十　　　　　B. 十；五　　　　　C. 五；五　　　　　D. 五；十

【答案】B　【解析】根据《证券期货经营机构私募资产管理业务管理办法》第二十八条的规定，选项B正确。

第五章　投资运作（重点掌握）

第三十六条　证券期货经营机构设立集合资产管理计划进行投资，除中国证监会另有规定外，应当采用资产组合的方式。

资产组合的具体方式和比例，依照法律、行政法规和中国证监会的规定在资产管理合同中约定。

第三十七条　资产管理计划可以投资于以下资产：

（一）银行存款、同业存单，以及符合《指导意见》规定的标准化债权类资产，包括但不限于在证券交易所、银行间市场等国务院同意设立的交易场所交易的可以划分为均等份额、具有合理公允价值和完善流动性机制的债券、中央银行票据、资产支持证券、非金融企业债务融资工具等；

（二）上市公司股票、存托凭证，以及中国证监会认可的其他标准化股权类资产；

（三）在证券期货交易所等国务院同意设立的交易场所集中交易清算的期货及期权合约等标准化商品及金融衍生品类资产；

（四）公开募集证券投资基金（以下简称公募基金），以及中国证监会认可的比照公募基金管理的资产管理产品；

（五）第（一）至（三）项规定以外的非标准化债权类资产、股权类资产、商品及金融衍生品类资产；

（六）第（四）项规定以外的其他受国务院金融监督管理机构监管的机构发行的资产管理产品；

（七）中国证监会认可的其他资产。

前款第（一）项至第（四）项为标准化资产，第（五）项至第（六）项为非标准化资产。

中国证监会对证券期货经营机构从事私募资产管理业务投资于本条第一款第（五）项规定资产另有规定的，适用其规定。

第三十八条　资产管理计划可以依法参与证券回购、融资融券、转融通以及中国证监会认可的其他业务。法律、行政法规和中国证监会另有规定的除外。

证券期货经营机构可以依法设立资产管理计划在境内募集资金，投资于中国证监会认可的境外金融产品。

第三十九条　资产管理计划不得直接投资商业银行信贷资产；不得违规为地方政府及其部门提供融资，不得要求或者接受地方政府及其部门违规提供担保；不得直接或者间接投资法律、行政法规和国家政策禁止投资的行业或领域。

第四十条①　资产管理计划存续期间，证券期货经营机构应当严格按照法律、行政法规、中国证监会规定以及合同约定的投向和比例进行资产管理计划的投资运作。

资产管理计划改变投向和比例的，应当事先取得投资者同意，并按规定履行合同变更程序。

第四十一条　证券期货经营机构应当确保资产管理计划所投资的资产组合的流动性与资产管理合同约定的参与、退出安排相匹配，确保在开放期保持适当比例的现金或者其他高流动性金融资产，且限制流动性受限资产投资比例。

第四十二条　资产管理计划的总资产不得超过该计划净资产的200%，分级资产管理计划的总资产不得超过该计划净资产的140%。

第四十三条　证券期货经营机构应当对资产管理计划实行净值化管理，确定合理的估值方法和科学的估值程序，真实公允地计算资产管理计划净值。

第四十四条　资产管理计划接受其他资产管理产品参与，证券期货经营机构应当切实履

考查概率：70%，所占分值在1分左右。

考试题型：主要出单选题或多选题。

考查重点：第三十七条、第四十二条、第四十六条。

①因证券期货市场波动、证券发行人合并、资产管理计划规模变动等证券期货经营机构之外的因素导致资产管理计划投资不符合法律、行政法规和中国证监会规定的投资比例或者合同约定的投资比例的，证券期货经营机构应当在流动性受限资产可出售、可转让或者恢复交易的十五个交易日内调整至符合相关要求。确有特殊事由未能在规定时间内完成调整的，证券期货经营机构应当及时向中国证监会相关派出机构和证券投资基金业协会报告。

行主动管理职责,不得进行转委托,不得再投资除公募基金以外的其他资产管理产品。

第四十五条 资产管理计划投资于其他资产管理产品的,应当明确约定所投资的资产管理产品不再投资除公募基金以外的其他资产管理产品。

资产管理计划投资于其他资产管理产品的,计算该资产管理计划的总资产时应当按照穿透原则合并计算所投资资产管理产品的总资产。

资产管理计划投资于其他私募资产管理产品的,该资产管理计划按照穿透原则合并计算的投资同一资产的比例以及投资同一或同类资产的金额,应当符合本办法及中国证监会相关规定。

资产管理计划应当按照所投资资产管理产品披露投资组合的频率,及时更新计算该资产管理计划所投资资产的金额或比例。证券期货经营机构不得将其管理的资产管理计划资产投资于该机构管理的其他资产管理计划,依法设立的基金中基金资产管理计划以及中国证监会另有规定的除外。

第四十六条 证券期货经营机构应当切实履行主动管理职责,不得有下列行为:

(一)为其他机构、个人或者资产管理产品提供规避投资范围、杠杆约束等监管要求的通道服务;

(二)在资产管理合同中约定由委托人或其指定第三方自行负责尽职调查或者投资运作;

(三)在资产管理合同中约定由委托人或其指定第三方下达投资指令或者提供投资建议;

(四)在资产管理合同中约定管理人根据委托人或其指定第三方的意见行使资产管理计划所持证券的权利;

(五)法律、行政法规和中国证监会禁止的其他行为。

母题精选

【多选题】证券期货经营机构应当切实履行主动管理职责,不允许的行为包括(　　)。

　　A. 为其他机构、个人或者资产管理产品提供规避投资范围、杠杆约束等监管要求的通道服务

　　B. 在资产管理合同中约定由委托人或其指定第三方自行负责尽职调查或者投资运作

　　C. 在资产管理合同中约定由委托人或其指定第三方下达投资指令或者提供投资建议

　　D. 在资产管理合同中约定管理人根据委托人或其指定第三方的意见行使资产管理计划所持证券的权利

【答案】ABCD　【解析】根据《证券期货经营机构私募资产管理业务管理办法》第四十六条的规定,选项 A、选项 B、选项 C 和选项 D 均正确。

【多选题】资产管理计划可以投资的资产包括(　　)。

　　A. 银行存款、同业存单

　　B. 上市公司股票、存托凭证

　　C. 标准化债权类资产、股权类资产、商品及金融衍生品类资产

　　D. 公开募集证券投资基金

【答案】ABCD　【解析】根据《证券期货经营机构私募资产管理业务管理办法》第三十七条的规定,选项 A、选项 B、选项 C 和选项 D 均正确。

第六章　信息披露（重点掌握）

考查概率：80%，所占分值在1分左右。

考试题型：主要出单选题或多选题。

考查重点：第四十七条、第五十条、第五十一条。

第四十七条　证券期货经营机构、托管人、销售机构和其他信息披露义务人应当依法披露资产管理计划信息,保证所披露信息的真实性、准确性、完整性、及时性,确保投资者能够按照资产管理合同约定的时间和方式查阅或者复制所披露的信息资料。

第四十八条　资产管理计划应向投资者提供下列信息披露文件：

（一）资产管理合同、计划说明书和风险揭示书；

（二）资产管理计划净值,资产管理计划参与、退出价格；

（三）资产管理计划定期报告,至少包括季度报告和年度报告；

（四）重大事项的临时报告；

（五）资产管理计划清算报告；

（六）中国证监会规定的其他事项。

证券期货经营机构向投资者提供的信息披露文件,应当及时报送中国证监会相关派出机构、证券投资基金业协会。

信息披露文件的内容与格式指引由中国证监会或者授权证券投资基金业协会另行制定。

第四十九条　证券期货经营机构募集资产管理计划,除向投资者提供资产管理合同外,还应当制作计划说明书和风险揭示书,详细说明资产管理计划管理和运作情况,充分揭示资产管理计划的各类风险。

计划说明书披露的信息应当与资产管理合同内容一致。销售机构应当使用证券期货经营机构制作的计划说明书和其他销售材料,不得擅自修改或者增减材料。

风险揭示书应当作为资产管理计划合同的一部分交由投资者签字确认。

第五十条[①]　资产管理计划运作期间,证券期货经营机构应当按照以下要求向投资者提供相关信息：

（一）投资标准化资产的资产管理计划至少每周披露一次净值,投资非标准化资产的资产管理计划至少每季度披露一次净值；

（二）开放式资产管理计划净值的披露频率不得低于资产管理计划的开放频率,分级资产管理计划应当披露各类别份额净值；

（三）每季度结束之日起一个月内披露季度报告,每年度结束之日起四个月内披露年度报告；

（四）发生资产管理合同约定的或者可能影响投资者利益的重大事项时,在事项发生之日起五日内向投资者披露；

（五）中国证监会规定的其他要求。

第五十一条　披露资产管理计划信息,不得有下列行为：

（一）虚假记载、误导性陈述或者重大遗漏；

（二）对投资业绩进行预测,或者宣传预期收益率；

（三）承诺收益,承诺本金不受损失或者限定损失金额或比例；

（四）夸大或者片面宣传管理人、投资经理及其管理的资产管理计划的过往业绩；

（五）恶意诋毁、贬低其他资产管理人、托管人、销售机构或者其他资产管理产品；

①资产管理计划成立不足三个月或者存续期间不足三个月的,证券期货经营机构可以不编制资产管理计划当期的季度报告和年度报告。

（六）中国证监会禁止的其他情形。

第五十二条　集合资产管理计划年度财务会计报告应当经具有证券相关业务资格的会计师事务所审计,审计机构应当对资产管理计划会计核算及净值计算等出具意见。

● 母 题 精 选

【多选题】证券期货经营机构、托管人、销售机构和其他信息披露义务人应当依法披露资产管理计划信息,保证所披露信息的(　　)。

A. 真实性　　　　　B. 一致性　　　　　C. 完整性　　　　　D. 及时性

【答案】ACD　【解析】证券期货经营机构、托管人、销售机构和其他信息披露义务人应当依法披露资产管理计划信息,保证所披露信息的真实性、准确性、完整性、及时性。选项 A、选项 C 和选项 D 正确。

第七章　变更、终止与清算（掌握）　»

第五十三条　资产管理合同需要变更的,证券期货经营机构应当按照资产管理合同约定的方式取得投资者和托管人的同意,保障投资者选择退出资产管理计划的权利,对相关后续事项作出公平、合理安排。

证券期货经营机构应当自资产管理合同变更之日起五个工作日内报证券投资基金业协会备案,并抄报中国证监会相关派出机构。

第五十四条　资产管理计划展期应当符合下列条件:

（一）资产管理计划运作规范,证券期货经营机构、托管人未违反法律、行政法规、中国证监会规定和资产管理合同的约定;

（二）资产管理计划展期没有损害投资者利益的情形;

（三）中国证监会规定的其他条件。

集合资产管理计划展期的,还应当符合集合资产管理计划的成立条件。

第五十五条①　有下列情形之一的,资产管理计划终止:

（一）资产管理计划存续期届满且不展期;

（二）证券期货经营机构被依法撤销资产管理业务资格或者依法解散、被撤销、被宣告破产,且在六个月内没有新的管理人承接;

（三）托管人被依法撤销基金托管资格或者依法解散、被撤销、被宣告破产,且在六个月内没有新的托管人承接;

（四）经全体投资者、证券期货经营机构和托管人协商一致决定终止的;

（五）发生资产管理合同约定的应当终止的情形;

（六）集合资产管理计划存续期间,持续五个工作日投资者少于二人;

（七）法律、行政法规及中国证监会规定的其他情形。

第五十六条②　资产管理计划终止的,证券期货经营机构应当在发生终止情形之日起五个工作日内开始组织清算资产管理计划财产。

证券期货经营机构应当在资产管理计划清算结束后五个工作日内将清算结果报证券投资基金业协会备案,并抄报中国证监会相关派出机构。

资产管理计划因委托财产流动性受限等原因延期清算的,证券期货经营机构应当及时向

考查概率:50%,所占分值在 1 分左右。

考试题型:主要出单选题或多选题。

考查重点:第五十五条、第五十七条。

① 证券期货经营机构应当自资产管理计划终止之日起五个工作日内报证券投资基金业协会备案,并抄报中国证监会相关派出机构。

② 清算后的剩余财产,集合资产管理计划应当按照投资者持有份额占总份额的比例或者资产管理合同的约定,以货币资金形式分配给投资者,中国证监会另有规定的除外;单一资产管理计划应当按照合同约定的形式将全部财产交还投资者自行管理。

中国证监会相关派出机构和证券投资基金业协会报告。

第五十七条 证券期货经营机构、托管人、销售机构等机构应当按照法律、行政法规和中国证监会的规定保存资产管理计划的会计账册，妥善保存有关的合同、协议、交易记录等文件、资料和数据，任何人不得隐匿、伪造、篡改或者销毁。保存期限自资产管理计划终止之日起不少于二十年。

母题精选

【多选题】以下会导致资产管理计划终止的情形包括(　　)。
A. 资产管理计划存续期届满且不展期
B. 证券期货经营机构被依法撤销资产管理业务资格或者依法解散、被撤销、被宣告破产，且在六个月内没有新的管理人承接
C. 托管人被依法撤销基金托管资格或者依法解散、被撤销、被宣告破产，且在六个月内没有新的托管人承接
D. 集合资产管理计划存续期间，持续五个工作日投资者少于二人

【答案】ABCD　【解析】根据《证券期货经营机构私募资产管理业务管理办法》第五十五条的规定，选项A、选项B、选项C和选项D均正确。

第八章　风险管理与内部控制(掌握)

考查概率：60%，所占分值约为1分。
考试题型：主要会出单选题或多选题。
考查重点：第六十八条、第七十条。

第五十八条 证券期货经营机构应当建立健全与私募资产管理业务相关的投资者适当性、投资决策、公平交易、会计核算、风险控制、合规管理、投诉处理等管理制度，覆盖私募资产管理业务的产品设计、募集、研究、投资、交易、会计核算、信息披露、清算、信息技术、投资者服务等各个环节，明确岗位职责和责任追究机制，确保各项制度流程得到有效执行。

第五十九条 证券期货经营机构应当采取有效措施，确保私募资产管理业务与其他业务在场地、人员、账户、资金、信息等方面相分离，不同投资经理管理的资产管理计划的持仓和交易等重大非公开投资信息相隔离，控制敏感信息的不当流动和使用，切实防范内幕交易、利用未公开信息交易、利益冲突和利益输送。

第六十条 证券期货经营机构应当明确投资决策流程与授权管理制度，建立、维护投资对象与交易对手备选库，设定清晰的清算流程和资金划转路径，对资产管理计划账户日常交易情况进行风险识别、监测，严格执行风险控制措施和投资交易复核程序，保证投资决策按照法律、行政法规、中国证监会的规定以及合同约定执行。

投资经理应当在授权范围内独立、客观地履行职责，重要投资应当有详细的研究报告和风险分析支持。

第六十一条① 证券期货经营机构应当建立健全信用风险管理制度，对信用风险进行准确识别、审慎评估、动态监控、及时应对和全程管理。

第六十二条 资产管理计划投资于本办法第三十七条第(五)项规定资产的，证券期货经营机构应当建立专门的质量控制制度，进行充分尽职调查并制作书面报告，设置专岗负责投后管理、信息披露等事宜，动态监测风险。

第六十三条 证券期货经营机构应当建立健全流动性风险监测、预警与应急处置制度，

①证券期货经营机构应当对投资对象、交易对手开展必要的尽职调查，实施严格的准入管理和交易额度管理，评估并持续关注证券发行人、融资主体和交易对手的资信状况，以及担保物状况、增信措施和其他保障措施的有效性。出现可能影响投资者权益的事项，证券期货经营机构应当及时采取申请追加担保、依法申请财产保全等风险控制措施。

将私募资产管理业务纳入常态化压力测试机制,压力测试应当至少每季度进行一次。

证券期货经营机构应当结合市场状况和自身管理能力制定并持续更新流动性风险应急预案,明确预案触发情景、应急程序与措施、应急资金来源、公司董事会、管理层及各部门职责与权限等。

第六十四条　证券期货经营机构应当建立公平交易制度及异常交易监控机制,公平对待所管理的不同资产,对投资交易行为进行监控、分析、评估、核查,监督投资交易的过程和结果,保证公平交易原则的实现,不得开展可能导致不公平交易和利益输送的交易行为。

证券期货经营机构应当对不同资产管理计划之间发生的同向交易和反向交易进行监控。同一资产管理计划不得在同一交易日内进行反向交易。确因投资策略或流动性等需要发生同日反向交易的,应要求投资经理提供决策依据,并留存书面记录备查。

资产管理计划依法投资于本办法第三十七条第(三)项规定资产的,在同一交易日内进行反向交易的,不受前款规定限制。

第六十五条　证券期货经营机构的自营账户、资产管理计划账户、作为投资顾问管理的产品账户之间,以及不同资产管理计划账户之间,不得发生交易,有充分证据证明进行有效隔离并且价格公允的除外。

子公司从事私募资产管理业务的,证券期货经营机构的自营账户、资产管理计划账户以及作为投资顾问管理的产品账户与子公司的资产管理计划账户之间的交易,适用本条规定。

第六十六条　证券期货经营机构应当建立健全关联交易管理制度,对关联交易认定标准、交易定价方法、交易审批程序进行规范,不得以资产管理计划的资产与关联方进行不正当交易、利益输送、内幕交易和操纵市场。

证券期货经营机构以资产管理计划资产从事重大关联交易的,应当遵守法律、行政法规、中国证监会的规定和合同约定,事先取得投资者的同意,事后及时告知投资者和托管人,并向中国证监会相关派出机构和证券投资基金业协会报告,投资于证券期货的关联交易还应当向证券期货交易所报告。

第六十七条　证券期货经营机构应当建立健全信息披露管理制度,设置专门部门或者专岗负责信息披露工作,明确负责的高级管理人员,并建立复核机制,通过规范渠道向投资者披露有关信息,还应当定期对信息披露工作的真实性、准确性、完整性、及时性等进行评估。

第六十八条　证券期货经营机构和托管人应当加强对私募资产管理业务从业人员的管理,加强关键岗位的监督与制衡,投资经理、交易执行、风险控制等岗位不得相互兼任,并建立从业人员投资申报、登记、审查、处置等管理制度,防范与投资者发生利益冲突。

证券期货经营机构应当完善长效激励约束机制,不得以人员挂靠、业务包干等方式从事私募资产管理业务。

证券期货经营机构分管私募资产管理业务的高级管理人员、私募资产管理业务部门负责人以及投资经理离任的,证券期货经营机构应当立即对其进行离任审查,并自离任之日起三十个工作日内将审查报告报送中国证监会相关派出机构和证券投资基金业协会。

第六十九条　证券期货经营机构应当建立资产管理计划的销售机构和投资顾问的授权管理体系,明确销售机构和投资顾问的准入标准和程序,对相关机构资质条件、专业服务能力和风险管理制度等进行尽职调查,确保其符合法规规定。证券期货经营机构应当以书面方式明确界定双方的权利与义务,明确相关风险的责任承担方式。

证券期货经营机构应当建立对销售机构和投资顾问履职情况的监督评估机制,发现违法违规行为的,应当及时更换并报告中国证监会相关派出机构和证券投资基金业协会。

第七十条① 证券期货经营机构应当每月从资产管理计划管理费中计提风险准备金,或者按照法律、行政法规以及中国证监会的规定计算风险资本准备。

风险准备金主要用于弥补因证券期货经营机构违法违规、违反资产管理合同约定、操作错误或者技术故障等给资产管理计划资产或者投资者造成的损失。风险准备金计提比例不得低于管理费收入的10%,风险准备金余额达到上季末资产管理计划资产净值的1%时可以不再提取。

风险准备金的投资管理和使用,应当参照公募基金风险准备金监督管理有关规定执行。证券期货经营机构应当在私募资产管理业务管理年度报告中,对风险准备金的提取、投资管理、使用、年末结余等情况作专项说明。

第七十一条 证券期货经营机构合规管理和风险管理部门应当定期对私募资产管理业务制度及执行情况进行检查,发现违反法律、行政法规、中国证监会规定或者合同约定的,应当及时纠正处理,并向中国证监会及相关派出机构、证券投资基金业协会报告。

第七十二条 证券期货经营机构应当建立健全应急处理机制,对发生延期兑付、负面舆论、群体性事件等风险事件的处理原则、方案等作出明确规定,并指定高级管理人员负责实施。出现重大风险事件的,应当及时向中国证监会及相关派出机构、证券投资基金业协会报告。

> ① 计提风险准备金的证券期货经营机构,应当选定具有基金托管资格的商业银行开立专门的私募资产管理业务风险准备金账户,该账户不得与公募基金风险准备金账户及其他类型账户混用,不得存放其他性质资金。

母题精选

【单选题】风险准备金计提比例不得低于管理费收入的( ),风险准备金余额达到上季末资产管理计划资产净值的( )时可以不再提取。

    A.10% ;1%   B.20% ;1%   C.10% ;3%   D.20% ;5%

【答案】A 【解析】风险准备金计提比例不得低于管理费收入的10%,风险准备金余额达到上季末资产管理计划资产净值的1%时可以不再提取,选项A正确。

【单选题】证券期货经营机构分管私募资产管理业务的高级管理人员、私募资产管理业务部门负责人以及投资经理离任的,证券期货经营机构应当立即对其进行离任审查,并自离任之日起( )个工作日内将审查报告报送中国证监会相关派出机构和证券投资基金业协会。

    A.六十   B.三十   C.九十   D.十五

【答案】B 【解析】根据《证券期货经营机构私募资产管理业务管理办法》第六十八条的规定,选项B正确。

第九章　监督管理与法律责任(理解) »

第七十三条 证券期货经营机构应当于每月十日前向中国证监会及相关派出机构、证券投资基金业协会报送资产管理计划的持续募集情况、投资运作情况、资产最终投向等信息。

证券期货经营机构应当在每季度结束之日起一个月内,编制私募资产管理业务管理季度报告,并报中国证监会相关派出机构和证券投资基金业协会备案。证券期货经营机构、托管

> 考查概率:40%,所占分值为0~1分。
>
> **考试题型:**主要出单选题或多选题。
>
> **考查重点:**第七十三条、第八十条。

人应当在每年度结束之日起四个月内,分别编制私募资产管理业务管理年度报告和托管年度报告,并报中国证监会相关派出机构和证券投资基金业协会备案。

证券期货经营机构应当在私募资产管理业务管理季度报告和管理年度报告中,就本办法所规定的风险管理与内部控制制度在报告期内的执行情况等进行分析,并由合规负责人、风控负责人、总经理分别签署。

第七十四条　证券期货经营机构进行年度审计,应当同时对私募资产管理业务的内部控制情况进行审计。

证券期货经营机构应当在每年度结束之日起四个月内将前述审计结果报送中国证监会及相关派出机构、证券投资基金业协会。

第七十五条[①]　证券交易场所、期货交易所、中国期货市场监控中心(以下简称期货市场监控中心)应当对证券期货经营机构资产管理计划交易行为进行监控。发现存在重大风险、重大异常交易或者涉嫌违法违规事项的,应当及时报告中国证监会及相关派出机构。

第七十六条　中国证监会及其派出机构对证券期货经营机构、托管人、销售机构和投资顾问等服务机构从事私募资产管理及相关业务的情况,进行定期或者不定期的现场和非现场检查,相关机构应当予以配合。

中国证监会相关派出机构应当定期对辖区证券期货经营机构私募资产管理业务开展情况进行总结分析,纳入监管季度报告和年度报告,发现存在重大风险或者违规事项的,应当及时报告中国证监会。

第七十七条　中国证监会与中国人民银行、中国银行保险监督管理委员会建立监督管理信息共享机制,加强资产管理业务的统计信息共享。

中国证监会及其派出机构、证券交易场所、期货交易所、证券登记结算机构、期货市场监控中心、证券业协会、期货业协会、证券投资基金业协会应当加强证券期货经营机构私募资产管理业务数据信息共享。

证券交易场所、期货交易所、证券登记结算机构、期货市场监控中心、证券业协会、期货业协会、证券投资基金业协会应当按照中国证监会的要求,定期或者不定期提供证券期货经营机构私募资产管理业务专项统计、分析等数据信息。

中国证监会相关派出机构应当每月对证券期货经营机构资产管理计划备案信息和业务数据进行分析汇总,并按照本办法第七十六条的规定报告。

第七十八条　证券期货经营机构、托管人、销售机构和投资顾问等服务机构违反法律、行政法规、本办法及中国证监会其他规定的,中国证监会及相关派出机构可以对其采取责令改正、监管谈话、出具警示函、责令定期报告、暂不受理与行政许可有关的文件等行政监管措施;对直接负责的主管人员和其他直接责任人员,采取监管谈话、出具警示函、责令参加培训、认定为不适当人选等行政监管措施。

第七十九条[②]　证券公司及其子公司、基金管理公司及其子公司违反本办法规定构成公司治理结构不健全、内部控制不完善等情形的,对证券公司、基金管理公司及其直接负责的董事、监事、高级管理人员和其他直接责任人员,依照《证券投资基金法》第二十四条、《证券公司监督管理条例》第七十条采取行政监管措施。

期货公司及其子公司违反本办法规定被责令改正且逾期未改正,其行为严重危及期货公

[①] 证券投资基金业协会应当按照法律、行政法规和中国证监会规定对证券期货经营机构资产管理计划实施备案管理和监测监控。发现提交备案的资产管理计划不符合法律、行政法规和中国证监会规定的,不得予以备案,并报告中国证监会及相关派出机构;发现已备案的资产管理计划存在重大风险或者违规事项的,应当及时报告中国证监会及相关派出机构。

[②] 证券期货经营机构未尽合规审查义务,提交备案的资产管理计划明显或者频繁不符合法律、行政法规和中国证监会规定的,依照本条第一款、第二款规定,采取责令暂停私募资产管理业务三个月的行政监管措施;情节严重的,采取责令暂停私募资产管理业务六个月以上的行政监管措施。

司的稳健运行,损害客户合法权益,或者涉嫌严重违法违规正在被中国证监会及其派出机构调查的,依照《期货交易管理条例》第五十五条采取行政监管措施。

第八十条　证券期货经营机构、托管人、销售机构和投资顾问等服务机构有下列情形之一且情节严重的,除法律、行政法规另有规定外,给予警告,并处三万元以下罚款,对直接负责的主管人员和其他直接责任人员,给予警告,并处三万元以下罚款:

(一)违反本办法第三条至第六条规定的基本原则;

(二)违反本办法第十一条、第十三条的规定,未按规定履行管理人和托管人职责,或者从事第十七条所列举的禁止行为;

(三)违反本办法第十四条、第十六条的规定,聘请不符合条件的销售机构、投资顾问;

(四)违反本办法第二十二条关于产品分级的规定;

(五)违反本办法第二十五条、第二十六条、第二十七条、第二十八条、第二十九条、第三十条、第三十一条、第三十二条、第三十四条、第三十五条关于非公开募集的规定;

(六)违反本办法第五章关于投资运作的规定;

(七)违反本办法第四十七条、第四十八条、第五十条、第五十一条,未按照规定向投资者披露资产管理计划信息;

(八)未按照本办法第八章的规定建立健全和有效执行资产管理业务相关制度,内部控制或者风险管理不完善,引发较大风险事件或者存在重大风险隐患;

(九)违反本法第四十八条、第七十三条,未按照规定履行备案或者报告义务,导致风险扩散。

第八十一条　证券期货经营机构、托管人、销售机构和投资顾问等服务机构的相关从业人员违反法律、行政法规和本办法规定,情节严重的,中国证监会可以依法采取市场禁入措施。

第十章　附　则(了解)

考查概率:0%。

考试题型:基本不会考查,考生了解即可。

第八十二条　过渡期自本办法实施之日起至 2020 年 12 月 31 日。

过渡期内,证券期货经营机构应当自行制定整改计划,有序压缩不符合本办法规定的资产管理计划规模;对于不符合本办法规定的存量资产管理计划,其持有资产未到期的,证券期货经营机构可以设立老产品对接,或者予以展期。过渡期结束后,证券期货经营机构不得发行或者存续违反本办法规定的资产管理计划。

依据《证券公司客户资产管理业务管理办法》(证监会令第 93 号)、《证券公司定向资产管理业务实施细则》(证监会公告〔2012〕30 号)设立的存量定向资产管理计划投资于上市公司股票、挂牌公司股票的,其所持证券的所有权归属、权利行使、信息披露以及证券账户名称等不符合本办法规定的,不受前述过渡期期限的限制,但最晚应当在 2023 年 12 月 31 日前完成规范。

第八十三条　鼓励证券公司设立子公司从事私募资产管理业务,加强风险法人隔离。专门从事资产管理业务的证券公司除外。

鼓励证券公司设立子公司专门从事投资于本办法第三十七条第(五)项规定资产的私募

资产管理业务。

中国证监会依据审慎监管原则,对依照本条第一款、第二款规定设立子公司的证券公司,在分类评价、风险资本准备计算等方面实施差异化安排。

第八十四条　证券期货经营机构设立特定目的公司或者合伙企业从事私募资产管理业务的,参照适用本办法。

第八十五条　本办法自 2018 年 10 月 22 日起施行。《证券公司客户资产管理业务管理办法》(证监会令第 93 号)、《基金管理公司特定客户资产管理业务试点办法》(证监会令第 83 号)、《期货公司资产管理业务试点办法》(证监会令第 81 号)、《证券公司集合资产管理业务实施细则》(证监会公告〔2013〕28 号)、《证券公司定向资产管理业务实施细则》(证监会公告〔2012〕30 号)、《关于实施〈基金管理公司特定客户资产管理业务试点办法〉有关问题的规定》(证监会公告〔2012〕23 号)、《基金管理公司单一客户资产管理合同内容与格式准则》(证监会公告〔2012〕24 号)、《基金管理公司特定多个客户资产管理合同内容与格式准则》(证监会公告〔2012〕25 号)同时废止。

证券期货经营机构私募资产管理计划运作管理规定（重点掌握）

（中国证券监督管理委员会公告〔2018〕31号）

现公布《证券期货经营机构私募资产管理计划运作管理规定》，自公布之日起施行。

中国证监会

2018年10月22日

第一条 为规范证券期货经营机构私募资产管理计划（以下简称资产管理计划）运作，强化风险管控，保护投资者及相关当事人的合法权益，根据《中华人民共和国证券法》（以下简称《证券法》）、《中华人民共和国证券投资基金法》、《证券公司监督管理条例》、《期货交易管理条例》、《证券期货经营机构私募资产管理业务管理办法》（证监会令第151号，以下简称《管理办法》）、《关于规范金融机构资产管理业务的指导意见》（银发〔2018〕106号，以下简称《指导意见》）及相关法律法规，制定本规定。

第二条 证券期货经营机构资产管理计划募集、投资、风险管理、估值核算、信息披露以及其他运作活动，适用本规定。

本规定所称证券期货经营机构，是指证券公司、基金管理公司、期货公司及前述机构依法设立的从事私募资产管理业务的子公司。

第三条 资产管理计划应当向合格投资者非公开募集。合格投资者是指具备相应风险识别能力和风险承受能力，投资于单只资产管理计划不低于一定金额且符合下列条件的自然人、法人或者其他组织：

（一）具有2年以上投资经历，且满足下列三项条件之一的自然人：家庭金融净资产不低于300万元，家庭金融资产不低于500万元，或者近3年本人年均收入不低于40万元；

（二）最近1年末净资产不低于1000万元的法人单位；①

（三）依法设立并接受国务院金融监督管理机构监管的机构，包括证券公司及其子公司、基金管理公司及其子公司、期货公司及其子公司、在中国证券投资基金业协会（以下简称证券投资基金业协会）登记的私募基金管理人、商业银行、金融资产投资公司、信托公司、保险公司、保险资产管理机构、财务公司及中国证监会认定的其他机构；

（四）接受国务院金融监督管理机构监管的机构发行的资产管理产品；

（五）基本养老金、社会保障基金、企业年金等养老基金，慈善基金等社会公益基金，合格境外机构投资者（QFII）、人民币合格境外机构投资者（RQFII）；

（六）中国证监会视为合格投资者的其他情形。

合格投资者投资于单只固定收益类资产管理计划的金额不低于30万元，投资于单只混合类资产管理计划的金额不低于40万元，投资于单只权益类、商品及金融衍生品类资产管理计划的金额不低于100万元。资产管理计划投资于《管理办法》第三十七条第（五）项规定的非标准化资产的，接受单个合格投资者委托资金的金额不低于100万元。

资产管理计划接受其他资产管理产品参与的，不合并计算其他资产管理产品的投资者人数，但应当有效识别资产管理计划的实际投资者与最终资金来源。

第四条 证券期货经营机构、接受证券期货经营机构委托销售资产管理计划的机构（以

考查概率：70%，所占分值约为3分。

考试题型：一般出单选题或多选题。

考查重点：合格投资者具备的条件；份额登记机构保存登记数据的期限；资产管理计划的相关规定；私募证券投资基金管理人的条件；递延支付机制。

①规定中关于年份、金额的表述需要考生重点记忆，出选择题的可能性很大。

下简称销售机构)应当充分了解投资者的资金来源、个人及家庭金融资产、负债等情况,并采取必要手段进行核查验证,确保投资者符合本规定第三条规定的条件。

第五条 资产管理计划的初始募集规模不得低于 1000 万元。

集合资产管理计划的初始募集期自资产管理计划份额发售之日起不得超过 60 天,专门投资于未上市企业股权的集合资产管理计划的初始募集期自资产管理计划份额发售之日起不得超过 12 个月。

封闭式单一资产管理计划的投资者可以分期缴付委托资金,但应当在资产管理合同中事先明确约定分期缴付资金的数额、期限,且首期缴付资金不得少于 1000 万元,全部资金缴付期限自资产管理计划成立之日起不得超过 3 年。

第六条 证券期货经营机构募集资产管理计划,应当编制计划说明书,列明以下内容:

(一)资产管理计划名称和类型;

(二)管理人与托管人概况、聘用投资顾问等情况;

(三)资产管理计划的投资范围、投资策略和投资限制情况,投资风险揭示;

(四)收益分配和风险承担安排;

(五)管理人、托管人报酬,以及与资产管理计划财产管理、运用有关的其他费用的计提标准和计提方式;

(六)参与费、退出费等投资者承担的费用和费率,以及投资者的重要权利和义务;

(七)募集期间;

(八)信息披露的内容、方式和频率;

(九)利益冲突情况以及可能影响投资者合法权益的其他重要事项;

(十)中国证监会规定的其他事项。

第七条 证券期货经营机构募集资产管理计划,应当制作风险揭示书。风险揭示书的内容应当具有针对性,表述应当清晰、明确、易懂,并以醒目方式充分揭示资产管理计划的市场风险、信用风险、流动性风险、操作风险、关联交易的风险、聘请投资顾问的特定风险等各类风险。

第八条 基金中基金资产管理计划、管理人中管理人资产管理计划应当按照规定分别在其名称中标明"FOF"、"MOM"或者其他能够反映该资产管理计划类别的字样。

员工持股计划、以收购上市公司为目的设立的资产管理计划等具有特定投资管理目标的资产管理计划应当按照规定在其名称中标明反映该资产管理计划投资管理目标的字样。

第九条 证券期货经营机构自有资金参与集合资产管理计划的持有期限不得少于 6 个月。参与、退出时,应当提前 5 个工作日告知投资者和托管人。

证券期货经营机构以自有资金参与单个集合资产管理计划的份额不得超过该计划总份额的 20%。证券期货经营机构及其附属机构以自有资金参与单个集合资产管理计划的份额合计不得超过该计划总份额的 50%。[①]因集合资产管理计划规模变动等客观因素导致前述比例被动超标的,证券期货经营机构应当依照中国证监会规定及资产管理合同的约定及时调整达标。

为应对集合资产管理计划巨额赎回以解决流动性风险,或者中国证监会认可的其他情形,在不存在利益冲突并遵守合同约定的前提下,证券期货经营机构及其附属机构以自有资金参与及其后续退出集合资产管理计划可不受本条第一款、第二款规定的限制,但应当及时

① 关于规定中的比例问题,也经常出选择题,考生需要重点记忆和掌握。

133

告知投资者和托管人,并向相关派出机构及证券投资基金业协会报告。

第十条 份额登记机构应当妥善保存登记数据,并将集合资产管理计划投资者名称、身份信息以及集合资产管理计划份额明细等数据备份至中国证监会认定的机构。其保存期限自集合资产管理计划账户销户之日起不得少于 20 年。

第十一条 证券期货经营机构应当及时将投资者参与资金划转至资产管理计划托管账户。

单一资产管理计划可以约定不聘请托管机构进行托管,但应当在资产管理合同中明确保障资产管理计划资产安全的制度措施和纠纷解决机制。

投资于《管理办法》第三十七条第(五)项规定资产的资产管理计划,应当在资产管理合同中准确、合理界定托管人安全保管资产管理计划财产、监督管理人投资运作等职责,并向投资者充分揭示风险。

第十二条 资产管理计划应当按照规定开立资金账户、证券账户、期货账户和其他账户,资金账户名称应当是"资产管理计划名称",集合资产管理计划的证券账户、期货账户名称应当是"证券期货经营机构名称—托管人名称—资产管理计划名称",单一资产管理计划的证券账户、期货账户名称应当是"证券期货经营机构名称—投资者名称—资产管理计划名称"。

第十三条① 资产管理合同应当明确约定资产管理计划的建仓期。集合资产管理计划的建仓期自产品成立之日起不得超过 6 个月,专门投资于未上市企业股权的集合资产管理计划除外。

建仓期结束后,资产管理计划的资产组合应当符合法律、行政法规、中国证监会规定和合同约定的投向和比例。

第十四条 资产管理计划在证券期货等交易所进行投资交易的,应当遵守交易所的相关规定。在交易所以外进行投资交易的,应当遵守相关管理规定。

证券期货经营机构应当采用信息技术等手段,对资产管理计划账户内的资金、证券是否充足进行审查。资产管理计划资金账户内的资金不足的,不得进行证券买入委托或期货买入卖出委托;资产管理计划证券账户内的证券不足的,不得进行证券卖出委托。

第十五条 一个集合资产管理计划投资于同一资产的资金,不得超过该计划资产净值的 25%;同一证券期货经营机构管理的全部集合资产管理计划投资于同一资产的资金,不得超过该资产的 25%。银行活期存款、国债、中央银行票据、政策性金融债、地方政府债券等中国证监会认可的投资品种除外。单一融资主体及其关联方的非标准化资产,视为同一资产合并计算。

全部投资者均为符合中国证监会规定的专业投资者且单个投资者投资金额不低于 1000 万元的封闭式集合资产管理计划,以及完全按照有关指数的构成比例进行证券投资的资产管理计划等中国证监会认可的其他集合资产管理计划,不受前款规定限制。

同一证券期货经营机构管理的全部资产管理计划及公开募集证券投资基金(以下简称公募基金)合计持有单一上市公司发行的股票不得超过该上市公司可流通股票的 30%。完全按照有关指数的构成比例进行证券投资的资产管理计划、公募基金,以及中国证监会认定的其他投资组合可不受前述比例限制。

① 建仓期的投资活动,应当符合资产管理合同约定的投向和资产管理计划的风险收益特征。以现金管理为目的,投资于银行活期存款、国债、中央银行票据、政策性金融债、地方政府债券、货币市场基金等中国证监会认可的投资品种的除外。

第十六条① 资产管理计划参与股票、债券、可转换公司债券、可交换公司债券等证券发行申购时,单个资产管理计划所申报的金额不得超过该资产管理计划的总资产,单个资产管理计划所申报的数量不得超过拟发行公司本次发行的总量。

同一证券期货经营机构管理的全部资产管理计划投资于同一非标准化债权类资产的资金合计不得超过 300 亿元。

证券期货经营机构依照本规定第十七条第二款、《管理办法》第八十三条设立的子公司,按照其与证券期货经营机构合并计算的口径,适用本条第二款、第三款的规定。

第十七条 期货公司及其子公司从事私募资产管理业务,不得投资于《管理办法》第三十七条第(五)项规定资产,中国证监会另有规定的除外。

基金管理公司从事私募资产管理业务投资于《管理办法》第三十七条第(五)项规定资产的,应当通过设立专门的子公司进行。

期货公司及其子公司、基金管理公司从事私募资产管理业务,不得通过投资于《管理办法》第三十七条第(六)项规定资产变相扩大投资范围或者规避监管要求。

第十八条 资产管理计划投资于《管理办法》第三十七条第(五)项规定的非标准化资产的,所投资的资产应当合法、真实、有效、可特定化,原则上应当由有权机关进行确权登记。

资产管理计划不得投资于法律依据不充分的收(受)益权。资产管理计划投资于不动产、特许收费权、经营权等基础资产的收(受)益权的,应当以基础资产产生的独立、持续、可预测的现金流实现收(受)益权。

第十九条 资产管理计划投资于《管理办法》第三十七条第(五)项规定的非标准化资产,涉及抵押、质押担保的,应当设置合理的抵押、质押比例,及时办理抵押、质押登记,确保抵押、质押真实、有效、充分。

资产管理计划不得接受收(受)益权、特殊目的机构股权作为抵押、质押标的资产。

第二十条 证券期货经营机构应当加强资产管理计划的久期管理,不得设立不设存续期限的资产管理计划。

封闭式资产管理计划的期限不得低于 90 天。

第二十一条 全部资产投资于标准化资产的集合资产管理计划和中国证监会认可的其他资产管理计划,可以按照合同约定每季度多次开放,其主动投资于流动性受限资产的市值在开放退出期内合计不得超过该资产管理计划资产净值的 20%。

前款规定的资产管理计划每个交易日开放的,其投资范围、投资比例、投资限制、参与和退出管理应当比照适用公募基金投资运作有关规则。

第二十二条 证券期货经营机构应当确保集合资产管理计划开放退出期内,其资产组合中 7 个工作日可变现资产的价值,不低于该计划资产净值的 10%。

第二十三条② 资产管理计划直接或者间接投资于非标准化债权类资产的,非标准化债权类资产的终止日不得晚于封闭式资产管理计划的到期日或者开放式资产管理计划的最近一次开放日。

资产管理计划直接或者间接投资于非标准化股权类资产的,应当为封闭式资产管理计划,并明确非标准化股权类资产的退出安排。非标准化股权类资产的退出日不得晚于封闭式资产管理计划的到期日。

① 同一证券期货经营机构管理的全部资产管理计划投资于非标准化债权类资产的资金不得超过其管理的全部资产管理计划净资产的35%。因证券市场波动、资产管理计划规模变动等客观因素导致前述比例被动超标的,证券期货经营机构应当及时报告中国证监会相关派出机构和证券投资基金业协会,且在调整达标前不得新增投资于非标准化债权类资产。

② 非标准化股权类资产无法按照约定退出的,资产管理计划可以延期清算,也可以按照投资者持有份额占总份额的比例或者资产管理合同的约定,将其持有的非标准化股权类资产分配给投资者,但不得违反《证券法》关于公开发行的相关规定。

第二十四条　封闭式资产管理计划存续期间,其所投资的非标准化资产部分到期、终止或者退出的,证券期货经营机构可以按照资产管理合同约定,对到期、终止或者退出的非标准化资产进行清算,以货币资金形式分配给投资者,但不得允许投资者提前退出或者变相提前退出。

第二十五条^①　开放式集合资产管理计划资产管理合同,应当明确约定计划巨额退出和连续巨额退出的认定标准、退出顺序、退出价格确定、退出款项支付、告知客户方式,以及单个客户大额退出的预约申请等事宜,相关约定应当符合公平、合理、公开的原则。

第二十六条　证券期货经营机构将资产管理计划资产投资于本机构、托管人及前述机构的控股股东、实际控制人或者其他关联方发行的证券或者承销期内承销的证券,应当建立健全内部审批机制和评估机制,并应当遵循投资者利益优先原则,事先取得投资者的同意,事后告知投资者和托管人,并采取切实有效措施,防范利益冲突,保护投资者合法权益。

除前款规定外,证券期货经营机构不得将其管理的资产管理计划资产,直接或者通过投资其他资产管理计划等间接形式,为本机构、托管人及前述机构的控股股东、实际控制人或者其他关联方提供或者变相提供融资。全部投资者均为符合中国证监会规定的专业投资者且单个投资者投资金额不低于1000万元,并且事先取得投资者同意的资产管理计划除外。

第二十七条^②　证券期货经营机构董事、监事、从业人员及其配偶不得参与本公司管理的单一资产管理计划。

证券期货经营机构董事、监事、从业人员及其配偶、控股股东、实际控制人或者其他关联方参与证券期货经营机构设立的资产管理计划,证券期货经营机构应当向投资者进行披露,对该资产管理计划账户进行监控,并及时向中国证监会相关派出机构和证券投资基金业协会报告。

第二十八条　固定收益类、权益类、商品及金融衍生品类资产管理计划存续期间,为规避特定风险并经全体投资者同意的,投资于对应类别资产的比例可以低于计划总资产80%,但不得持续6个月低于计划总资产80%。

第二十九条　资产管理计划不得直接或者间接投资于违反国家产业政策、环境保护政策的项目(证券市场投资除外),包括但不限于以下情形:

(一)投资项目被列入国家发展和改革委员会发布的淘汰类产业目录;

(二)投资项目违反国家环境保护政策要求;

(三)通过穿透核查,资产管理计划最终投向上述投资项目。

第三十条　固定收益类产品优先级与劣后级的比例不得超过3∶1,权益类产品优先级与劣后级的比例不得超过1∶1,商品及金融衍生品类、混合类产品优先级与劣后级的比例不得超过2∶1。

分级资产管理计划若存在中间级份额,中间级份额应当计入优先级份额。

第三十一条　分级资产管理计划不得投资其他分级或者结构化金融产品,不得直接或者间接对优先级份额认购者提供保本保收益安排。

证券期货经营机构不得违背风险收益相匹配原则,利用分级资产管理计划向特定一个或多个劣后级投资者输送利益。

第三十二条　资产管理计划的投资顾问应当为依法可以从事资产管理业务的证券期货

①证券期货经营机构经与托管人协商,在确保投资者得到公平对待的前提下,可以依照法律、行政法规、中国证监会规定以及合同约定,延期办理巨额退出申请、暂停接受退出申请、延缓支付退出款项、收取短期赎回费,或者采取中国证监会认可的其他流动性管理措施。

②证券期货经营机构不得将其管理的分级资产管理计划资产,直接或者间接为该分级资产管理计划劣后级投资者及其控股股东、实际控制人或者其他关联方提供或者变相提供融资。

经营机构、商业银行资产管理机构、保险资产管理机构以及中国证监会认可的其他金融机构，或者同时符合以下条件的私募证券投资基金管理人：

（一）在证券投资基金业协会登记满 1 年、无重大违法违规记录的会员；

（二）具备3 年以上连续可追溯证券、期货投资管理业绩且无不良从业记录的投资管理人员不少于3 人；

（三）中国证监会规定的其他条件。

第三十三条　证券期货经营机构应当对投资顾问的投资建议进行审查，不得由投资顾问直接执行投资指令。

证券期货经营机构不得允许投资顾问及其关联方以其自有资金或者募集资金投资于分级资产管理计划的劣后级份额，不得向未提供实质服务的投资顾问支付费用或者支付与其提供的服务不相匹配的费用。

第三十四条　资产管理计划应当按照《企业会计准则》、《指导意见》以及中国证监会关于资产管理计划对金融工具进行核算与估值的规定、资产管理计划净值计价及风险控制要求，确认和计量资产管理计划净值。

证券期货经营机构应当定期对资产管理计划估值执行效果进行评估，必要时调整完善，保证公平、合理。

当有充足证据表明资产管理计划相关资产的计量方法已不能真实公允反映其价值时，证券期货经营机构应当与托管人进行协商，及时采用公允价值计量方法对资产管理计划资产净值进行调整。

第三十五条　证券期货经营机构应当对每个资产管理计划单独管理、单独建账、单独核算，不得有以下行为：

（一）将不同资产管理计划进行混同运作，或者出现资金与资产无法明确对应的其他情形；

（二）未按规定进行合理估值，脱离实际投资收益进行分离定价；

（三）未产生实际投资收益，仅以后期投资者的投资资金向前期投资者进行兑付；

（四）资产管理计划发生兑付风险时通过开放参与或者滚动发行等方式由后期投资者承担风险；

（五）法律、行政法规和中国证监会禁止的其他行为。

第三十六条　资产管理计划发生的费用，可以按照资产管理合同的约定，在计划资产中列支。资产管理计划成立前发生的费用，以及存续期间发生的与募集有关的费用，不得在计划资产中列支。

证券期货经营机构应当根据资产管理计划的投资范围、投资策略、产品结构等因素设定合理的管理费率。

第三十七条　证券期货经营机构可以与投资者在资产管理合同中约定提取业绩报酬。

业绩报酬提取应当与资产管理计划的存续期限、收益分配和投资运作特征相匹配，提取频率不得超过每 6 个月一次，提取比例不得超过业绩报酬计提基准以上投资收益的 60%。因投资者退出资产管理计划，证券期货经营机构按照资产管理合同的约定提取业绩报酬的，不受前述提取频率的限制。

第三十八条 证券期货经营机构应当按照资产管理合同的约定向投资者提供资产管理计划年度报告,披露报告期内资产管理计划运作情况,包括但不限于下列信息:

(一)管理人履职报告;

(二)托管人履职报告(如适用);

(三)资产管理计划投资表现;

(四)资产管理计划投资组合报告;

(五)资产管理计划财务会计报告;

(六)资产管理计划投资收益分配情况;

(七)投资经理变更、重大关联交易等涉及投资者权益的重大事项;

(八)中国证监会规定的其他事项。

资产管理计划季度报告应当披露前款除第(五)项之外的其他信息。

第三十九条 证券期货经营机构应当按照《指导意见》的规定,向中国人民银行报送资产管理计划信息,并接受中国人民银行对资产管理计划统计工作的监督检查。

期货公司及其子公司应当将其按照《管理办法》第七十三条规定报送的资产管理计划信息以及私募资产管理业务管理季度报告、年度报告,抄报期货市场监控中心。

第四十条 证券期货经营机构应当在本公司及相关行业协会网站对其私募资产管理业务资格及从业人员信息等基本情况进行公示。

第四十一条 证券期货经营机构应当针对私募资产管理业务的主要业务人员和相关管理人员建立收入递延支付机制,合理确定收入递延支付标准、递延支付年限和比例。递延支付年限原则上不少于3年,递延支付的收入金额原则上不少于40%。

第四十二条 证券期货经营机构、托管人、销售机构和投资顾问等服务机构违反本规定的,中国证监会及相关派出机构可以根据《管理办法》等规定,对其采取责令改正、监管谈话、出具警示函、责令定期报告、暂不受理与行政许可有关的文件等行政监管措施;对直接负责的主管人员和其他直接责任人员,采取监管谈话、出具警示函、责令参加培训、认定为不适当人选等行政监管措施。

证券期货经营机构违反本规定,依法应予行政处罚的,依照有关规定进行行政处罚;涉嫌犯罪的,依法移送司法机关,追究刑事责任。

第四十三条 本规定下列用语的含义:

(一)证券交易场所,是指上海证券交易所、深圳证券交易所和全国中小企业股份转让系统有限责任公司。

(二)家庭金融总资产,是指全体家庭成员共同共有的全部金融资产,包括银行存款、股票、债券、基金份额、资产管理计划、银行理财产品、信托计划、保险产品、期货及其他衍生产品等。家庭金融净资产是指家庭金融总资产减去全体家庭成员的全部负债。

(三)流动性受限资产,是指由于法律法规、监管、合同或者操作障碍等原因无法以合理价格予以变现的资产,包括到期日在10个交易日以上的逆回购与银行定期存款(含协议约定有条件提前支取的银行存款)、资产支持证券(票据)、流动受限的新股以及非公开发行股票、停牌股票、因发行人债务违约无法进行转让或交易的债券和非金融企业债务融资工具等资产。

（四）7 个工作日可变现资产，包括可在交易所、银行间市场正常交易的股票、债券、非金融企业债务融资工具、期货及期权合约以及同业存单，7 个工作日内到期或者可支取的逆回购、银行存款，7 个工作日内能够确认收到的各类应收款项等。

（五）关联方按照《企业会计准则》的规定确定；专业投资者不包括募集两个以上投资者资金设立的私募资产管理产品。

第四十四条　过渡期自本规定实施之日起至 2020 年 12 月 31 日。

过渡期内，证券期货经营机构应当自行制定整改计划，有序压缩不符合本规定的资产管理计划规模；对于不符合本规定的存量资产管理计划，其持有资产未到期的，证券期货经营机构可以设立老产品对接，或者予以展期；过渡期结束后，证券期货经营机构不得再发行或者存续违反本规定的资产管理计划。

证券期货经营机构不符合本规定第十六条第二款规定指标的，在符合前款规定的前提下，其管理的资产管理计划在过渡期内可以新增投资于非标准化债权类资产的规模；过渡期结束后仍不达标的，不得新增投资于非标准化债权类资产。

本规定实施之日起至 2018 年 12 月 31 日，新设资产管理计划开立证券账户、期货账户的名称，可以不适用本规定第十二条的规定；自 2019 年 1 月 1 日起，新设资产管理计划开立证券账户、期货账户的名称，应当遵守本规定第十二条的规定。

第四十五条　证券期货经营机构设立特定目的的公司或者合伙企业从事私募资产管理业务的，参照适用本规定。

第四十六条　本规定自 2018 年 10 月 22 日起施行。

母题精选

【多选题】合格投资者是指具备相应风险识别能力和风险承受能力，投资于单只资产管理计划不低于一定金额且符合条件的自然人、法人或者其他组织。需要具备条件包括(　　)。

A. 具有 2 年以上投资经历的自然人，家庭金融净资产不低于 300 万元，家庭金融资产不低于 500 万元，或者近 3 年本人年均收入不低于 40 万元

B. 最近 3 年末净资产不低于 1000 万元的法人单位

C. 依法设立并接受国务院金融监督管理机构监管的机构

D. 接受国务院金融监督管理机构监管的机构发行的资产管理产品

【答案】ACD　【解析】根据《证券期货经营机构私募资产管理计划运作管理规定》第三条的规定，选项 A、选项 C 和选项 D 正确。

【单选题】封闭式单一资产管理计划的投资者可以分期缴付委托资金，全部资金缴付期限自资产管理计划成立之日起不得超过(　　)年。

A. 2　　　　　　　　B. 3　　　　　　　　C. 4　　　　　　　　D. 5

【答案】B　【解析】封闭式单一资产管理计划的投资者可以分期缴付委托资金，但应当在资产管理合同中事先明确约定分期缴付资金的数额、期限，且首期缴付资金不得少于 1000 万元，全部资金缴付期限自资产管理计划成立之日起不得超过 3 年，选项 B 正确。

【单选题】证券期货经营机构以自有资金参与单个集合资产管理计划的份额不得超过该计划总份额的(   )。证券期货经营机构及其附属机构以自有资金参与单个集合资产管理计划的份额合计不得超过该计划总份额的(   )。

      A. 20% ;50%   B. 40% ;25%   C. 20% ;40%   D. 30% ;50%

【答案】A 【解析】证券期货经营机构以自有资金参与单个集合资产管理计划的份额不得超过该计划总份额的20%。证券期货经营机构及其附属机构以自有资金参与单个集合资产管理计划的份额合计不得超过该计划总份额的50%,选项A正确。

【单选题】证券期货经营机构应当加强资产管理计划的久期管理,不得设立不设存续期限的资产管理计划。封闭式资产管理计划的期限不得低于(   )天。

      A. 70   B. 80   C. 85   D. 90

【答案】D 【解析】证券期货经营机构应当加强资产管理计划的久期管理,不得设立不设存续期限的资产管理计划。封闭式资产管理计划的期限不得低于90天,选项D正确。

外商投资期货公司管理办法（重点掌握）

（2018 年 8 月 24 日中国证券监督管理委员会令第 149 号）

第一条　为适应期货市场对外开放需要，加强和完善对外商投资期货公司的监督管理，根据《中华人民共和国公司法》《期货交易管理条例》有关规定，制定本办法。

第二条　本办法所称外商投资期货公司是指单一或有关联关系的多个境外股东直接持有或间接控制公司 5% 以上股权的期货公司。

第三条　中国证券监督管理委员会（以下简称中国证监会）及其派出机构依法对外商投资期货公司实施监督管理。

第四条　外商投资期货公司的名称、组织形式、注册资本、组织机构的设立及职责等，应当符合《中华人民共和国公司法》《期货交易管理条例》《期货公司监督管理办法》等法律、行政法规和中国证监会的有关规定。

第五条　直接持有期货公司 5% 以上股权的境外股东，除应当符合《期货公司监督管理办法》第七条和第九条①规定的条件外，还应当具备下列条件：

（一）持续经营 5 年以上，近 3 年未受到所在国家或者地区监管机构或者行政、司法机关的重大处罚；

（二）管理层具有良好的专业素质和管理能力；

（三）具有健全的内部控制制度和风险管理体系；

（四）具有良好的国际声誉和经营业绩，近 3 年业务规模、收入、利润居于国际前列，近 3 年长期信用均保持在高水平；

（五）中国证监会规定的其他审慎性条件。

有关联关系的多个境外股东合计持有期货公司 5% 以上股权的，每个境外股东均应具备上款所列条件。

第六条　除通过中国境内证券公司间接持有期货公司股权及中国证监会规定的其他情形外，境外投资者通过投资关系、协议或其他安排，实际控制期货公司 5% 以上股权的，应当转为直接持股。

单独或与关联方、一致行动人共同实际控制期货公司 5% 以上股权的境外投资者，应当具备本办法第五条规定的条件。

第七条　境外股东应当以自由兑换货币出资。境外股东累计持有的（包括直接持有和间接控制）外商投资期货公司股权比例，应当符合国家关于期货业对外开放的安排。

第八条　外商投资期货公司的董事、监事和高级管理人员应当具备中国证监会规定的任职条件。

外商投资期货公司的高级管理人员须在中国境内实地履职。

第九条　境外机构设立外商投资期货公司，应当在公司登记机关登记注册，并向中国证监会提出申请。除应当向中国证监会提交《期货公司监督管理办法》规定的申请文件外，还应当提交下列文件：

（一）申请前 3 年该境外机构经审计的财务报表；

考查概率：100%，所占分值为 1~2 分。

考试题型：主要以单选题、多选题和判断题的形式出现。

考查重点：本法规是 2020 年新增考试内容，考生需要重点关注，除了标色内容需要重点掌握，其他内容也应当熟悉。

① 原《期货公司监督管理办法》第九条，为现行《期货公司监督管理办法》第十一条。

（二）该境外机构所在国家或者地区相关监管机构或者中国证监会认可的机构出具的关于该境外机构是否具备本办法第五条第一款第一项及《期货公司监督管理办法》第七条第五项、第九条第一款第二项①规定条件的说明函；

（三）该境外机构是否具备本办法第五条第一款第二项、第三项规定条件的说明材料；

（四）该境外机构是否具备本办法第五条第一款第四项规定条件的证明文件；

（五）由中国境内律师事务所出具的法律意见书；

（六）中国证监会规定的其他申请文件。

境外股东变更股权属《期货公司监督管理办法》第十七条②规定情形的，应当向中国证监会提出申请，申请文件适用前款规定。

第十条 获得中国证监会批准设立的外商投资期货公司，应当按国家外汇管理部门的规定办理相关业务登记手续，足额缴付出资或者提供约定的合作条件。

第十一条 外商投资期货公司申请颁发或换发《经营证券期货业务许可证》，应当向中国证监会提交下列文件：

（一）营业执照副本复印件；

（二）公司章程；

（三）由中国境内具有期货相关业务资格的会计师事务所出具的验资报告；

（四）董事、监事、高级管理人员和主要业务人员的名单，符合任职条件证明文件及期货从业资格证明文件；

（五）高级管理人员在中国境内实地履职的说明文件；

（六）内部控制制度和风险管理制度文本；

（七）营业场所和业务设施情况说明书；

（八）中国证监会要求的其他文件。

申请换发《经营证券期货业务许可证》的，还应当提交公司原有《经营证券期货业务许可证》。

未取得中国证监会颁发的《经营证券期货业务许可证》，外商投资期货公司不得经营期货业务。

第十二条 外商投资期货公司合并或者分立后设立的外商投资期货公司，其股权变动应当符合本办法的规定。

第十三条 境外投资者依法通过证券交易所的证券交易持有或者通过协议、其他安排与他人共同持有上市期货公司股份达到5%以上的，应当具备本办法第五条规定的条件，并遵守法律、行政法规和中国证监会关于上市公司收购、期货公司变更审批的有关规定。

第十四条 外商投资期货公司及其境外股东向中国证监会提交的申请文件，以及向中国证监会及其派出机构报送的文件、资料，必须使用中文。境外股东及其所在国家或者地区相关监管机构或者中国证监会认可的机构出具的文件、资料，以及外商投资期货公司股东会、董事会、监事会、总经理办公会相关文件、资料使用外文的，应当附有与原文内容一致的中文译本。

申请人提交的文件及报送的材料，不能充分说明申请人状况的，中国证监会可以要求申请人作出补充说明。

① 原《期货公司监督管理办法》第七条第五项、第九条第一款第二项，分别为现行《期货公司监督管理办法》第七条第八项、第十一条第一款第二项。

② 原《期货公司监督管理办法》第十七条，为现行《期货公司监督管理办法》第十九条。

第十五条　外商投资期货公司交易、结算、风险控制等信息系统的核心服务器以及记录、存储客户信息的数据设备,应当设置在中国境内。

在符合法律、行政法规和中国证监会有关规定的前提下,外商投资期货公司可以利用境外股东的资源和技术,提升信息系统的效率和安全水平。

第十六条　外商投资期货公司及其股东、董事、监事、高级管理人员违反本办法规定的,中国证监会及其派出机构可以依照《期货交易管理条例》《期货公司监督管理办法》《期货公司董事、监事和高级管理人员任职资格管理办法》等相关规定采取行政监管措施或予以处罚。

第十七条　香港特别行政区、澳门特别行政区和台湾地区的投资者投资期货公司的,参照适用本办法。国家另有规定的,从其规定。

第十八条　外商投资期货公司的设立、变更、终止、业务活动及监督管理事项,本办法未作规定的,适用中国证监会的其他有关规定。

第十九条　本办法自公布之日起施行。

母题精选

【多选题】《外商投资期货公司管理办法》的制定依据包括(　　　)。

A.《期货交易管理条例》　　　　B.《中华人民共和国公司法》

C.《中华人民共和国证券法》　　D.《期货公司监督管理办法》

【答案】AB　【解析】根据《外商投资期货公司管理办法》第一条的规定,选项A和选项B正确。

【判断题】外商投资期货公司及其境外股东向中国证监会提交的申请文件,以及向中国证监会及其派出机构报送的文件、资料,可以使用中文或英文。(　　　)

【答案】×　【解析】根据《外商投资期货公司管理办法》第十四条的规定,外商投资期货公司及其境外股东向中国证监会提交的申请文件,以及向中国证监会及其派出机构报送的文件、资料,必须使用中文。题干表述错误。

境外交易者和境外经纪机构从事境内特定品种期货交易管理暂行办法（重点掌握）

（2015年6月26日中国证券监督管理委员会令第116号）

第一条 为了促进期货市场创新发展和对外开放，加强对境外交易者和境外经纪机构从事境内特定品种期货交易的管理，维护期货市场秩序，保护交易者合法权益，根据《期货交易管理条例》及有关法律法规，制定本办法。

第二条 境外交易者、境外经纪机构从事我国境内特定品种期货交易及其相关业务活动，应当遵守本办法。

本办法所称境外交易者，是指从事期货交易并承担交易结果，在中华人民共和国境外依法成立的法人、其他经济组织，或者依法拥有境外公民身份的自然人。

本办法所称境外经纪机构，是指在中华人民共和国境外依法设立、具有所在国（地区）期货监管机构认可的可以接受交易者资金和交易指令并以自己名义为交易者进行期货交易资质的金融机构。

本办法所称境内特定品种由中国证券监督管理委员会（以下简称中国证监会）确定并公布。

第三条 中国证监会及其派出机构依法对境外交易者和境外经纪机构从事境内特定品种期货交易实行监督管理。

期货交易所依据自律规则对境内特定品种期货交易及相关业务活动实行自律管理。

中国期货业协会依据自律规则对境内特定品种期货交易及相关业务活动实行行业自律管理。

中国期货市场监控中心有限责任公司依法对境内特定品种期货交易及相关业务活动实施监测监控。

第四条 境外交易者和境外经纪机构应当遵守中华人民共和国法律法规和本办法，并履行反洗钱、反恐融资、反逃税等义务。

第五条 境外交易者可以委托境内期货公司（以下简称期货公司）或者境外经纪机构参与境内特定品种期货交易。

经期货交易所批准，符合条件的境外交易者可以直接在期货交易所从事境内特定品种期货交易。

前款所述直接入场交易的境外交易者应当具备下列条件：

（一）所在国（地区）具有完善的法律和监管制度；

（二）财务稳健，资信良好，具备充足的流动资本；

（三）具有健全的治理结构和完善的内部控制制度，经营行为规范；

（四）期货交易所规定的其他条件。

第六条 境外经纪机构在接受境外交易者委托后，可以委托期货公司进行境内特定品种期货交易。期货公司接受委托后，以自己的名义为该境外经纪机构进行交易。

经期货交易所批准，符合条件的境外经纪机构可以接受境外交易者委托，直接在期货交

考查概率：100%，所占分值为2~3分。

考试题型：单选题、多选题、判断题和综合题均有出现的可能。

考查重点：本法规是2020年新增考试内容，考生应当重点掌握，尤其是一些细节，如第三条、第九条、第十一条、第十二条、第十七条等规定的内容。

易所以自己的名义为境外交易者进行境内特定品种期货交易。

前款所述直接入场交易的境外经纪机构应当符合本办法第五条第三款的规定，且其所在国(地区)期货监管机构已与中国证监会签署监管合作谅解备忘录。

第七条　境外经纪机构不得接受境内交易者和《期货交易管理条例》第二十六条[①]规定的单位和个人的委托，为其进行境内期货交易。

第八条　对直接入场交易的境外交易者和境外经纪机构，期货交易所应当规定其资格取得与终止的条件和程序，明确其权利和义务。

第九条　境外交易者从事境内特定品种期货交易，应当遵守期货交易所的自律规则，遵守"买卖自愿、风险自担、盈亏自负"的原则，承担期货交易的履约责任和交易结果。

第十条　境外交易者应当以真实合法身份办理开户，如实提供境外公民身份证明、境外法人资格或者其他经济组织资格的合法有效证明文件。境外交易者的身份证明文件及要求由中国期货市场监控中心有限责任公司另行规定。

第十一条　境外经纪机构接受境外交易者委托进行境内特定品种期货交易的，应当按照《期货市场客户开户管理规定》和中国期货市场监控中心有限责任公司的业务规则，为境外交易者办理账户开立等手续，并为每个境外交易者单独申请交易编码，不得进行混码交易。

接受境外经纪机构委托的期货公司，应当按照中国期货市场监控中心有限责任公司的业务规则，为境外经纪机构办理前款所述手续提供必要的协助。

直接入场交易的境外交易者应当向期货交易所办理账户开立等手续并申请交易编码，期货交易所应当在其开始交易之前将有关材料报中国期货市场监控中心有限责任公司备案。

第十二条　境内特定品种期货交易实行交易者适当性制度。期货交易所、期货公司和境外经纪机构应当执行交易者适当性制度。境外交易者应当遵守交易者适当性制度。

第十三条　境外经纪机构接受境外交易者委托的，应当事先向境外交易者出示风险说明书，与境外交易者签订书面合同，不得未经境外交易者委托或者不按照境外交易者委托内容，擅自进行期货交易，不得隐瞒重要事项或者使用其他不正当手段诱骗境外交易者发出交易指令。

第十四条　直接入场交易的境外经纪机构应当建立健全并严格执行业务管理规则、风险管理制度，遵守信息披露制度，保障境外交易者保证金的存管安全。

第十五条　承担结算职能的期货交易所作为中央对手方，统一组织境内特定品种期货交易的结算。境外交易者、境外经纪机构应当根据期货交易所的规定委托具有结算资格的期货公司或者其他机构进行结算，并适用《期货交易管理条例》第二十九条、第三十四条、第三十五条、第三十七条[②]对客户和期货公司的规定。

前款所称中央对手方，是指期货交易达成后介入期货交易双方，成为所有买方的卖方和所有卖方的买方，以净额方式结算，为期货交易提供集中履约保障的法人。

第十六条　直接入场交易的境外交易者和境外经纪机构，以及委托期货公司进行境内特定品种期货交易的境外交易者和境外经纪机构，应当在境内开立符合条件的银行账户，并将其设定为期货结算账户。

第十七条　境外交易者和境外经纪机构应当遵守中国证监会关于保证金安全存管的规定。

[①]原《期货交易管理条例》第二十六条，为现行《期货交易管理条例》第二十五条。

[②]原《期货交易管理条例》第二十九条、第三十四条、第三十五条、第三十七条，分别为现行《期货交易管理条例》第二十八条、第三十三条、第三十四条、第三十六条。

期货公司应当将向委托其结算的境外交易者和境外经纪机构收取的保证金存放在期货公司的保证金专用账户。期货公司应当将来源于境内和境外的保证金按币种分账户管理。

期货交易所、期货公司、本办法第十六条所指的境外交易者和境外经纪机构之间的境内账户资金划转,应当通过专用结算账户、保证金专用账户和期货结算账户进行。

第十八条　境外交易者和境外经纪机构持仓达到期货交易所规定的持仓报告标准的,境外交易者和境外经纪机构应当向期货交易所报告。境外交易者未报告的,受托交易的期货公司、境外经纪机构应当向期货交易所报告。

第十九条　保证金只能用于担保期货合约或者期权合约的履行,除法定情形外,严禁挪作他用。

境外交易者和境外经纪机构被接管、破产或者清算的,其保证金均应当优先用于履行在期货交易所未了结的期货合约或期权合约。

第二十条　期货市场出现《期货交易所管理办法》第八十五条、第八十七条规定情形的,期货交易所可以按照对客户和会员的规定,对境外交易者和境外经纪机构采取措施。

第二十一条　期货公司与境外交易者或者境外经纪机构发生期货业务纠纷的,可以提请中国期货业协会、期货交易所以及其他调解组织调解处理。

第二十二条　期货公司应当在月度、年度报告中报送接受境外交易者和境外经纪机构委托进行境内特定品种期货交易的情况。

期货公司首席风险官应当负责对本公司境内特定品种期货交易相关业务活动进行监督和检查,并履行督促整改和报告等义务。

第二十三条　中国证监会及其派出机构可以根据监管职责要求期货公司、境外交易者和境外经纪机构提供下列信息或者书面资料,并进行必要的询问和检查:

(一)境外交易者和境外经纪机构的账户、所有子账户的最终受益人姓名(名称)、国籍、有效身份证件(号码)、联系方式及相关信息、资金来源等;

(二)境外交易者和境外经纪机构的账户、所有子账户的指令下达人姓名、国籍、有效身份证件(号码)、联系方式及相关信息等;

(三)境外交易者和境外经纪机构的账户、所有子账户资金划拨、使用的明细资料;

(四)境外交易者和境外经纪机构的账户、所有子账户交易的明细资料;

(五)中国证监会根据审慎监管原则要求的其他材料。

第二十四条　发生下列重大情形之一的,期货公司应当在知情后 5 个工作日内或者按照规定向其住所地的中国证监会派出机构报告:

(一)境外交易者或者境外经纪机构发生违规、被接管、破产或者其他风险事件;

(二)发生涉及境外交易者或者境外经纪机构的期货纠纷、仲裁或者诉讼;

(三)其他影响境外交易者或者境外经纪机构从事境内特定品种期货交易的情形。

期货公司的报告应当包括事件的起因、目前的状态、可能发生的后果以及应对方案或者措施等内容。

第二十五条　期货公司及其从业人员违反本办法的,依照《期货交易管理条例》的有关规定,采取责令限期整改、监管谈话、责令更换有关责任人员等监管措施,并记入诚信档案。

第二十六条　直接入场交易的境外交易者和境外经纪机构的交易结算软件,应当满足期货交易所风险管理以及中国证监会有关保证金安全存管监控规定的要求。不符合要求的,中国证监会有权要求直接入场交易的境外交易者和境外经纪机构予以改进或者更换。

中国证监会可以要求直接入场交易的境外交易者和境外经纪机构的交易软件、结算软件的供应商提供该软件的相关资料,供应商应当予以配合。中国证监会对供应商提供的相关资料负有保密义务。

第二十七条　中国证监会及其派出机构可以根据监管职责对境外交易者或者境外经纪机构进行境内特定品种期货交易及相关业务活动进行定期或者不定期现场检查。

第二十八条　期货交易所违反规定接纳直接入场交易的境外交易者或者境外经纪机构的,依照《期货交易管理条例》第六十五条①的规定处罚、处分。

期货交易所允许直接入场交易的境外交易者或者境外经纪机构在保证金不足的情况下进行期货交易的,依照《期货交易管理条例》第六十六条②的规定处罚、处分。

第二十九条　境外经纪机构有《期货交易管理条例》第六十七条第一款第一项、第七项至第九项、第十一项、第十四项至第十六项所列行为之一的,依照《期货交易管理条例》第六十七条第一款规定处罚。

境外经纪机构有《期货交易管理条例》第六十八条③第一款所列欺诈行为的,依照《期货交易管理条例》第六十八条第一款的规定处罚。

第三十条　直接入场交易的境外交易者或者境外经纪机构的交易软件、结算软件供应商拒不配合中国证监会及其派出机构调查,或者未按照规定向中国证监会及其派出机构提供相关软件资料,或者提供的软件资料有虚假、重大遗漏的,依照《期货交易管理条例》第七十六条④的规定处罚。

第三十一条　期货交易所、期货公司、境外交易者或者境外经纪机构违法经营或者出现重大经营风险,严重危害中国期货市场秩序、损害交易者合法权益,依法应予以行政处罚的,依照《期货交易管理条例》进行处罚;涉嫌犯罪的,依法移送司法机关,追究刑事责任。

第三十二条　境外交易者或者境外经纪机构违反《期货交易管理条例》和中国证监会有关规定的,中国证监会依法进行查处。需要境外交易者或者境外经纪机构所在地监管机构协助的,中国证监会可以根据与其签署的双边或者多边监管合作谅解备忘录等跨境监管合作机制进行跨境监管合作。

第三十三条　在中国证监会批准的其他期货交易场所从事境内特定品种期货交易及相关业务活动的,适用本办法。

第三十四条　香港、澳门特别行政区和台湾地区设立的法人、其他经济组织,或者拥有香港、澳门特别行政区和台湾地区居民身份的自然人从事境内特定品种期货交易的,适用本办法。

第三十五条　本办法自 2015 年 8 月 1 日起施行。

①原《期货交易管理条例》第六十五条,为现行《期货交易管理条例》第六十四条。

②原《期货交易管理条例》第六十六条,为现行《期货交易管理条例》第六十五条。

③原《期货交易管理条例》第六十七条、第六十八条,分别为现行《期货交易管理条例》第六十六条、第六十七条。

④原《期货交易管理条例》第七十六条,为现行《期货交易管理条例》第七十五条。

母题精选

【多选题】境外交易者从事境内特定品种期货交易,应当遵守(　　)的原则,承担期货交易的履约责任和交易结果。

　　A. 买卖自愿　　　　　B. 风险自担　　　　　C. 盈亏自负　　　　　D. 公平公正

【答案】ABC　【解析】根据《境外交易者和境外经纪机构从事境内特定品种期货交易管理暂行办法》第九条的规定,选项 A、选项 B 和选项 C 正确。

证券期货市场诚信监督管理办法

(2020 年 3 月 20 日中国证券监督管理委员会令第 166 号)

第一章　总　则(理解)

第一条　为了加强证券期货市场诚信建设,保护投资者合法权益,维护证券期货市场秩序,促进证券期货市场健康稳定发展,根据《证券法》等法律、行政法规,制定本办法。

第二条　中国证券监督管理委员会(以下简称中国证监会)建立全国统一的证券期货市场诚信档案数据库(以下简称诚信档案),记录证券期货市场诚信信息。

第三条　记入诚信档案的诚信信息的界定、采集与管理,诚信信息的公开、查询,诚信约束、激励与引导等,适用本办法。

第四条　公民(自然人)、法人或者其他组织从事证券期货市场活动,应当诚实信用,遵守法律、行政法规、规章和依法制定的自律规则,禁止欺诈、内幕交易、操纵市场以及其他损害投资者合法权益的不诚实信用行为。

第五条　中国证监会鼓励、支持诚实信用的公民、法人或者其他组织从事证券期货市场活动,实施诚信约束、激励与引导。

第六条　中国证监会可以和国务院其他部门、地方人民政府、国家司法机关、行业组织、境外证券期货监管机构建立诚信监管合作机制,实施诚信信息共享,推动健全社会信用体系。

母 题 精 选

【单选题】全国统一的证券期货市场诚信档案的建立主体是(　　　　)。

　　　　A. 中国证监会　　　B. 中国证券业协会　　C. 中国期货业协会　　D. 国务院

【答案】A　【解析】根据《证券期货市场诚信监督管理办法》第二条,中国证监会建立全国统一的证券期货市场诚信档案,记录证券期货市场诚信信息。

第二章　诚信信息的采集和管理(掌握)

第七条　下列从事证券期货市场活动的公民、法人或者其他组织的诚信信息,记入诚信档案:

(一)证券业从业人员、期货从业人员和基金从业人员;

(二)证券期货市场投资者、交易者;

(三)证券发行人、上市公司、全国中小企业股份转让系统挂牌公司、区域性股权市场挂牌转让证券的企业及其董事、监事、高级管理人员、主要股东、实际控制人;

(四)区域性股权市场的运营机构及其董事、监事和高级管理人员,为区域性股权市场办理账户开立、资金存放、登记结算等业务的机构;

(五)证券公司、期货公司、基金管理人、债券受托管理人、债券发行担保人及其董事、监事、高级管理人员、主要股东和实际控制人或者执行事务合伙人,合格境外机构投资者、合格境内机构投资者及其主要投资管理人员,境外证券类机构驻华代表机构及其总代表、首席代表;

(六)会计师事务所、律师事务所、保荐机构、财务顾问机构、资产评估机构、投资咨询机构、信用评级机构、基金服务机构、期货合约交割仓库以及期货合约标的物质量检验检疫机构等证券期货服务机构及其相关从业人员;

考查概率:30%,所占分值为 0.5～1 分。

考试题型:主要以单选题或多选题的形式出现。

考查重点:第一条和第二条。

本法规是 2020 年新增考试内容,考生应予以重视。

考查概率:80%,所占分值约为 1 分。

考试题型:主要以单选题、多选题或综合题的形式出现。

考查重点:第七条、第八条、第十条和第十三条。

（七）为证券期货业务提供存管、托管业务的商业银行或者其他金融机构，及其存管、托管部门的高级管理人员；

（八）为证券期货业提供信息技术服务或者软硬件产品的供应商；

（九）为发行人、上市公司、全国中小企业股份转让系统挂牌公司提供投资者关系管理及其他公关服务的服务机构及其人员；

（十）证券期货传播媒介机构、人员；

（十一）以不正当手段干扰中国证监会及其派出机构监管执法工作的人员；

（十二）其他有与证券期货市场活动相关的违法失信行为的公民、法人或者其他组织。

第八条　本办法所称诚信信息包括：

（一）公民的姓名、性别、国籍、身份证件号码，法人或者其他组织的名称、住所、统一社会信用代码等基本信息；

（二）中国证监会、国务院其他主管部门等其他省级及以上单位和证券期货交易场所、证券期货市场行业协会、证券登记结算机构等全国性证券期货市场行业组织（以下简称证券期货市场行业组织）作出的表彰、奖励、评比，以及信用评级机构、诚信评估机构作出的信用评级、诚信评估；

（三）中国证监会及其派出机构作出的行政许可决定；

（四）发行人、上市公司、全国中小企业股份转让系统挂牌公司及其主要股东、实际控制人，董事、监事和高级管理人员，重大资产重组交易各方，及收购人所作的公开承诺的未履行或者未如期履行、正在履行、已如期履行等情况；

（五）中国证监会及其派出机构作出的行政处罚、市场禁入决定和采取的监督管理措施；

（六）证券期货市场行业组织实施的纪律处分措施和法律、行政法规、规章规定的管理措施；

（七）因涉嫌证券期货违法被中国证监会及其派出机构调查及采取强制措施；

（八）违反《证券法》第一百七十一条的规定，由于被调查当事人自身原因未履行承诺的情况；

（九）到期拒不执行中国证监会及其派出机构生效行政处罚决定及监督管理措施，因拒不配合中国证监会及其派出机构监督检查、调查被有关机关作出行政处罚或者处理决定，以及拒不履行已达成的证券期货纠纷调解协议；

（十）债券发行人未按期兑付本息等违约行为、担保人未按约定履行担保责任；

（十一）因涉嫌证券期货犯罪被中国证监会及其派出机构移送公安机关、人民检察院处理；

（十二）以不正当手段干扰中国证监会及其派出机构监管执法工作，被予以行政处罚、纪律处分，或者因情节较轻，未受到处罚处理，但被纪律检查或者行政监察机构认定的信息；

（十三）因证券期货犯罪或者其他犯罪被人民法院判处刑罚；

（十四）因证券期货侵权、违约行为被人民法院判决承担较大民事赔偿责任；

（十五）因违法开展经营活动被银行、保险、财政、税收、环保、工商、海关等相关主管部门予以行政处罚；

（十六）因非法开设证券期货交易场所或者组织证券期货交易被地方政府行政处罚或者采取清理整顿措施；

（十七）因违法失信行为被证券公司、期货公司、基金管理人、证券期货服务机构以及证券期货市场行业组织开除；

（十八）融资融券、转融通、证券质押式回购、约定式购回、期货交易等信用交易中的违约失信信息；

（十九）违背诚实信用原则的其他行为信息。

第九条　诚信档案不得采集公民的宗教信仰、基因、指纹、血型、疾病和病史信息以及法律、行政法规规定禁止采集的其他信息。

　　第十条　本办法第八条第(二)项所列公民、法人或者其他组织所受表彰、奖励、评比和信用评级、诚信评估信息,由其自行向中国证监会及其派出机构申报,记入诚信档案。

　　公民、法人或者其他组织按规定向中国证监会及其派出机构申报前款规定以外的其他诚信信息,记入诚信档案。

　　公民、法人或者其他组织申报的诚信信息应当<u>真实、准确、完整</u>。

　　第十一条　本办法第八条第(一)项、第(三)项至第(十二)项诚信信息,由中国证监会及其派出机构、证券期货市场行业组织依其职责采集并记入诚信档案;第(十七)项、第(十八)项诚信信息,由相关证券期货市场行业组织、证券期货经营机构采集并记入诚信档案;其他诚信信息由中国证监会及其派出机构通过政府信息公开、信用信息共享等途径采集并记入诚信档案。

　　第十二条　记入诚信档案的诚信信息所对应的决定或者行为经法定程序撤销、变更的,中国证监会及其派出机构相应删除、修改该诚信信息。

　　第十三条　本办法第八条规定的违法失信信息,在诚信档案中的<u>效力期限为3年</u>,但因证券期货违法行为被行政处罚、市场禁入、刑事处罚和判决承担较大侵权、违约民事赔偿责任的信息,其<u>效力期限为5年</u>。

　　法律、行政法规或者中国证监会规章对违法失信信息的效力期限另有规定的,国务院其他主管部门对其产生的违法失信信息的效力期限另有规定的,从其规定。

　　前款所规定的效力期限,自对违法失信行为的处理决定执行完毕之日起算。

　　超过效力期限的违法失信信息,不再进行诚信信息公开,并不再接受诚信信息申请查询,公民、法人或者其他组织根据本办法第十七条申请查询自己信息的除外。

母题精选

【综合题】甲公司因违反证券市场规定,被处以警告和罚款,则该处罚信息在诚信档案中的效力期限为(　　)年。

　　　　A. 1　　　　　　　　B. 3　　　　　　　　C. 5　　　　　　　　D. 10

【答案】C　**【解析】**根据《证券期货市场诚信监督管理办法》第十三条的规定,选项C正确。

第三章　诚信信息的公开与查询(掌握)

考查概率:60%,所占分值为0.5~1分。
考试题型:主要以单选题和判断题的形式出现。
考查重点:第十五条、第十九条和第二十一条。

　　第十四条　本办法第八条第(二)、(三)、(四)、(六)项信息和第(五)项的行政处罚、市场禁入信息依法向社会公开。

　　中国证监会在其网站建立证券期货市场违法失信信息公开查询平台,社会公众可通过该平台查询本办法第八条第(五)项行政处罚、市场禁入决定信息,第(六)项信息等违法失信信息。

　　第十五条　中国证监会对有下列严重违法失信情形的市场主体,在证券期货市场违法失信信息公开查询平台进行专项公示:

　　(一)因操纵市场、内幕交易、欺诈发行、虚假披露信息、非法从事证券期货业务、利用未公开信息交易以及编造、传播虚假信息被中国证监会及其派出机构作出行政处罚;

　　(二)被中国证监会及其派出机构采取市场禁入措施;

　　(三)因证券期货犯罪被人民法院判处刑罚;

　　(四)因拒不配合中国证监会及其派出机构监督检查、调查被有关机关作出行政处罚或者处理决定;

　　(五)到期拒不执行中国证监会及其派出机构生效行政处罚决定;

　　(六)经责令改正仍逾期不履行《证券法》第八十四条规定的公开承诺;

　　(七)严重侵害投资者合法权益、市场反应强烈的其他严重违法失信情形。

严重违法失信主体的专项公示期为一年，自公示之日起算。

中国证监会对有第(五)、(六)项情形的市场主体，统一归集至全国信用信息共享平台安排公示的，按照相关规定办理。

第十六条　除本办法第十四条、第十五条规定之外的诚信信息，公民、法人或者其他组织可以根据本办法规定向中国证监会及其派出机构申请查询。

第十七条　公民、法人或者其他组织提出诚信信息查询申请，符合以下条件之一的，中国证监会及其派出机构予以办理：

(一)公民、法人或者其他组织申请查询自己的诚信信息的；

(二)发行人、上市公司申请查询拟任董事、监事、高级管理人员的诚信信息的；

(三)发行人、上市公司申请查询拟参与本公司并购、重组的公民、法人或者其他组织的诚信信息的；

(四)发行人、上市公司申请查询拟委托的证券公司、证券服务机构及其相关从业人员的诚信信息的；

(五)证券公司、债券受托管理人、证券服务机构申请查询其所提供专业服务的发行人、上市公司及其董事、监事、高级管理人员、控股股东和实际控制人以及债券发行担保人的诚信信息的；

(六)证券公司、期货公司、基金管理人、证券期货服务机构申请查询已聘任或者拟聘任的董事、监事、高级管理人员或者其他从业人员的诚信信息的；

(七)中国证监会规定的其他条件。

第十八条　公民、法人或者其他组织提出诚信信息查询申请，应当如实提供如下材料：

(一)查询申请书；

(二)身份证明文件；

(三)办理本办法第十七条第(二)项至第(六)项查询申请的，查询申请书应经查询对象签字或者盖章同意，或者有查询对象的其他书面同意文件。

第十九条　公民、法人或者其他组织提出的查询申请，符合条件，材料齐备的，中国证监会及其派出机构自收到查询申请之日起5个工作日内反馈。

第二十条　公民、法人或者其他组织申请查询的诚信信息属于国家秘密，其他公民、法人或者其他组织的商业秘密及个人隐私的，中国证监会及其派出机构不予查询，但应当在答复中说明。

第二十一条　记入诚信档案的公民、法人或者其他组织，认为其诚信信息具有本办法第十二条规定的应予删除、修改情形的，或者具有其他重大、明显错误的，可以向中国证监会及其派出机构申请更正。

中国证监会及其派出机构收到公民、法人或者其他组织的信息更正申请后，应当在15个工作日内进行处理，并将处理结果告知申请人。确有本办法第十二条规定的应予删除、修改情形的，或者其他重大、明显错误情形的，应予更正。

第二十二条　公民、法人或者其他组织通过申请查询获取诚信信息的，不得泄露或者提供他人使用，不得进行以营利为目的的使用、加工或者处理，不得用于其他非法目的。

第四章　诚信约束、激励与引导（重点掌握）

第二十三条　中国证监会建立发行人、上市公司、全国中小企业股份转让系统挂牌公司、证券公司、期货公司、基金管理人、证券期货服务机构、证券期货基金从业人员等主要市场主体的诚信积分制度，实行诚信分类监督管理。

诚信积分和诚信分类监督管理具体办法另行制定。

第二十四条　向中国证监会及其派出机构申请行政许可，申请人以及申请事项涉及的有关当事人应当书面承诺其所提交的申请材料真实、准确、完整，并诚信合法地参与证券期货市场活动。

第二十五条　中国证监会及其派出机构审查行政许可申请，应当查阅申请人以及申请事

考查概率：100%，所占分值为1~2分。

考试题型：单选题、多选题、判断题和综合题均有出现的可能。

考查重点：第二十三条、第三十一条、第三十二条、第三十四条和第四十条。

项所涉及的有关当事人的诚信档案,对其诚信状况进行审查。

证券期货市场行业组织在履行登记、备案、注册、会员批准等工作职责时,应当按照前款规定办理。

证券交易场所依法审核公开发行证券及上市交易或挂牌转让申请时,应当按照第一款规定办理。

第二十六条 中国证监会及其派出机构审查行政许可申请,发现申请人以及有关当事人有本办法第八条第(四)项中的未履行或者未如期履行承诺信息,或者第(五)项至第(十八)项规定的违法失信信息的,可以要求申请人或者受申请人委托为行政许可申请提供证券期货服务的有关机构提供书面反馈意见。

书面反馈意见应就如下事项进行说明:

(一)诚信信息所涉及相关事实的基本情况;

(二)有关部门所作决定、处理的执行及其他后续情况,并提供证明材料;

(三)有关证券期货服务机构关于诚信信息对行政许可事项是否构成影响的分析。

申请人或者有关证券期货服务机构应在规定期限内提交书面反馈意见。

第二十七条 申请人或者有关证券期货服务机构的书面反馈意见不明确,有关分析、说明不充分的,中国证监会及其派出机构可以直接或者委托有关机构对有关事项进行核查。

第二十八条 根据本办法第二十六条、第二十七条提供书面反馈意见或者进行核查的时间,不计入行政许可法定期限。

第二十九条 行政许可申请人以及申请事项所涉及的有关当事人有本办法第八条第(四)项中的未履行或者未如期履行承诺信息,或者第(五)项至第(十八)项规定的违法失信信息之一,属于法定不予许可条件范围的,中国证监会及其派出机构应当依法作出不予许可的决定。

申请人以及申请事项所涉及的有关当事人的诚信信息虽不属于法定不予许可条件范围,但有关法律、行政法规和规章对行政许可法定条件提出诚实信用要求、作出原则性规定或者设定授权性条款的,中国证监会及其派出机构可以综合考虑诚信状况等相关因素,审慎审查申请人提出的行政许可申请事项。

第三十条 业务创新试点申请人有本办法第八条第(四)项中的未履行或者未如期履行承诺信息,或者第(五)项至第(十八)项规定的违法失信信息之一的,中国证监会及其派出机构、证券期货市场行业组织可以暂缓或者不予安排,但申请人能证明该违法失信信息与业务创新明显无关的除外。

第三十一条 中国证监会及其派出机构审查行政许可,对符合以下条件的,在受理后,即时进行审查:

(一)近三年没有违反证券期货法律、行政法规和中国证监会规定的失信记录;

(二)近三年没有因违法开展经营活动被银行、保险、税收、环保、海关等相关主管部门予以行政处罚;

(三)没有因证券期货犯罪或者其他犯罪被人民法院判处刑罚。

中国证监会及其派出机构审查行政许可,可以在同等条件下对诚信积分较高的申请人优先审查。

第三十二条 中国证监会及其派出机构、证券期货市场行业组织在业务创新试点安排中,可以在法律、行政法规规定的范围内,对于同等条件下诚信状况较好的申请人予以优先安排。

第三十三条 中国证监会及其派出机构在对公民、法人或者其他组织进行行政处罚、实施市场禁入和采取监督管理措施中,应当查阅当事人的诚信档案,在综合考虑当事人违法行为的性质、情节、损害投资者合法权益程度和当事人诚信状况等因素的基础上,依法作出处理。

第三十四条 中国证监会及其派出机构在开展监督检查等日常监管工作中,应当查阅被监管机构的诚信档案,根据被监管机构的诚信状况,有针对性地进行现场检查和非现场检查,或者适当调整、安排现场检查的对象、频率和内容。

第三十五条　证券登记结算机构、证券公司、期货公司等机构在为投资者、客户开立证券、期货相关账户时,应当查询投资者、客户的诚信档案,按照规定办理相关账户开立事宜。

第三十六条　证券公司在办理客户证券质押式回购、约定式购回以及融资融券业务申请时,可以查阅客户的诚信档案,根据申请人的诚信状况,决定是否予以办理,或者确定和调整授信额度。

证券金融公司在开展转融通业务时,可以查阅证券公司的诚信档案,根据证券公司的诚信状况,决定是否对其进行转融通,或者确定和调整授信额度。

第三十七条　发行人、上市公司、全国中小企业股份转让系统挂牌公司、证券公司、期货公司、基金管理人、证券期货服务机构拟聘任董事、监事、高级管理人员以及从业人员的,应当查询拟聘任人员的诚信档案,并将其诚信状况作为决定是否聘任的依据。

第三十八条　证券公司、证券服务机构受托为发行人、上市公司、全国中小企业股份转让系统挂牌公司等提供证券服务的,应当查询委托人的诚信档案,并将其诚信状况作为决定是否接受委托、确定收费标准的依据。

第三十九条　公民、法人或者其他组织公开发布证券期货市场评论信息,所述事实内容与实际情况不相符合的,或者存在其他显著误导公众情形的,中国证监会及其派出机构可以对其出具诚信关注函,记入诚信档案,并可将有关情况向其所在工作单位、所属主管部门或者行业自律组织通报。

证券期货投资咨询机构及其人员公开发布证券期货市场评论信息违反规定的,依照有关规定处理、处罚。

公民、法人或者其他组织利用公开发布证券期货市场评论信息进行操纵市场等违法行为的,依法予以处罚;构成犯罪的,由司法机关依法追究刑事责任。

第四十条　证券期货市场行业组织应当教育和鼓励其成员以及从业人员遵守法律,诚实信用。对遵守法律、诚实信用的成员以及从业人员,可以给予表彰、奖励。

中国证监会鼓励证券期货市场行业组织等建立证券期货市场诚信评估制度,组织开展对有关行业和市场主体的诚信状况评估,并将评估结果予以公示。

中国证券业协会、中国期货业协会、中国上市公司协会、中国证券投资基金业协会建立年度诚信会员制度。具体办法由相关协会制定,报中国证监会备案。

第四十一条　上市公司、全国中小企业股份转让系统挂牌公司、证券公司、期货公司、基金管理人和证券期货服务机构等应当不断完善内部诚信监督、约束制度机制,提高诚信水平。

中国证监会及其派出机构对前款规定机构的内部诚信监督、约束制度机制建设情况进行检查、指导,并可以将检查情况在行业和辖区内进行通报。

第四十二条　对有本办法第八条第(四)项中的未履行或者未如期履行承诺信息,或者第(五)项至第(十八)项规定的违法失信信息的公民,中国证监会及其派出机构、证券期货市场行业组织可以不聘任其担任下列职务:

(一)中国证监会股票发行审核委员会委员;

(二)中国证监会上市公司并购重组审核委员会委员;

(三)中国证监会及其派出机构、证券期货市场行业组织成立的负有审核、监督、核查、咨询职责的其他组织的成员。

第四十三条　中国证监会与国务院其他部门、地方人民政府、国家司法机关和有关组织建立对证券期货市场参与主体的失信联合惩戒和守信联合激励制度机制,提供证券期货市场主体的相关诚信信息,依法实施联合惩戒、激励。

● 母 题 精 选

【多选题】中国证监会及其派出机构在开展监督检查等日常监管工作中,根据被监管机构的诚信状况,有针对性地进行(   )。

    A. 临时检查   B. 现场检查   C. 非现场检查   D. 定期检查

【答案】BC 【解析】根据《证券期货市场诚信监督管理办法》第三十四条的规定,选项 B 和选项 C 正确。

第五章　监督与管理(理解)

第四十四条　中国证监会诚信监督管理机构履行下列职责:

(一)界定、组织采集证券期货市场诚信信息;

(二)建立、管理诚信档案,组织、督促诚信信息的记入;

(三)组织办理诚信信息的公开、查询和共享;

(四)建立、协调实施诚信监督、约束与激励机制;

(五)中国证监会规定的其他诚信监督管理与服务职责。

第四十五条　中国证监会各派出机构负责接收、办理公民、法人或者其他组织根据本办法规定提出的诚信信息记入申报、诚信信息查询申请、诚信信息更正申请等事项。

第四十六条　中国证监会及其派出机构、证券期货市场行业组织,未按照本办法规定及时、真实、准确、完整地记入诚信信息,造成不良后果的,按照有关规定对相关责任人员进行行政处分;情节严重的,依法追究法律责任。

第四十七条　违反本办法第十条、第十八条、第二十二条、第三十五条、第三十七条、第三十八条规定的,中国证监会及其派出机构可以采取责令改正、监管谈话、出具警示函、责令公开说明、在一定期限内不予接受其诚信信息申报和查询申请等监督管理措施;情节严重的,依法追究法律责任。

第六章　附　则(了解)

第四十八条　中国证监会及其派出机构办理诚信信息查询,除可以收取打印、复制、装订、邮寄成本费用外,不得收取其他费用。

第四十九条　证券期货市场行业组织在履行自律管理职责中,查询诚信档案,实施诚信约束、激励的,参照本办法有关规定执行。

第五十条　本办法自 2018 年 7 月 1 日起施行。《证券期货市场诚信监督管理暂行办法》(证监会令第 106 号)同时废止。

章节测评

用手机微信扫描"章节测评"旁边的二维码或用电脑浏览器打开网址 http://cj.ek100.cn/即可进入智能题库进行章节测评。

考查概率:30%,所占分值为0.5～1分。

考试题型:主要以单选题和多选题的形式出现。

考查重点:第四十四条。

考查概率:0%。

考查重点:基本未考查,考生只需了解即可,不做重点要求。

第三部分 与期货交易相关的协会自律规则

应试分析

本部分内容较少,主要介绍了中国期货业协会颁布的三部重要的自律规则。在历次考试中,本部分所占的分值约为9分,考查重点集中在《期货从业人员执业行为准则(修订)》中。考生应结合正文中的知识点分析学习,并多练习加强记忆。

思维导图

与期货交易相关的协会自律规则
- 期货从业人员执业行为准则(修订)
  - 总　则(掌握)
  - 基本准则(掌握)
  - 合规执业(重点掌握)
  - 专业胜任能力(了解)
  - 对投资者的责任(重点掌握)
  - 竞业准则(理解)
  - 其他责任(重点掌握)
  - 监督及惩戒(重点掌握)
  - 附　则(了解)
- 期货经营机构投资者适当性管理实施指引(试行)
  - 总　则(了解)
  - 投资者分类(重点掌握)
  - 产品(服务)分级(掌握)
  - 适当性匹配与管理(重点掌握)
  - 经营机构的适当性内控管理(掌握)
  - 自律管理(理解)
  - 附　则(了解)
- 中国期货业协会纪律惩戒程序
  - 总　则(理解)
  - 立　案(理解)
  - 调　查(掌握)
  - 纪律惩戒决定(理解)
  - 听　证(理解)
  - 申　诉(理解)
  - 附　则(了解)

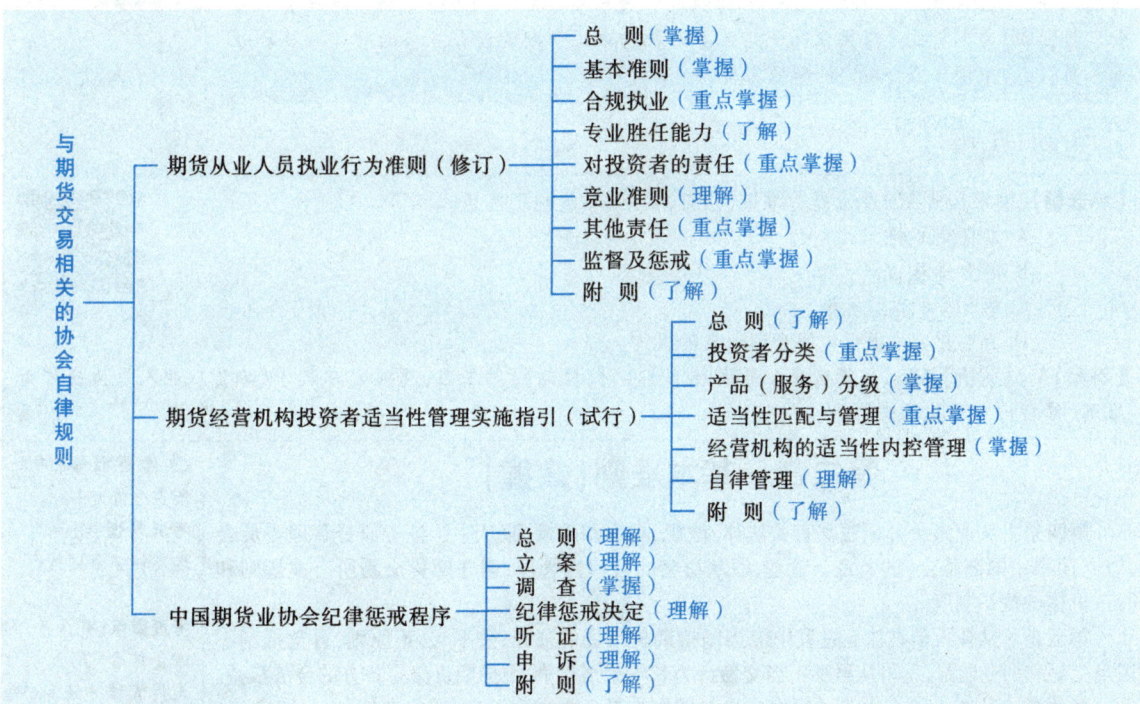

名师同步精讲

期货从业人员执业行为准则(修订)

视频讲解 微信扫描

随书赠送智能题库详见本书最后一页

(中国期货业协会 2008 年 4 月 30 日)

《期货从业人员执业行为准则(修订)》于 2008 年 4 月 30 日公布,自公布之日起施行。

中国期货业协会
2008 年 4 月 30 日

第一章 总　则(掌握)

第一条 为规范期货从业人员(以下简称从业人员)执业行为,促使其提高职业道德和业务素质,维护期货市场秩序,根据《期货交易管理条例》和《期货从业人员管理办法》的有关规定,制定本准则。

名师指导

👍 **考查概率:**60%,所占分值为 0.5 ~ 1 分。

考试题型:主要以单选题和多选题的形式出现。

考查重点:第一条中制定《期货从业人员执业行为准则(修订)》的目的。

第二条 本准则是对从业人员的职业品德、执业纪律、专业胜任能力及职业责任等方面的基本要求和规定,是从业人员在执业过程中必须遵守的行为规范,是中国期货业协会(以下简称协会)对从业人员进行纪律惩戒的主要依据。

第三条 本准则所称机构是指《期货从业人员管理办法》第三条所规定的机构;从业人员是指《期货从业人员管理办法》第四条规定的人员。

> **【知识链接】**《期货从业人员管理办法》第三条规定,本办法所称机构是指:(一)期货公司;(二)期货交易所的非期货公司结算会员;(三)期货投资咨询机构;(四)为期货公司提供中间介绍业务的机构;(五)中国证监会规定的其他机构。
>
> 《期货从业人员管理办法》第四条规定,本办法所称期货从业人员是指:(一)期货公司的管理人员和专业人员;(二)期货交易所的非期货公司结算会员中从事期货结算业务的管理人员和专业人员;(三)期货投资咨询机构中从事期货投资咨询业务的管理人员和专业人员;(四)为期货公司提供中间介绍业务的机构中从事期货经营业务的管理人员和专业人员;(五)中国证监会规定的其他人员。

◦ 母题精选

【单选题】《期货从业人员执业行为准则(修订)》中所称机构不包括(　　)。

    A. 期货交易所

    B. 期货公司

    C. 期货投资咨询机构

    D. 为期货公司提供中间介绍业务的机构

【答案】A **【解析】**根据《期货从业人员执业行为准则(修订)》第三条,选项A不属于《期货从业人员执业行为准则(修订)》中所称的机构。

第二章 基本准则(掌握) »

第四条 从业人员必须遵守有关法律、法规、规章和政策,服从中国证券监督管理委员会(以下简称中国证监会)的监督与管理,服从协会的自律性管理,遵守期货交易所有关规则和所在机构的规章制度。

第五条 从业人员在执业过程中应当坚持期货市场的公开、公平、公正原则,自觉抵制不正当交易和商业贿赂,不得从事不正当交易行为和不正当竞争,维护期货交易各方的合法权益。

第六条 从业人员在执业过程中应当对期货交易各方高度负责,诚实守信,恪尽职守,珍惜、维护期货业和从业人员的职业声誉,保障期货市场稳健运行。

第七条 从业人员在执业过程中应当以专业的技能,以小心谨慎、勤勉尽责和独立客观的态度为投资者提供服务,维护投资者的合法权益。

第八条 从业人员应当保守国家秘密、所在机构秘密、投资者的商业秘密及个人隐私,对在执业过程中所获得的未公开的重要信息应当履行保密义务,不得泄露、传递给他人,但下列情况除外:

    (一)有关法律、法规、规章等要求提供的;

    (二)国家司法部门、政府监管部门、协会和期货交易所按照有关规定进行调查取证的;

    (三)从业人员在执业过程中,为保护自己的合法权益而必须公开的。

从业人员对投资者服务结束或者离开所在机构后,仍应当保守投资者或者原所在机构的秘密。

第九条 从业人员在执业过程中遇到自身利益或相关方利益与投资者的利益发生冲突或可能发生冲突时,必须及时向投资者披露发生冲突的可能性及有关情况,并尽量避免冲突;当无法避免时,应当确保投资者的利益得到公平的对待。

考查概率:60%,所占分值为1分。

考试题型:主要以多选题和综合题的形式出现。

考查重点:第八条,通常会结合《期货从业人员管理办法》一起出题。

母 题 精 选

【综合题】某期货公司工作人员王某,利用在工作中了解到的客户交易信息,在另一家期货公司开户从事期货交易,还把信息透露给亲朋好友。王某违反的期货从业人员执业行为准则是(　　)。

    A.从业人员应自觉抵制商业贿赂
    B.从业人员不得进行虚假宣传,诱骗客户参与期货交易
    C.从业人员应当保守投资者的商业秘密,不得泄密,传递给他人
    D.从业人员不得以个人名义参与期货交易

【答案】CD　【解析】根据《期货从业人员执业行为准则(修订)》第八条和第十一条,从业人员应当保守国家秘密、所在机构秘密、投资者的商业秘密及个人隐私,对在执业过程中所获得的未公开的重要信息应当履行保密义务,不得泄露、传递给他人。选项C正确;从业人员不得以个人或者他人名义参与期货交易。选项D正确。

第三章　合规执业(重点掌握)

考查概率:100%,所占分值为0.5~1分。

考试题型:主要以单选题和多选题的形式出现。

考查重点:第十一条、第十三条、第十四条、第十五条。

第十条　从业人员必须遵守有关法律、行政法规和中国证监会的规定,遵守协会和期货交易所的自律规则,不得从事或者协同他人从事欺诈、内幕交易、操纵期货交易价格、编造并传播有关期货交易的虚假信息等违法违规行为。

第十一条　从业人员不得以个人或者他人名义参与期货交易。

第十二条　期货公司的从业人员不得有下列行为:

(一)以个人名义接受客户委托代理客户从事期货交易;

(二)进行虚假宣传,诱骗客户参与期货交易;

(三)挪用客户的期货保证金或者其他资产;

(四)中国证监会禁止的其他行为。

第十三条　期货交易所的非期货公司结算会员的从业人员不得有下列行为:

(一)利用结算业务关系及由此获得的结算信息损害非结算会员及其客户的合法权益;

(二)代理客户从事期货交易;

(三)中国证监会禁止的其他行为。

第十四条　期货投资咨询机构的从业人员不得有下列行为:

(一)利用传播媒介或者通过其他方式提供、传播虚假或者误导客户的信息;

(二)代理客户从事期货交易;

(三)中国证监会禁止的其他行为。

第十五条　为期货公司提供中间介绍业务的机构的从业人员不得有下列行为:

(一)收付、存取或者划转期货保证金;

(二)代理客户从事期货交易;

(三)中国证监会禁止的其他行为。

母 题 精 选

【多选题】以下机构中不得代理客户从事期货交易的包括(　　)。

    A.期货公司
    B.期货交易所
    C.期货交易所的非期货公司结算会员
    D.为期货公司提供中间介绍业务的机构

【答案】BCD　【解析】根据《期货从业人员执业行为准则(修订)》第十六条、第十七条、第十八条,选项B、选项C和选项D正确。

第四章　专业胜任能力（了解）

第十六条　从业人员在从事期货业务前,应当参加岗前培训并通过考核,具备相应的专业知识、技能和职业道德。

第十七条　从业人员应当加强业务知识更新,接受后续职业培训,保持并不断提高专业胜任能力。

第十八条　机构的管理人员应当对下属从业人员的工作进行指导、监督和支持,使其保持并不断提高专业胜任能力。

第五章　对投资者的责任（重点掌握）

第十九条　从业人员在向投资者提供服务前,应当了解投资者的财务状况、投资经验及投资目标,并应谨慎、诚实、客观地告知投资者期货投资的特点以及在期货投资中可能出现的各种风险,不得向投资者做出不符合有关法律、法规、规章、政策等规定的承诺或保证。

第二十条　从业人员在进行投资分析或者提出投资建议时,应当勤勉尽责、独立客观,投资分析及投资建议要有合理、充足的依据,要严格区分客观事实与主观判断,并对重要事实予以明示。

第二十一条　从业人员应当如实向投资者申明其所具有的执业能力,不得向投资者提供虚假文件、材料。从业人员应当保护投资者的合法利益,不得以损害投资者利益的手段谋取个人或者相关方利益。

第二十二条　从业人员在向投资者提供服务时应当公平地对待投资者。

第二十三条　从业人员不得疏怠履行应承担的义务:

(一)从业人员应当严格按照有关期货业务规则规定办理相关期货业务;

(二)从业人员应当及时告知投资者有关期货业务的情况,对投资者了解交易情况等合理的要求,应当在其职责范围内尽快给予答复;

(三)从业人员应当在法律法规及公司制度规定范围内根据客户授权进行期货业务。

第二十四条　从业人员不得迎合投资者的不合理要求,不得为了投资者利益而损害社会公共利益、所在机构的合法利益或者他人的合法权益。

● 母题精选

【多选题】期货从业人员在进行投资分析或者提出投资建议时,应当(　　)。

A.勤勉尽责、独立客观

B.投资分析及投资建议要有合理、充足的依据

C.要严格区分客观事实与主观判断

D.对重要事实予以明示

【答案】ABCD　【解析】根据《期货从业人员执业行为准则(修订)》第二十条,选项A、选项B、选项C和选项D均正确。

第六章　竞业准则（理解）

第二十五条　从业人员应当相互尊重、同业互助,共同维护本行业的职业道德,提高职业声誉。

第二十六条　提倡同业公平竞争,严禁从业人员从事下列不正当竞争行为:

(一)采用虚假或容易引起误解的宣传方式进行自我夸大或者损害其他同业者的名誉;

(二)贬低或诋毁其他机构、从业人员;

(三)采用明示或暗示与有关机构或者个人具有特殊关系的手段招徕投资者,或利用与有关组织的关系进行业务垄断;

右侧栏：

考查概率:0%。

考查重点:基本未考查,考生只需了解即可,不做重点要求。

考查概率:100%,所占分值为0.5～1分。

考试题型:主要以多选题和判断题的形式出现。

考查重点:第十九条、第二十条。

考查概率:30%,所占分值为0.5～1分。

考试题型:主要以单选题或多选题的形式出现。

考查重点:第二十五条、第二十六条、第二十七条。

（四）在投资者不知情的情况下给投资者代理人或介绍人返还佣金；

（五）以排挤竞争对手为目的，低于经营成本或行业自律标准收取手续费；

（六）中国证监会或协会认定的其他不正当竞争行为。

第二十七条　从业人员不得阻挠或者拒绝投资者另外委托其他机构或者从业人员提供服务，共同服务的从业人员之间应当明确分工和协作。

第二十八条　机构的管理人员不得以不正当手段招徕其他机构在职从业人员，不得以不正当手段辞退本机构从业人员。

第七章　其他责任（重点掌握）　▶▶

> **考查概率**：100%，所占分值为 1.5～2 分。
>
> **考试题型**：主要以单选题或综合题的形式出现。
>
> **考查重点**：本考点内容较少，但是非常重要，是历次考试的重点，考生应当掌握本考点的每一条规则。

第二十九条　从业人员在执业过程中不得获取不正当利益。

获取不正当利益的，应当退还。

第三十条　除所在机构同意外，从业人员不得兼任导致或者可能导致与现任职务产生实际或潜在利益冲突的其他组织的职务。

第三十一条　从业人员应当严格自律、洁身自好：

（一）对机构管理人员所发出的违法违规指令，从业人员应当予以抵制，并及时按照所在机构内部程序向高级管理人员或者董事会报告；机构未妥善处理的，从业人员应当及时向中国证监会或者协会报告。

从业人员发现所在机构有欺骗投资者、对市场严重不负责任等行为时，应当坚持原则，并及时向有关部门反映或举报。

（二）从业人员不能片面地强调业务的发展而忽视投资者信誉，更不能从个人利益出发与投资者恶意串通。发现投资者有不诚信、违法违规的行为时，应当及时向所在机构报告，并注意防范投资者的信用风险。

第三十二条　当从业人员与其所服务的投资者存在利益冲突或因其他原因无法继续提供期货业务服务时，应当通过所在机构及时与投资者协商，采取更换从业人员或其他办法妥善予以妥善解决。

第三十三条　从业人员因执业过错给机构造成损失的，应当承担相应责任。

◉ 母 题 精 选

【综合题】刘某为甲期货公司从业人员，在得知乙期货公司给居间人较高的返佣后，私下将新开发的客户介绍给乙期货公司。刘某违反的期货从业人员执业行为准则是（　　）。

　　A.除所在机构同意外，从业人员不得兼任导致与现任职务产生实际或潜在利益冲突的其他组织的职务

　　B.不得进行虚假宣传，诱骗客户参与期货交易

　　C.不得以他人名义参与期货交易

　　D.不得在投资者不知情的情况下给介绍人返还佣金

【答案】A　**【解析】**刘某违反的是《期货从业人员执业行为准则(修订)》第三十条规定的执业行为准则，选项A正确。

第八章　监督及惩戒（重点掌握）　▶▶

> **考查概率**：100%，所占分值为 2～2.5 分。
>
> **考试题型**：主要以单选题、多选题的形式出现，偶有判断题和综合题。

第三十四条　机构的管理人员应当指导、监督下属从业人员遵守有关法律、法规、规章及本准则。

第三十五条　从业人员有违反有关法律、法规、规章或本准则行为的，任何人都可以向协会进行举报。

从业人员受到机构处分,或者从事的期货业务行为涉嫌违法违规被调查处理的,机构应当在做出处分决定、知悉或者应当知悉该从业人员违法违规被调查处理事项之日起10个工作日内向协会报告。

对于违反本条规定的机构,协会要求其按期改正;逾期不改正的,协会给予训诫、公开谴责等措施,同时记入该机构诚信档案。情节严重的,协会移交中国证监会处理。

第三十六条 协会在接到对从业人员违规行为的举报或投诉后,按照规定的程序进行调查,并视违规事实及其后果做出相应的纪律惩戒。

协会对从业人员进行调查或者检查时,被调查人员应当积极配合。

第三十七条 从业人员违反本准则,情节轻微,且没有造成严重后果的,予以训诫,训诫以训诫信的形式向个人发出。

第三十八条 从业人员违反本准则,情节严重,并造成严重后果的,予以公开谴责。

第三十九条 从业人员有下列情形之一的,暂停其从业资格6个月至12个月;情节严重的,撤销其从业资格并在3年内拒绝受理其从业资格申请:

(一)本准则第二十六条所禁止行为之一的;

(二)拒绝协会调查或检查的;

(三)获取不正当利益的;

(四)向投资者隐瞒重要事项的;

(五)违反保密义务,泄露、传递他人未公开重要信息的。

第四十条 从业人员有下列情形之一,情节严重的,撤销其从业资格并在3年内或永久性拒绝受理其资格申请:

(一)有本准则第十条至第十五条所禁止行为之一的;

(二)违反有关法律、法规、规章和政策规定向投资者承诺或者保证收益的;

(三)违反有关从业机构的业务管理规定导致重大经济损失的;

(四)为了个人或投资者的不当利益而严重损害社会公共利益、所在机构或者他人的合法权益的。

第四十一条 从业人员违反本准则,情节显著轻微,且没有造成后果的,可免于纪律惩戒,由协会责成从业人员所在机构予以批评教育。

第四十二条 从业人员受到纪律惩戒的,协会将纪律惩戒信息录入协会从业资格数据库。

第四十三条 从业人员受到训诫、公开谴责和暂停从业资格的纪律惩戒的,应当参加协会组织的专项后续职业培训。

第四十四条 对从业人员的纪律惩戒由协会纪律委员会作出,从业人员对纪律惩戒不服的,可向协会申诉委员会申诉,申诉委员会作出的审议决定为最终决定。

第四十五条 从业人员与投资者或所在机构发生纠纷而无法自行合理解决的,可以按照规定的程序,提请协会进行调解。

第四十六条 从业人员违反国家法律、法规的执业行为,需要中国证监会给予行政处罚的,协会应当及时移送中国证监会处理。

考查重点:本考点内容非常重要,是历次考试的重点,考生应当全部掌握。

● 母题精选

【多选题】期货从业人员违反有关法律、法规、规章或者《期货从业人员执业行为准则(修订)》规定的,( )可以向中国期货业协会举报。

A.聘用期货从业人员的期货经营机构　　B.其他期货经营机构

C.投资者　　　　　　　　　　　　　　D.其他期货从业人员

【答案】ABCD　【解析】根据《期货从业人员执业行为准则（修订）》第三十五条，从业人员有违反有关法律、法规、规章或本准则行为的，任何人都可以向协会进行举报。所以，选项A、选项B、选项C和选项D均正确。

【综合题】因在执业过程中存在违法违规行为，期货从业人员张某、王某、赵某、李某分别被中国期货业协会采取了训诫、公开谴责、撤销从业资格和暂停从业资格的措施。上述4人中，应当参加中国期货业协会组织的专项后续职业培训的是(　　)。

　　A. 张某　　　　　B. 王某　　　　　C. 赵某　　　　　D. 李某

【答案】ABD　【解析】根据《期货从业人员执业行为准则（修订）》第四十三条，从业人员受到训诫、公开谴责和暂停从业资格的纪律惩戒的，应当参加协会组织的专项后续职业培训。张某、王某、李某分别被采取了训诫、公开谴责和暂停从业资格的措施，应当参加后续职业培训，赵某已被撤销从业资格，不属于期货从业人员，所以不应参加后续职业培训。

第九章　附　则(了解)

第四十七条　本准则经中国证监会核准，自颁布之日起实施。2003年7月1日颁布的《期货从业人员执业行为准则》同时废止。

考查概率：0%。

考查重点：基本未考查，考生只需了解即可，不做重点要求。

期货经营机构投资者适当性管理实施指引(试行)

(中期协字〔2017〕60号)

第一章 总 则（了解）

第一条 为了指导、督促期货经营机构有效落实适当性管理要求，维护投资者合法权益，根据《期货交易管理条例》、《证券期货投资者适当性管理办法》（以下简称《办法》）及相关法律法规，制定本指引。

第二条 期货公司、期货公司子公司以及其他期货经营机构（以下简称"经营机构"）向投资者公开销售或者非公开转让期货及其他衍生产品，或者为投资者提供证券期货相关业务服务，适用本指引。

第三条 经营机构应当根据法律、行政法规、监管规定和本指引的要求，制定投资者适当性管理制度，在经营中勤勉尽责，审慎履职，向投资者销售适当的产品或者提供适当的服务。

第四条 中国期货业协会（以下简称"协会"）按照《办法》、本指引及其他规定对经营机构履行适当性义务进行自律管理。

第二章 投资者分类（重点掌握）

第五条 经营机构向投资者销售产品或者提供服务时，应当充分了解《办法》第六条规定的投资者信息，可以采用但不限于以下方式：

（一）查询、收集投资者资料；

（二）问卷调查；

（三）知识测试；

（四）其他现场或非现场沟通等。

第六条 投资者对其提供的信息和证明材料的真实性、准确性、完整性负责，并配合经营机构进行适当性评估、分类及匹配管理。投资者提供的信息发生重要变化，可能影响其投资者分类的，应当及时告知经营机构。

第七条 经营机构应当按照《办法》要求，将投资者分为普通投资者和专业投资者，并实施差异化适当性管理。

第八条 符合《办法》第八条（一）、（二）、（三）项条件的投资者，应当向经营机构提供营业执照、经营业务许可证、登记或备案证明、开户类型证明等身份资质证明材料。经营机构审核通过的，可将其直接认定为专业投资者，并将认定结果书面告知投资者。

第九条 符合《办法》第八条（四）、（五）项条件的投资者划分为专业投资者时，应当遵循以下程序：

（一）投资者提出申请，并提供以下证明材料：

1.机构投资者提供最近一年的财务报表、金融资产证明文件、本机构的投资经历等；

2.自然人投资者提供近一个月本人的金融资产证明文件或近3年收入证明、投资经历或工作证明、职业资格证书等。

（二）经营机构审核通过的，认定其为专业投资者。

第十条 经营机构应当将普通投资者按其风险承受能力至少划分为五类，由低至高分别为C1（含风险承受能力最低类别）、C2、C3、C4、C5 类。

第十一条 经营机构可以制作投资者风险承受能力评估问卷以了解投资者风险承受能力情况：

（一）问卷内容应当至少包括收入来源和数额、资产状况、债务、投资知识和经验、风险偏好、诚信状况等因素；

（二）问卷问题不少于10个；

（三）问卷应当根据评估选项与风险承受能力的相关性，合理设定选项的分值和权重，建立评估得分与风险承受能力等级的对应关系。

经营机构应当根据了解的投资者信息，结合问卷评估结果，对其风险承受能力进行综合评估。

经营机构在投资者填写风险承受能力评估问卷时，不得进行诱导、误导、欺骗投资者，影响填写结果。

第十二条　风险承受能力经评估为 C1 类的自然人投资者，符合以下情形之一的，经营机构可以将其认定为风险承受能力最低类别的投资者：

（一）不具有完全民事行为能力；

（二）没有风险容忍度或者不愿承受任何投资损失；

（三）法律、行政法规规定的其他情形。

第十三条　符合《办法》第十一条规定条件的普通投资者，可以申请转化为专业投资者。申请转化流程如下：

（一）投资者填写转化申请书，确认自主承担可能产生的风险和后果，提交符合转化条件的证明材料；

（二）经营机构对投资者提供的资料进行审核，通过追加了解投资者信息、开展投资知识测试或者模拟交易等方式对投资者进行审慎评估，确认其符合转化要求；

（三）经营机构同意投资者转化的，应当向其说明对普通投资者和专业投资者履行适当性义务的差别，警示可能承担的投资风险；经营机构不同意投资者转化的，应当告知其评估结果及理由。

第十四条　符合《办法》第八条第（四）（五）项规定条件的专业投资者，如需转化为普通投资者，应当书面告知经营机构。经营机构应当按照普通投资者的标准，对其履行相应的适当性评估、匹配与管理义务。

第十五条　经营机构应当建立投资者适当性评估数据库，收录投资者信息并及时更新。数据库中应当至少包含以下信息：

（一）《办法》第六条所规定的投资者信息；

（二）投资者在本经营机构从事投资活动所产生的失信行为记录；

（三）投资者历次风险承受能力评估问卷内容、评级时间、评级结果等；

（四）投资者申请成为专业投资者或者不同类别投资者转化的申请及审核记录等；

（五）中国证监会、协会及经营机构认为必要的其它信息。

第十六条　经营机构应当保障投资者评估数据库正常运行，有效满足投资者适当性管理需求。

投资者评估数据库应纳入经营机构信息技术系统运维管理体系一管理。

第十七条　经营机构应当利用投资者评估数据库及交易行为记录等信息，持续跟踪和评估投资者风险承受能力，必要时调整其风险承受能力等级。经营机构调整投资者风险承受能力等级的，应当将风险承受能力评估结果交投资者签署确认，并以书面方式记载留存。

母题精选

【多选题】投资者申请成为专业投资者，应当提供的材料有（　　）。

　　A. 自然人投资者提供最近三个月本人的金融资产证明文件或近三年收入证明、投资经历或工作证明、职业资格证书等

　　B. 自然人投资者提供最近一个月本人的金融资产证明文件或近三年收入证明、投资经历或工作证明、职业资格证书等

　　C. 机构投资者提供最近两年的财务报表、金融资产证明文件、本机构的投资经历等

　　D. 机构投资者提供最近一年的财务报表、金融资产证明文件、本机构的投资经历等

【答案】BD　【解析】根据《期货经营机构投资者适当性管理实施指引(试行)》第九条的规定，选项 B、选项 D 正确。

第三章　产品（服务）分级（掌握）

第十八条　协会负责制定期货行业的产品或服务风险等级名录。如产品或服务发生变化，协会应根据情况及时更新名录。

第十九条　期货行业产品或服务的风险等级原则上由低到高划分为五级，分别为 R1、R2、R3、R4、R5 级。

经营机构评估相关产品或服务的风险等级，不得低于协会名录规定的风险等级。

高风险等级的产品或服务可以由经营机构自主确定，但应当至少包含本指引规定的 R5 风险等级的产品或服务。

第二十条　经营机构应当了解所销售产品或者所提供服务的信息，综合考虑流动性、到期时限、杠杆情况、结构复杂性、投资单位产品或者相关服务的最低金额、投资方向和投资范围、募集方式、发行人等相关主体的信用状况、同类产品或服务过往业绩等因素，根据风险特征和程度审慎评估、划分风险等级。

经营机构应当制作产品或服务风险等级评估表，根据产品或服务的评估因素与风险等级的相关性，确定各项评估因素的分值和权重，建立评估分值与产品或服务风险等级的对应关系。

涉及投资组合的产品或服务，应当按照产品或服务整体风险等级进行评估。

第二十一条　产品或服务对投资者有准入条件要求的，经营机构应当加强要件审核，审慎向符合准入条件的投资者销售产品或者提供服务。

第二十二条　经营机构委托其他机构销售本机构发行的产品或者提供服务，应当确认受托机构具备销售相关产品的资格及落实适当性义务要求的人员、内控制度、技术设备等能力。

经营机构应当制定并告知代销方所委托产品或者提供服务的适当性管理标准和要求，代销方应当严格执行，但法律、行政法规、中国证监会其他规章另有规定的除外。

母题精选

【单选题】根据《期货经营机构投资者适当性管理实施指引（试行）》，负责制定期货行业的产品或服务风险等级名录的是（　　）。

　　A. 中国期货业协会　　　　　　　　B. 期货交易所
　　C. 期货经营机构　　　　　　　　　D. 中国证监会

【答案】A　【解析】根据《期货经营机构投资者适当性管理实施指引（试行）》第十八条的规定，选项 A 正确。

第四章　适当性匹配与管理（重点掌握）

第二十三条　经营机构按照"适当的产品销售给适当的投资者"的原则销售产品或者提供服务，应当遵守下列匹配要求：

（一）投资期限、投资品种、期望收益等符合投资者的投资目标；

（二）产品或服务的风险等级符合投资者的风险承受能力等级；

（三）中国证监会、协会和经营机构规定的其他匹配要求。

第二十四条　普通投资者风险承受能力等级与产品或服务风险等级的匹配，应当按照以下标准确定：

（一）C1 类投资者（含风险承受能力最低类别）可购买或接受 R1 风险等级的产品或服务；

（二）C2 类投资者可购买或接受 R1、R2 风险等级的产品或服务；

（三）C3 类投资者可购买或接受 R1、R2、R3 风险等级的产品或服务；

考查概率：60%，所占分值约为 0.5 分。

考试题型：主要以单选题或判断题的形式出现。

考查重点：第十八条、第十九条。

考查概率：100%，所占分值为 0.5 ~ 1 分。

考试题型：主要以单选题、多选题和判断题的形式出现。

考查重点：第二十三条、第二十四条、第二十八条。

（四）C4 类投资者可购买或接受 R1、R2、R3、R4 风险等级的产品或服务；

（五）C5 类投资者可购买或接受 R1、R2、R3、R4、R5 风险等级的产品或服务。

风险承受能力最低类别的投资者只可购买或接受 R1 风险等级的产品或服务。

专业投资者可购买或接受所有风险等级的产品或服务。

第二十五条　投资者主动要求购买风险等级高于其风险承受能力的产品或者接受相关服务的，经营机构在确认其不属于风险承受能力最低类别投资者后，应当要求投资者签署特别风险警示书，确认其已知悉产品或服务的风险特征、风险高于投资者承受能力的事实及可能引起的后果。

第二十六条　经营机构向普通投资者销售产品或者提供服务前，应当按照《办法》第二十三条的规定告知可能的风险事项及明确的适当性匹配意见。

第二十七条　经营机构应当告知投资者，应综合考虑自身风险承受能力与经营机构的适当性匹配意见，独立做出投资决策并承担投资风险；经营机构提出的适当性匹配意见不表明其对产品或服务的风险和收益做出实质性判断或者保证，其履行投资者适当性职责不能取代投资者的投资判断，不会降低产品或服务的固有风险，也不会影响其依法应当承担的投资风险、履约责任以及费用。

第二十八条　经营机构向普通投资者销售或者提供高风险等级的产品或服务时，应当履行以下适当性义务：

（一）追加了解投资者的相关信息；

（二）向投资者提供特别风险警示书，揭示该产品或服务的高风险特征，由投资者签字确认；

（三）给予投资者至少 24 小时的冷静期或至少增加一次回访告知特别风险。

第二十九条　经营机构应当根据投资者和产品或服务的信息变化情况，主动调整投资者分类、产品或服务分级以及适当性匹配意见，并告知投资者。

母题精选

【多选题】下列关于普通投资者风险承受能力等级与产品或服务风险等级的匹配的说法，正确的有（　　　）。

A. C2 类投资者可购买或接受 R1、R2 风险等级的产品或服务

B. C3 类投资者可购买或接受 R1、R2、R3 风险等级的产品或服务

C. C4 类投资者可购买或接受 R1、R2、R3、R4 风险等级的产品或服务

D. C5 类投资者可购买或接受 R1、R2、R3、R4、R5 风险等级的产品或服务

【答案】ABCD　**【解析】**根据《期货经营机构投资者适当性管理实施指引（试行）》第二十四条，选项 A、选项 B、选项 C 和选项 D 均正确。

【单选题】期货经营机构向普通投资者销售或者提供高风险等级的产品或服务时应给予投资者至少（　　　）小时的冷静期。

A. 12　　　　　　B. 18　　　　　　C. 24　　　　　　D. 48

【答案】C　**【解析】**根据《期货经营机构投资者适当性管理实施指引（试行）》第二十八条，选项 C 正确。

第五章　经营机构的适当性内控管理（掌握）

第三十条　经营机构应当制定投资者适当性管理的内部制度，包括但不限于以下内容：

（一）了解投资者的标准、方法和流程；

（二）投资者分类的依据、方法和流程；

（三）了解产品或服务的标准、方法和流程；

考查概率：60%，所占分值为 0.5～1 分。

考试题型：主要以单选题、多选题或判断题的形式出现。

（四）产品或服务分级的依据、方法和流程；

（五）适当性匹配的标准、方法和流程；

（六）执行投资者适当性管理内部制度的保障措施。

第三十一条　经营机构通过现场方式向普通投资者履行本指引第十三条、第二十六条、第二十八条和第二十九条规定的告知、警示程序的，应当全过程录音或者录像；通过互联网等非现场方式履行告知、警示程序的，经营机构应当完善配套留痕安排，由普通投资者通过符合法律、行政法规要求的电子方式进行确认。

第三十二条　经营机构应当建立投资者适当性评估与销售隔离机制，销售人员不得参与投资者的分类评估、产品与服务的分级评估，以及投资者与产品或服务的匹配。

第三十三条　经营机构应当建立健全回访制度，由从事销售推介业务以外的人员，以电话、电邮、信函、短信等适当方式，每年抽取一定比例进行适当性回访。对于下列普通投资者，经营机构应当进行回访：

（一）生活来源主要依靠积蓄或社会保障的；

（二）购买或接受高风险产品或服务的；

（三）中国证监会、协会和经营机构认为必要的其他投资者。

第三十四条　回访的内容包括但不限于：

（一）受访人是否为投资者本人或者本机构；

（二）受访人是否亲自填写了相关信息表格、问卷，并按要求签字或者盖章；

（三）受访人此前提供的信息是否发生重要变化；

（四）受访人是否已知晓风险揭示或者警示的内容；

（五）受访人是否已知晓风险承受能力应当与所购买的产品或服务相匹配；

（六）受访人是否已知晓可能承担的费用及相关投资损失；

（七）经营机构及其从业人员是否存在《办法》第二十二条禁止的行为；

（八）中国证监会、协会和经营机构认为必要的其他内容。

第三十五条　经营机构应当每年至少开展一次适当性培训，提高相关岗位从业人员的适当性管理知识与技能，不断提升适当性执业规范水平。

第三十六条　经营机构应当明确专门部门对适当性管理工作开展情况进行监督检查，至少每半年开展一次适当性自查，并于每年的三月底及九月底前形成半年度自查报告，报告内容包括但不限于适当性制度建设、适当性评估与匹配、数据库管理、培训记录、资料保管、投诉处理、存在问题与整改措施等情况。

经营机构发现违反适当性管理要求的，应当按照相关要求及时处理并主动报告。

第三十七条　经营机构应当将相关岗位从业人员的适当性工作履职情况、投诉情况等纳入监督问责机制，确保从业人员切实履行适当性义务。

经营机构不得采取可能鼓励其从业人员向投资者销售不适当产品或提供不适当服务的考核、激励机制或措施。

第三十八条　经营机构可以向投资者披露本机构的适当性管理制度，协会鼓励经营机构通过网站、经营场所等披露投资者分类政策、产品或服务分级政策和自查报告等。

第三十九条　经营机构应当妥善保存与履行投资者适当性管理职责有关的信息和资料，包括但不限于匹配方案、告知警示资料、录音录像资料、自查报告等，保存期限不得少于20年。

第四十条　经营机构及其从业人员应当对在履行投资者适当性工作职责过程中获取的投资者信息、投资者风险承受能力评估结果等信息和资料严格保密，防止信息和资料被泄露或者被不当利用。

考查重点：第三十一条、第三十三条、第三十四条、第三十六条、第三十九条。

第四十一条　经营机构应当将适当性纠纷处理纳入本机构的投诉管理办法,明确纠纷的处理机制。投资者提出调解的,经营机构应当积极配合,优先通过协商解决争议。

母 题 精 选

【综合题】期货经营机构应当建立健全回访制度,下列属于回访的内容的有(　　　)。

　　A. 受访人是否为投资者本人或者本机构

　　B. 受访人是否已知晓风险揭示或者警示的内容

　　C. 受访人此前提供的信息是否发生重要变化

　　D. 受访人是否已知晓可能承担的费用及相关投资损失

【答案】ABCD　【解析】根据《期货经营机构投资者适当性管理实施指引(试行)》第三十四条,选项 A、选项 B、选项 C 和选项 D 均正确。

第六章　自律管理(理解)

第四十二条　协会可采取现场或者非现场检查等方式,对经营机构建立和执行投资者适当性制度的情况进行定期或者不定期检查。

第四十三条　经营机构及其从业人员应当积极配合协会检查工作,不得拒绝、拖延提供有关资料,或者提供不真实、不准确、不完整的资料。

第四十四条　经营机构及其从业人员履行投资者适当性职责时违反本指引的,协会将依据自律规则规定采取自律惩戒措施。

经营机构与投资者之间发生适当性纠纷,可以向协会申请调解。

第七章　附　则(了解)

第四十五条　本指引所称书面形式包括纸质或者电子形式。

第四十六条　经营机构履行投资者适当性义务时,可以根据实际情况对附件的内容加以调整和补充,但不得低于本指引及附件规定的标准。

第四十七条　除境外期货经营机构转委托代理开展特定品种交易的情形外,经营机构向境外投资者销售产品或者提供服务,应当遵守本指引规定。

第四十八条　经理事会同意,协会发布产品或服务风险等级名录。

第四十九条　本指引所规定条款与其它证券期货自律规则条款内容发生竞合的,在不与《办法》内容、原则、精神、内在逻辑及证监会相关解释相违背的情况下,适用较为严格的规定条款。

第五十条　本指引经协会第四届理事会第十四次会议(临时)审议通过。

第五十一条　本指引的解释权归协会理事会。

第五十二条　本指引自 2017 年 7 月 1 日起施行。2012 年 9 月 27 日发布、2015 年 4 月 3 日修订发布的《期货公司资产管理业务投资者适当性评估程序》,2010 年 2 月 9 日发布、2013 年 9 月 3 日修订发布的《期货公司执行金融期货投资者适当性制度管理规则(修订)》同时废止。

👍 考查概率:30%,所占分值约为0.5分。

考试题型:主要以单选题的形式出现。

考查重点:第四十二条。

👍 考查概率:0%。

考查重点:基本未考查,考生只需了解即可,不做重点要求。

中国期货业协会纪律惩戒程序

（2011 年 2 月 18 日修订发布，2017 年 3 月 9 日第二次修订发布）

第一章　总　则（理解）

第一条　为规范中国期货业协会（以下简称协会）的纪律惩戒程序，保障协会依法实施自律管理职责，维护协会会员和期货从业人员的合法权益，根据《期货交易管理条例》和《中国期货业协会章程》的有关规定，制定本规则。

第二条　协会对会员和期货从业人员违反协会自律规则的行为给予纪律惩戒的，依照本规则执行。

第三条　协会理事会设立自律监察委员会和申诉委员会，分别由不同人员组成。自律监察委员会根据协会自律监察部门的调查结果作出纪律惩戒决定，申诉委员会负责受理、审查被惩戒的会员和从业人员的申诉。

第四条　受调查、受惩戒的会员或期货从业人员（以下简称当事人）认为参与案件处理的人员与本案有直接利害关系的，有权申请回避。是否回避，由所在部门或机构负责人在收到回避申请的 5 个工作日内作出决定。

第五条　协会实施纪律惩戒，应当遵循公开、公平、公正的原则，以事实为根据，严格执行协会的有关规定，坚持教育与惩戒相结合。

第六条　协会作出的立案通知、纪律惩戒意见告知书、纪律惩戒决定、审议决定等文书，可以通过邮寄、协会网站公告、委托相关会员单位协助等多种方式送达。

以邮寄方式送达的，邮件寄出后，北京市辖区内 3 个工作日、北京市辖区外 7 个工作日视为送达。

通过电话、邮寄、委托相关会员单位协助等方式联系不到当事人的，可以采用协会网站公告方式送达。以协会网站公告方式送达的，自发出公告之日起，经过 30 日即视为送达。

第二章　立　案（理解）

第七条　协会通过下列渠道发现可能存在违规行为的，经初步核实后予以立案：

（一）书面实名投诉、举报，或匿名投诉、举报且线索清晰的；

（二）监管部门转交；

（三）自律检查中发现；

（四）其他渠道。

第八条　协会负责接待投诉、举报的人员应当填写受理投诉举报登记表。受理投诉举报登记表应当载明投诉人和被投诉人的基本情况，投诉事实摘要和接待人员的初审意见。

协会主要受理对会员和期货从业人员违反协会自律规则的投诉举报，该投诉举报已被行政机关、司法机关受理的，协会原则上不再予以受理。

考查概率：30%，所占分值约为 0.5 分。

考试题型：主要以单选题或判断题的形式出现。

考查重点：第五条。

本规定是 2020 年新增考试内容，考生应当掌握中国期货业协会针对会员和期货从业人员纪律惩戒的具体程序，细节内容熟悉即可。

考查概率：40%，所占分值为 0.5～1 分。

考试题型：主要以单选题或多选题的形式出现。

考查重点：第七条中关于协会发现会员和期货从业人员可能存在违规行为的渠道。

第九条 协会自律监察部门应当在 20 个工作日内对发现的违规线索开展预调查,进行初步核实,提出是否立案的建议,报协会领导决定。

决定立案的,在立案后 5 个工作日内向当事人发出书面立案通知,立案通知中应当载明立案调查的原因、依据以及当事人的权利义务。

母题精选

【多选题】根据《中国期货业协会纪律惩戒程序》的规定,中国期货业协会发现会员和期货从业人员可能存在违规行为的渠道包括( )。

A. 实名举报   B. 匿名投诉

C. 监管部门转交   D. 在自律检查中发现

【答案】ABCD 【解析】根据《中国期货业协会纪律惩戒程序》第七条的规定,选项 A、选项 B、选项 C 和选项 D 均正确。

第三章 调 查(掌握) ⟫

第十条 当事人应当在接到立案通知后 7 个工作日内提交书面申辩意见。

书面申辩意见应当针对被调查的行为或存在的问题陈述事实、说明理由,并就是否与投诉人达成和解协议或作出相应的赔偿,以及是否存在其他应当从轻或减轻的情节作出说明。

第十一条 当事人在申辩过程中应当承担主要举证责任,就其申辩意见中提出的主张提交相应的证据材料,并在其提供的申辩意见及证据材料上签名或者盖章。

当事人在申辩期限内不行使申辩权的视为放弃申辩。放弃申辩可能导致的对当事人不利的后果由其自行承担。

第十二条 调查人员在调查过程中,有权采取以下措施:

(一)进入违规行为发生场所调查取证;

(二)询问当事人和与被调查事件有关的单位和个人,要求其对与被调查事件有关的事项作出说明;

(三)查阅、复制当事人和与被调查事件有关的单位和个人的相关文件和资料。

第十三条 需要进行现场调查的,协会应当成立调查组,调查组由两名以上调查人员组成。调查时,调查人员应当出示协会公函及有效的身份证明文件。

现场询问应当由两名调查人员在场并制作询问笔录,被询问人和调查人员应当在询问笔录上逐页签字确认。同一被询问人就同一问题表述前后不一致的,应当作出解释并提供客观证据。

调查人员复制相关文件和资料的,当事人和与被调查事件有关的单位和个人应当在复制件上签字或盖章。

第十四条 协会自律监察部门应当自立案之日起 30 个工作日内结束调查,确需延长调查期限的,由自律监察部门报协会领导决定。

如果发生导致调查无法进行的事由,由协会会长办公会批准决定中止调查,待上述事由

考查概率:70%,所占分值为 0.5~1 分。

考试题型:主要以单选题、多选题或判断题的形式出现。

考查重点:第十一条、第十二条、第十四条和第十七条。

消失后恢复调查。中止调查期间不计入调查期限。

对于监管部门转交协会调查的案件,调查期限依照监管部门规定的期限执行。

第十五条 在案件调查过程中发现以下事由的,由协会会长办公会批准决定终止调查:

(一)没有违规事实的;

(二)被调查人死亡或终止的;

(三)其他需要终止调查的情形。

第十六条 案件调查结束后,自律监察部门应当完成调查报告,载明被调查当事人的基本情况、经调查核实的事实及证据情况并提出处理建议及依据。

调查报告报协会会长办公会批准决定后提交自律监察委员会。

第十七条 有投诉人的案件,投诉人和被投诉人可以自行和解,也可进行调解。

在自律监察委员会作出纪律惩戒决定之前,双方达成和解或者调解协议的,对被投诉人可以减轻或免除纪律惩戒。被投诉人不履行上述和解或者调解协议的,自律监察委员会对该违约行为可以单独予以纪律惩戒。

母题精选

【单选题】根据《中国期货业协会纪律惩戒程序》的规定,( )在申辩过程中应当承担主要举证责任。

A. 投诉人　　　　B. 当事人　　　　C. 调查人员　　　　D. 期货业协会

【答案】B 【解析】根据《中国期货业协会纪律惩戒程序》第十一条规定,当事人在申辩过程中应当承担主要举证责任。选项 B 正确。

第四章 纪律惩戒决定(理解)

第十八条 自律监察委员会通过对调查报告、当事人的陈述或者申辩意见等材料进行审查后,根据不同情况,作出以下决定:

(一)确认当事人违反自律规则事实不成立或情节轻微的,作出撤销案件或不予纪律惩戒的决定;

(二)认为事实不清的,要求协会自律监察部门重新调查;

(三)确认当事人有违反自律规则行为的,或虽未违反法律、行政法规和行业规范的明文规定,但其行为与期货行业的职业道德明显不相称的,或其行为严重破坏行业声誉、损害行业根本利益的,作出予以纪律惩戒的决定;

(四)涉嫌违法违规,需要中国证监会给予行政处罚的,依法移送中国证监会处理;涉嫌犯罪的,依法移送有权机关处理。

第十九条 自收到调查报告之日起,自律监察委员会应当在两个月内作出决定。对于案情复杂的,经自律监察委员会主任委员决定,可以延长两个月。

第二十条 ①协会对违反协会章程或自律规则的会员,根据情节轻重,给予下列纪律惩戒:

考查概率:40%,所占分值为 0.5~1 分。
考试题型:主要以单选题或多选题的形式出现。
考查重点:第二十条和第二十一条。

①考生在学习过程中,应注意区分会员和期货从业人员的纪律惩戒的不同之处,并通过对比进行记忆。

（一）训诫；

（二）公开谴责；

（三）限期整改；

（四）暂停会员部分权利；

（五）暂停会员资格；

（六）取消会员资格；

（七）协会自律规则规定的其他纪律惩戒措施。

会员受到前款所列纪律惩戒之一的，协会可以对直接负责的主管人员和其他直接责任人员给予纪律惩戒。

纪律惩戒决定生效之后，协会将纪律惩戒信息记入证券期货市场诚信档案数据库和协会行业信息管理平台，并可在协会网站或其他相关媒体上公布。

第二十一条　协会对违反自律规则的期货从业人员，根据情节轻重，给予下列纪律惩戒：

（一）训诫；

（二）公开谴责；

（三）暂停从业资格 6 个月至 12 个月；

（四）撤销从业资格并在 3 年内拒绝受理其从业资格申请；

（五）撤销从业资格并永久性拒绝受理其从业资格申请。

纪律惩戒决定生效之后，协会将纪律惩戒信息记入证券期货市场诚信档案数据库、协会从业资格管理数据库和协会行业信息管理平台，并可在协会网站或其他相关媒体上公布。

第二十二条　自律监察委员会集体讨论作出纪律惩戒决定。会议至少应由 1/2 以上委员出席，决定应由出席会议委员的 2/3 以上通过。

第二十三条　拟对当事人作出暂停会员部分权利、暂停或取消会员资格、暂停或撤销从业资格纪律惩戒的，由自律监察委员会以协会的名义制作纪律惩戒意见告知书，告知书包括以下内容：拟作出纪律惩戒的事实、理由、依据、当事人依法享有的听证权利及权利行使期限。

第二十四条　自律监察委员会决定给予纪律惩戒的，应当以协会的名义制作纪律惩戒决定书。决定书应载明以下事项：

（一）当事人是从业人员的，写明姓名、性别、从业资格号码及其所在机构的名称；当事人是会员的，写明机构名称和办公地址；

（二）违反自律规则的事实和证据；

（三）惩戒结论和依据；

（四）提起申诉的权利、期限；

（五）作出惩戒决定的日期。

第二十五条　会员或从业人员有下列情形之一的，自律监察委员会可以按照有关法律文书中已确认的事实，并依据协会有关自律规则直接作出纪律惩戒决定：

（一）违反法律、行政法规、规章或中国证监会的有关规定，被中国证监会及其派出机构给予行政处罚或采取监管措施的；

（二）被司法机关追究法律责任的。

自律监察委员会按照本条规定作出暂停会员部分权利、暂停或取消会员资格、暂停或撤销从业资格等纪律惩戒决定的，不再组织听证。

第二十六条 当事人未在纪律惩戒决定书规定的期限内提出申诉申请的，申诉期满后纪律惩戒决定书即发生效力。

撤销案件决定书和不予纪律惩戒决定书送达当事人即发生效力。

第二十七条 会员或从业人员有逃避、抵制或阻挠调查的行为的，自律监察委员会可以单独对该行为予以纪律惩戒。

第五章 听 证（理解）

第二十八条 协会对会员作出暂停会员部分权利、暂停会员资格、取消会员资格纪律惩戒之前，应当告知会员有要求举行听证的权利，会员要求听证的，应当组织听证。

协会对从业人员依法作出以下纪律惩戒之前，应当告知从业人员有要求举行听证的权利，从业人员要求听证的，应当组织听证：

（一）暂停从业资格 6 个月至 12 个月；

（二）撤销从业资格并在 3 年内拒绝受理其从业资格申请；

（三）撤销从业资格并永久性拒绝受理其从业资格申请。

会员或从业人员要求听证的，应当自收到纪律惩戒意见告知书之日起 7 个工作日内，向协会提交听证申请书，说明听证的要求和理由。逾期不提出申请的，视为放弃听证权利。

第二十九条 申请听证的，协会应当在听证的 7 个工作日前，通知当事人举行听证的时间、地点。

第三十条 自律监察委员会举行听证时，由三名委员组成听证会，其中一名委员为听证主持人，其他二名委员为听证员。自律监察委员会可以根据需要邀请有关部门的人员或专家作为听证员参加听证。

听证会记录由当事人及证人签字确认后存入档案。自律监察委员会有权制作听证会录音录像资料作为听证会记录的补充形式。

第三十一条 当事人应当按时参加听证。当事人未按时参加听证的，视为放弃听证权利。

第三十二条 当事人可以亲自参加听证，也可以委托 1 至 2 位代理人参加听证。

当事人委托代理人参加听证的，应当在举行听证前向协会提交授权委托书。授权委托书应当具体写明授权范围和权限，包括但不限于：代为陈述、申辩、质证；代为放弃听证；代收相关文书等。

第三十三条 当事人在听证中的权利和义务：

（一）有权对案件涉及的事实、适用规则及有关情况进行陈述和申辩；

（二）有权对案件调查人员提出的证据进行质证和提出新的证据；

（三）如实陈述案件事实和回答提问；

（四）遵守听证纪律,服从听证主持人的要求。

第三十四条　听证按下列程序进行:

（一）听证开始前,书记员应当查明案件当事人及其代理人、案件调查人员等听证参加人是否到场,并宣布听证纪律;

（二）听证主持人核对听证参加人,宣布出席听证的听证员、书记员和案件调查人员名单,告知听证参加人在听证中的权利义务,询问案件当事人是否申请回避;

（三）听证主持人宣布听证开始,宣布案由;

（四）案件调查人员提出当事人违规的具体事实、证据和纪律惩戒建议、依据;

（五）当事人或其代理人陈述申辩意见、提出辩解的证据;

（六）经听证主持人允许,当事人或其代理人和案件调查人员双方可以就案件事实相互进行质证,并均可向证人、鉴定人发问;

（七）听证主持人、听证员提问;

（八）当事人作补充陈述;

（九）听证主持人宣布听证结束。

听证主持人在听证中有权对听证参加人员不当的辩论内容及行为予以制止;对不听制止的,可以责令其退出听证会场。

第三十五条　听证结束后,听证员应当进行合议,听证主持人根据合议情况写出听证报告,并由听证员签名后,将听证报告、听证笔录及听证取得的证据,一并报协会自律监察委员会。

听证结束后,自律监察委员会根据案件调查材料、听证报告、听证笔录及听证取得的其他证据作出纪律惩戒或不予纪律惩戒的决定。

第三十六条　协会举行听证,不向当事人收取费用。

第六章　申　诉（理解）

第三十七条　当事人对纪律惩戒决定不服的,可以在接到纪律惩戒决定书之日起15个工作日内向申诉委员会提出书面申诉申请。

第三十八条　申诉委员会根据不同情况作出以下审议决定:

（一）认为原决定认定事实清楚,适用依据正确,程序适当的,维持原决定;

（二）认为原决定认定事实清楚,适用程序正确,但适用依据不适当或作出的纪律惩戒不适当的,可以变更原决定;

（三）认为原决定在程序上存在不足的,要求自律监察委员会进行补正;

（四）认为原决定认定事实不清,或程序严重不适当的,或原决定认定的事实发生重大变更的,撤销原来的决定,由协会自律监察部门重新调查或者由自律监察委员会重新作出决定;

（五）认为原决定认定事实不成立的,撤销原来的决定,作出不予纪律惩戒的决定。

审议决定通过后,申诉委员会应当以协会的名义发出审议决定书。

第三十九条　申诉委员会集体讨论作出审议决定。会议至少应由1/2以上委员出席,决

考查概率:20%,所占分值约为0.5分。

考试题型:主要以单选题或判断题的形式出现。

考查重点:第三十九条。

定应由出席会议委员的 2/3 以上通过。

    第四十条   申诉委员会应当在受理申诉后的 30 个工作日内作出审议决定。

    第四十一条   申诉委员会的审议决定是最终决定,送达当事人时即发生效力并应当立即执行。

第七章   附   则(了解)

    第四十二条   本规则的解释权归协会理事会。

    第四十三条   本规则经 2007 年 12 月 26 日第二届理事会第四次会议审议通过。

    第四十四条   本规则自颁布之日起实施。

👍考查概率:0%。

考查重点:基本未考查,考生只需了解即可,不做重点要求。

章节测评

用手机微信扫描"章节测评"旁边的二维码或用电脑浏览器打开网址 http://cj.ek100.cn/即可进入智能题库进行章节测评。

第四部分 与期货交易相关的其他法律与规章制度

📌 应试分析

　　本部分主要介绍了与期货交易相关的其他法律与规章制度。本部分内容同样是考试的重点,涉及的分值约为13分,尤其是《最高人民法院关于审理期货纠纷案件若干问题的规定》,经常会出现容易失分的综合题。考生在学习时,不能只是死记硬背,要在理解的基础上进行记忆,并能做到活学活用。

📌 思维导图

```
与期货交易相关的其他法律与规章制度
├─ 中华人民共和国刑法(节录)（重点掌握）
├─ 最高人民法院关于审理期货纠纷案件若干问题的规定
│   ├─ 一般规定（理解）
│   ├─ 管 辖（重点掌握）
│   ├─ 承担责任的主体（重点掌握）
│   ├─ 无效合同责任（理解）
│   ├─ 交易行为责任（重点掌握）
│   ├─ 透支交易责任（重点掌握）
│   ├─ 强行平仓责任（掌握）
│   ├─ 实物交割责任（重点掌握）
│   ├─ 保证合约履行责任（理解）
│   ├─ 侵权行为责任（了解）
│   ├─ 举证责任（了解）
│   ├─ 保全和执行（重点掌握）
│   └─ 其 他（了解）
├─ 最高人民法院关于审理期货纠纷案件若干问题的规定（二）（重点掌握）
├─ 最高人民法院、最高人民检察院关于办理内幕交易、泄露内幕信息刑事案件具体应用法律若干问题的解释（掌握）
├─ 最高人民法院、最高人民检察院关于办理利用未公开信息交易刑事案件适用法律若干问题的解释（掌握）
└─ 最高人民法院最高人民检察院关于办理操纵证券、期货市场刑事案件适用法律若干问题的解释（掌握）
```

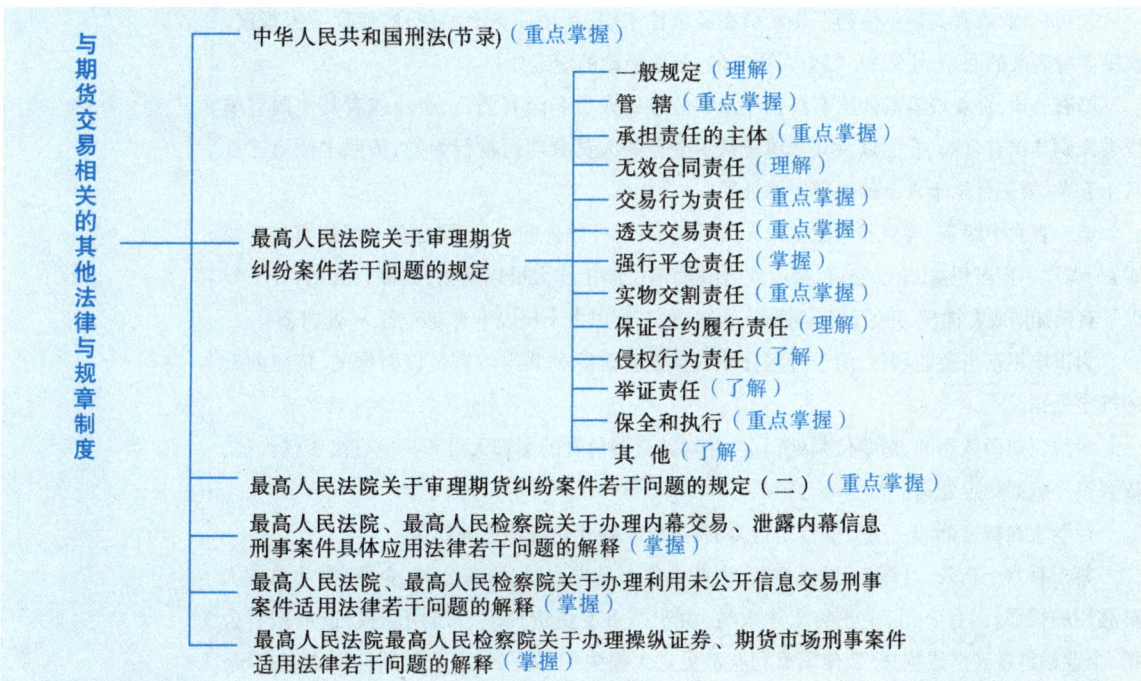

📌 名师同步精讲

中华人民共和国刑法（节录）（重点掌握）

随书赠送智能题库详见本书最后一页

　　第一百六十二条 【妨害清算罪;隐匿、故意销毁会计凭证、会计账簿、财务会计报告罪;虚假破产罪】公司、企业进行清算时,隐匿财产,对资产负债表或者财产清单作虚伪记载或者在未清偿债务前分配公司、企业财产,严重损害债权人或者其他人利益的,对其直接负责的主管人员和其他直接责任人员,处五年以下有期徒刑或者拘役,并处或者单处二万元以上二十万元以下罚金。

　　第一百六十二条之一 隐匿或者故意销毁依法应当保存的会计凭证、会计账簿、财务会计报告,情节严重的,处五年以下有期徒刑或者拘役,并处或者单处二万元以上二十万元以下

🔖 名师指导

👍 **考查概率:**100%,所占分值为0.5~1分。

考试题型:主要以单选题、多选题和判断题的形式出现,其中,以多选题为主。

考查重点:不同违法犯罪行为对应的处罚,涉及的数据比较多,考生应当注意区分。

罚金。

单位犯前款罪的,对单位判处罚金,并对其直接负责的主管人员和其他直接责任人员,依照前款的规定处罚。

第一百六十二条之二 公司、企业通过隐匿财产、承担虚构的债务或者以其他方法转移、处分财产,实施虚假破产,严重损害债权人或者其他人利益的,对其直接负责的主管人员和其他直接责任人员,处五年以下有期徒刑或者拘役,并处或者单处二万元以上二十万元以下罚金。

第一百六十三条 【非国家工作人员受贿罪】公司、企业或者其他单位的工作人员利用职务上的便利,索取他人财物或者非法收受他人财物,为他人谋取利益,数额较大的,处五年以下有期徒刑或者拘役;数额巨大的,处五年以上有期徒刑,可以并处没收财产。

公司、企业或者其他单位的工作人员在经济往来中,利用职务上的便利,违反国家规定,收受各种名义的回扣、手续费,归个人所有的,依照前款的规定处罚。

国有公司、企业或者其他国有单位中从事公务的人员和国有公司、企业或者其他国有单位委派到非国有公司、企业以及其他单位从事公务的人员有前两款行为的,依照本法第三百八十五条、第三百八十六条的规定定罪处罚。

第一百六十四条 【对非国家工作人员行贿罪;对外国公职人员、国际公共组织官员行贿罪】为谋取不正当利益,给予公司、企业或者其他单位的工作人员以财物,数额较大的,处三年以下有期徒刑或者拘役,并处罚金;数额巨大的,处三年以上十年以下有期徒刑,并处罚金。

为谋取不正当商业利益,给予外国公职人员或者国际公共组织官员以财物的,依照前款的规定处罚。

单位犯前两款罪的,对单位判处罚金,并对其直接负责的主管人员和其他直接责任人员,依照第一款的规定处罚。

行贿人在被追诉前主动交待行贿行为的,可以减轻处罚或者免除处罚。

第一百六十八条 【国有公司、企业、事业单位人员失职罪、国有公司、企业、事业单位人员滥用职权罪】国有公司、企业的工作人员,由于严重不负责任或者滥用职权,造成国有公司、企业破产或者严重损失,致使国家利益遭受重大损失的,处三年以下有期徒刑或者拘役;致使国家利益遭受特别重大损失的,处三年以上七年以下有期徒刑。

国有事业单位的工作人员有前款行为,致使国家利益遭受重大损失的,依照前款的规定处罚。

国有公司、企业、事业单位的工作人员,徇私舞弊,犯前两款罪的,依照第一款的规定从重处罚。

第一百七十四条 【擅自设立金融机构罪;伪造、变造、转让金融机构经营许可证、批准文件罪】未经国家有关主管部门批准,擅自设立商业银行、证券交易所、期货交易所、证券公司、期货经纪公司、保险公司或者其他金融机构的,处三年以下有期徒刑或者拘役,并处或者单处二万元以上二十万元以下罚金;情节严重的,处三年以上十年以下有期徒刑,并处五万元以上五十万元以下罚金。

伪造、变造、转让商业银行、证券交易所、期货交易所、证券公司、期货经纪公司、保险公司或者其他金融机构的经营许可证或者批准文件的,依照前款的规定处罚。

单位犯前两款罪的,对单位判处罚金,并对其直接负责的主管人员和其他直接责任人员,依照第一款的规定处罚。

第一百八十条　【内幕交易、泄露内幕信息罪;利用未公开信息交易罪】证券、期货交易内幕信息的知情人员或者非法获取证券、期货交易内幕信息的人员,在涉及证券的发行,证券、期货交易或者其他对证券、期货交易价格有重大影响的信息尚未公开前,买入或者卖出该证券,或者从事与该内幕信息有关的期货交易,或者泄露该信息,或者明示、暗示他人从事上述交易活动,情节严重的,处五年以下有期徒刑或者拘役,并处或者单处违法所得一倍以上五倍以下罚金;情节特别严重的,处五年以上十年以下有期徒刑,并处违法所得一倍以上五倍以下罚金。

单位犯前款罪的,对单位判处罚金,并对其直接负责的主管人员和其他直接责任人员,处五年以下有期徒刑或者拘役。

内幕信息、知情人员的范围,依照法律、行政法规的规定确定。

证券交易所、期货交易所、证券公司、期货经纪公司、基金管理公司、商业银行、保险公司等金融机构的从业人员以及有关监管部门或者行业协会的工作人员,利用因职务便利获取的内幕信息以外的其他未公开的信息,违反规定,从事与该信息相关的证券、期货交易活动,或者明示、暗示他人从事相关交易活动,情节严重的,依照第一款的规定处罚。

第一百八十一条　【编造并传播证券、期货交易虚假信息罪;诱骗投资者买卖证券、期货合约罪】编造并且传播影响证券、期货交易的虚假信息,扰乱证券、期货交易市场,造成严重后果的,处五年以下有期徒刑或者拘役,并处或者单处一万元以上十万元以下罚金。

证券交易所、期货交易所、证券公司、期货经纪公司的从业人员,证券业协会、期货业协会或者证券期货监督管理部门的工作人员,故意提供虚假信息或者伪造、变造、销毁交易记录,诱骗投资者买卖证券、期货合约,造成严重后果的,处五年以下有期徒刑或者拘役,并处或者单处一万元以上十万元以下罚金;情节特别恶劣的,处五年以上十年以下有期徒刑,并处二万元以上二十万元以下罚金。

单位犯前两款罪的,对单位判处罚金,并对其直接负责的主管人员和其他直接责任人员,处五年以下有期徒刑或者拘役。

第一百八十二条　【操纵证券、期货市场罪】有下列情形之一,操纵证券、期货市场,情节严重的,处五年以下有期徒刑或者拘役,并处或者单处罚金;情节特别严重的,处五年以上十年以下有期徒刑,并处罚金:

(一)单独或者合谋,集中资金优势、持股或者持仓优势或者利用信息优势联合或者连续买卖,操纵证券、期货交易价格或者证券、期货交易量的;

(二)与他人串通,以事先约定的时间、价格和方式相互进行证券、期货交易,影响证券、期货交易价格或者证券、期货交易量的;

(三)在自己实际控制的账户之间进行证券交易,或者以自己为交易对象,自买自卖期货合约,影响证券、期货交易价格或者证券、期货交易量的;

(四)以其他方法操纵证券、期货市场的。

单位犯前款罪的,对单位判处罚金,并对其直接负责的主管人员和其他直接责任人员,依照前款的规定处罚。

第一百八十五条　【挪用资金罪、挪用公款罪;背信运用受托财产罪;违法运用资金罪】

商业银行、证券交易所、期货交易所、证券公司、期货经纪公司、保险公司或者其他金融机构的工作人员利用职务上的便利,挪用本单位或者客户资金的,依照本法第二百七十二条的规定定罪处罚。

国有商业银行、证券交易所、期货交易所、证券公司、期货经纪公司、保险公司或者其他国有金融机构的工作人员和国有商业银行、证券交易所、期货交易所、证券公司、期货经纪公司、保险公司或者其他国有金融机构委派到前款规定中的非国有机构从事公务的人员有前款行为的,依照本法第三百八十四条的规定定罪处罚。

【知识链接】《中华人民共和国刑法》第二百七十二条规定,公司、企业或者其他单位的工作人员,利用职务上的便利,挪用本单位资金归个人使用或者借贷给他人,数额较大、超过三个月未还的,或者虽未超过三个月,但数额较大、进行营利活动的,或者进行非法活动的,处三年以下有期徒刑或者拘役;挪用本单位资金数额巨大的,或者数额较大不退还的,处三年以上十年以下有期徒刑。

国有公司、企业或者其他国有单位中从事公务的人员和国有公司、企业或者其他国有单位委派到非国有公司、企业以及其他单位从事公务的人员有前款行为的,依照本法第三百八十四条的规定定罪处罚。

第三百八十四条规定,国家工作人员利用职务上的便利,挪用公款归个人使用,进行非法活动的,或者挪用公款数额较大、进行营利活动的,或者挪用公款数额较大、超过三个月未还的,是挪用公款罪,处五年以下有期徒刑或者拘役;情节严重的,处五年以上有期徒刑。挪用公款数额巨大不退还的,处十年以上有期徒刑或者无期徒刑。

挪用用于救灾、抢险、防汛、优抚、扶贫、移民、救济款物归个人使用的,从重处罚。

第一百八十五条之一　商业银行、证券交易所、期货交易所、证券公司、期货经纪公司、保险公司或者其他金融机构,违背受托义务,擅自运用客户资金或者其他委托、信托的财产,情节严重的,对单位判处罚金,并对其直接负责的主管人员和其他直接责任人员,处三年以下有期徒刑或者拘役,并处三万元以上三十万元以下罚金;情节特别严重的,处三年以上十年以下有期徒刑,并处五万元以上五十万元以下罚金。

社会保障基金管理机构、住房公积金管理机构等公众资金管理机构以及保险公司、保险资产管理公司、证券投资基金管理公司,违反国家规定运用资金的,对其直接负责的主管人员和其他直接责任人员,依照前款的规定处罚。

第一百八十七条　【吸收客户资金不入账罪】银行或者其他金融机构的工作人员吸收客户资金不入账,数额巨大或者造成重大损失的,处五年以下有期徒刑或者拘役,并处二万元以上二十万元以下罚金;数额特别巨大或者造成特别重大损失的,处五年以上有期徒刑,并处五万元以上五十万元以下罚金。

单位犯前款罪的,对单位判处罚金,并对其直接负责的主管人员租其他直接责任人员,依照前款的规定处罚。

第一百八十八条　【违规出具金融票证罪】银行或者其他金融机构的工作人员违反规定,为他人出具信用证或者其他保函、票据、存单、资信证明,情节严重的,处五年以下有期徒刑或者拘役;情节特别严重的,处五年以上有期徒刑。

单位犯前款罪的,对单位判处罚金,并对其直接负责的主管人员和其他直接责任人员,依照前款的规定处罚。

第一百九十一条　【洗钱罪】明知是毒品犯罪、黑社会性质的组织犯罪、恐怖活动犯罪、走私犯罪、贪污贿赂犯罪、破坏金融管理秩序犯罪、金融诈骗犯罪的所得及其产生的收益,为掩饰、隐瞒其来源和性质,有下列行为之一的,没收实施以上犯罪的所得及其产生的收益,处五年以下有期徒刑或者拘役,并处或者单处洗钱数额百分之五以上百分之二十以下罚金;情节严重的,处五年以上十年以下有期徒刑,并处洗钱数额百分之五以上百分之二十以下罚金:

(一)提供资金账户的;

(二)协助将财产转换为现金、金融票据、有价证券的;

(三)通过转账或者其他结算方式协助资金转移的;

(四)协助将资金汇往境外的;

(五)以其他方法掩饰、隐瞒犯罪所得及其收益的来源和性质的。

单位犯前款罪的,对单位判处罚金,并对其直接负责的主管人员和其他直接责任人员,处五年以下有期徒刑或者拘役;情节严重的,处五年以上十年以下有期徒刑。

第二百二十五条　【非法经营罪】违反国家规定,有下列非法经营行为之一,扰乱市场秩序,情节严重的,处五年以下有期徒刑或者拘役,并处或者单处违法所得一倍以上五倍以下罚金;情节特别严重的,处五年以上有期徒刑,并处违法所得一倍以上五倍以下罚金或者没收财产:

(一)未经许可经营法律、行政法规规定的专营、专卖物品或者其他限制买卖的物品的;

(二)买卖进出口许可证、进出口原产地证明以及其他法律、行政法规规定的经营许可证或者批准文件的;

(三)未经国家有关主管部门批准非法经营证券、期货、保险业务的,或者非法从事资金支付结算业务的;

(四)其他严重扰乱市场秩序的非法经营行为。

母题精选

【多选题】根据我国刑法规定,内幕信息、知情人员的范围,依照(　　)的规定确定。

A. 行政法规　　　　　　　　　　B. 部门规章

C. 法律　　　　　　　　　　　　D. 期货交易所规则

【答案】AC　**【解析】**根据《中华人民共和国刑法》的规定,内幕信息、知情人员的范围,依照法律、行政法规的规定确定。

【多选题】银行或者其他金融机构的工作人员违反规定,为他人出具(　　),情节严重的,处五年以下有期徒刑或者拘役;情节特别严重的,处5年以上有期徒刑。

A. 资信证明　　　B. 存单　　　C. 信用证　　　D. 票据

【答案】ABCD　**【解析】**根据《中华人民共和国刑法》的规定,选项A、选项B、选项C和选项D均正确。

【多选题】根据我国刑法,洗钱罪包括为掩饰、隐瞒犯罪所得及其产生的收益而实施的下列行为(　　)。

A. 协助将资金汇往境外　　　　　B. 通过转账或者其他结算方式协助资金转移

C. 提供资金账户　　　　　　　　D. 协助将财产转换为现金、金融票据、有价证券

【答案】ABCD　**【解析】**根据《中华人民共和国刑法》的规定,选项A、选项B、选项C和选项D均正确。

最高人民法院关于审理期货纠纷案件若干问题的规定

（2003 年 5 月 16 日最高人民法院审判委员会第 1270 次会议通过 法释〔2003〕10 号）

《最高人民法院关于审理期货纠纷案件若干问题的规定》已于 2003 年 5 月 16 日由最高人民法院审判委员会第 1270 次会议通过。现予公布，自 2003 年 7 月 1 日起施行。

2003 年 6 月 18 日

为了正确审理期货纠纷案件，根据《中华人民共和国民法通则》、《中华人民共和国合同法》、《中华人民共和国民事诉讼法》等有关法律、行政法规的规定，结合审判实践经验，对审理期货纠纷案件的若干问题制定本规定。

一、一般规定（理解）

第一条 人民法院审理期货纠纷案件，应当依法保护当事人的合法权益，正确确定其应承担的风险责任，并维护期货市场秩序。

第二条 人民法院审理期货合同纠纷案件，应当严格按照当事人在合同中的约定确定违约方承担的责任，当事人的约定违反法律、行政法规强制性规定的除外。

第三条 人民法院审理期货侵权纠纷和无效的期货交易合同纠纷案件，应当根据各方当事人是否有过错，以及过错的性质、大小，过错和损失之间的因果关系，确定过错方承担的民事责任。

> 👍 **考查概率**：25%，所占分值约为 1 分。
> **考试题型**：主要以多选题的形式出现。
> **考查重点**：第三条。

二、管辖（重点掌握）

第四条 人民法院应当依据民事诉讼法第二十四条、第二十五条和第二十九条的规定确定期货纠纷案件的管辖。

> 【知识链接】《中华人民共和国民事诉讼法》第二十四条规定，因保险合同纠纷提起的诉讼，由被告住所地或者保险标的物所在地人民法院管辖。
>
> 第二十五条规定，因票据纠纷提起的诉讼，由票据支付地或者被告住所地人民法院管辖。
>
> 第二十九条规定，因铁路、公路、水上和航空事故请求损害赔偿提起的诉讼，由事故发生地或者车辆、船舶最先到达地、航空器最先降落地或者被告住所地人民法院管辖。

第五条 在期货公司的分公司、营业部等分支机构进行期货交易的，该分支机构住所地为合同履行地。

因实物交割发生纠纷的，期货交易所住所地为合同履行地。[1]

第六条 侵权与违约竞合的期货纠纷案件，依当事人选择的诉由确定管辖。当事人既以违约又以侵权起诉的，以当事人起诉状中在先的诉讼请求确定管辖。

第七条 期货纠纷案件由中级人民法院管辖。

高级人民法院根据需要可以确定部分基层人民法院受理期货纠纷案件。

> 👍 **考查概率**：100%，所占分值为 0.5 ～ 1 分。
> **考试题型**：主要以单选题和综合题的形式出现。
> **考查重点**：第五条至第七条。

> 💡 [1] 合同履行地就是合同按照约定或者实际实施的地点。

🔵 母 题 精 选

【综合题】吴某为某期货公司客户，因与其所开户的期货公司营业部发生期货业务纠纷，向法院提起了诉讼。根据双方期货经纪合同约定，纠纷由合同履行地人民法院管辖。吴某可以向（   ）提起诉讼。

A. 期货公司住所地中级人民法院　　　　B. 营业部住所地中级人民法院

C. 期货交易所住所地中级人民法院　　　D. 期货交易所住所地高级人民法院

【答案】B　【解析】根据《最高人民法院关于审理期货纠纷案件若干问题的规定》第五条和第七条,在期货公司的分公司、营业部等分支机构进行期货交易的,该分支机构住所地为合同履行地。期货纠纷案件由中级人民法院管辖。所以本题中,吴某可以向营业部住所地中级人民法院提起诉讼。

三、承担责任的主体（**重点掌握**）

> 👍 **考查概率**：100%，
> 所占分值为 0.5~1 分。
> **考试题型**：主要以单选题和多选题的形式出现。
> **考查重点**：第八条、第九条、第十条、第十二条。

第八条　期货公司的从业人员在本公司经营范围内从事期货交易行为产生的民事责任,由其所在的期货公司承担。

第九条　期货公司授权非本公司人员以本公司的名义从事期货交易行为的,期货公司应当承担由此产生的民事责任;非期货公司人员以期货公司名义从事期货交易行为,具备合同法第四十九条所规定的表见代理条件的,期货公司应当承担由此产生的民事责任。

第十条　公民、法人受期货公司或者客户的委托,作为居间人为其提供订约的机会或者订立期货经纪合同的中介服务的,期货公司或者客户应当按照约定向居间人支付报酬。居间人应当独立承担基于居间经纪关系所产生的民事责任。

第十一条　不以真实身份从事期货交易的单位或者个人,交易行为符合期货交易所交易规则的,交易结果由其自行承担。

第十二条　期货公司设立的取得营业执照和经营许可证的分公司、营业部等分支机构超出经营范围开展经营活动所产生的民事责任,该分支机构不能承担的,由期货公司承担。

客户有过错的,应当承担相应的民事责任。

🔵 母题精选

【多选题】下列关于期货公司营业部超出经营范围开展经营活动所承担民事责任的表述,正确的有(　　　)。

A. 期货公司不承担责任　　　　　　　　B. 营业部独立承担责任

C. 营业部不能承担的,由期货公司承担　D. 客户有过错的,应当承担相应的民事责任

【答案】CD　【解析】根据《最高人民法院关于审理期货纠纷案件若干问题的规定》第十二条,期货公司营业部超出经营范围开展经营活动所产生的民事责任,营业部不能承担的,由期货公司承担。客户有过错的,应当承担相应的民事责任。

四、无效合同责任（理解）

> 👍 **考查概率**：30%，
> 所占分值为 0.5~1 分。
> **考试题型**：主要以单选题或多选题的形式出现。
> **考查重点**：第十三条、第十五条。

第十三条　有下列情形之一的,应当认定期货经纪合同无效:

(一)没有从事期货经纪业务的主体资格而从事期货经纪业务的;

(二)不具备从事期货交易主体资格的客户从事期货交易的;

(三)违反法律、法规禁止性规定的。

第十四条　因期货经纪合同无效给客户造成经济损失的,应当根据无效行为与损失之间的因果关系确定责任的承担。一方的损失系对方行为所致,应当由对方赔偿损失;双方有过错的,根据过错大小各自承担相应的民事责任。

第十五条　不具有主体资格的经营机构因从事期货经纪业务而导致期货经纪合同无效,该机构按客户的交易指令入市交易的,收取的佣金应当返还给客户,交易结果由客户承担。

该机构未按客户的交易指令入市交易,客户没有过错的,该机构应当返还客户的保证金并赔偿客户的损失。赔偿损失的范围包括交易手续费、税金及利息。

五、交易行为责任（重点掌握）

第十六条 期货公司在与客户订立期货经纪合同时，未提示客户注意《期货交易风险说明书》内容，并由客户签字或者盖章，对于客户在交易中的损失，应当依据合同法第四十二条第（三）项的规定承担相应的赔偿责任。但是，根据以往交易结果记载，证明客户已有交易经历的，应当免除期货公司的责任。

> **【知识链接】**《中华人民共和国合同法》第四十二条规定，当事人在订立合同过程中有下列情形之一，给对方造成损失的，应当承担损害赔偿责任：
>
> （一）假借订立合同，恶意进行磋商；
>
> （二）故意隐瞒与订立合同有关的重要事实或者提供虚假情况；
>
> （三）有其他违背诚实信用原则的行为。

第十七条 期货公司接受客户全权委托进行期货交易的，对交易产生的损失，承担主要赔偿责任，赔偿额不超过损失的80%，法律、行政法规另有规定的除外。

第十八条 期货公司与客户签订的期货经纪合同对下达交易指令的方式未作约定或者约定不明确的，期货公司不能证明其所进行的交易是依据客户交易指令进行的，对该交易造成客户的损失，期货公司应当承担赔偿责任，客户予以追认的除外。

第十九条 期货公司执行非受托人的交易指令造成客户损失，应当由期货公司承担赔偿责任，非受托人承担连带责任，客户予以追认的除外。

第二十条 客户下达的交易指令没有品种、数量、买卖方向的，期货公司未予拒绝而进行交易造成客户的损失，由期货公司承担赔偿责任，客户予以追认的除外。

第二十一条 客户下达的交易指令数量和买卖方向明确，没有有效期限的，应当视为当日有效；没有成交价格的，应当视为按市价交易；没有开平仓方向的，应当视为开仓交易。

第二十二条 期货公司错误执行客户交易指令，除客户认可的以外，交易的后果由期货公司承担，并按下列方式分别处理：

（一）交易数量发生错误的，多于指令数量的部分由期货公司承担，少于指令数量的部分，由期货公司补足或者赔偿直接损失；

（二）交易价格超出客户指令价位范围的，交易差价损失或者交易结果由期货公司承担。

第二十三条 期货公司不当延误执行客户交易指令给客户造成损失的，应当承担赔偿责任，但由于市场原因致客户交易指令未能全部或者部分成交的，期货公司不承担责任。

第二十四条 期货公司超出客户指令价位的范围，将高于客户指令价格卖出或者低于客户指令价格买入后的差价利益占为己有的，客户要求期货公司返还的，人民法院应予支持，期货公司与客户另有约定的除外。

第二十五条 期货交易所未按交易规则规定的期限、方式，将交易或者持仓头寸的结算结果通知期货公司，造成期货公司损失的，由期货交易所承担赔偿责任。

期货公司未按期货经纪合同约定的期限、方式，将交易或者持仓头寸的结算结果通知客户，造成客户损失的，由期货公司承担赔偿责任。

第二十六条 期货公司与客户对交易结算结果的通知方式未作约定或者约定不明确，期货公司未能提供证据证明已经发出上述通知的，对客户因继续持仓而造成扩大的损失，应当承担主要赔偿责任，赔偿额不超过损失的百分之八十。

第二十七条 客户对当日交易结算结果的确认，应当视为对该日之前所有持仓和交易结算结果的确认，所产生的交易后果由客户自行承担。

👍 考查概率：100%，所占分值为2～2.5分。

考试题型：主要以单选题、多选题和综合题的形式出现。

考查重点：第十六条、第十七条、第二十条、第二十一条、第二十二条、第二十三条、第三十条。

　　第二十八条　期货公司对交易结算结果提出异议,期货交易所未及时采取措施导致损失扩大的,对造成期货公司扩大的损失应当承担赔偿责任。

　　客户对交易结算结果提出异议,期货公司未及时采取措施导致损失扩大的,期货公司对造成客户扩大的损失应当承担赔偿责任。

　　第二十九条　期货公司对期货交易所或者客户对期货公司的交易结算结果有异议,而未在期货交易所交易规则规定或者期货经纪合同约定的时间内提出的,视为期货公司或者客户对交易结算结果已予以确认。

　　第三十条　期货公司进行混码交易的,客户不承担责任,但期货公司能够举证证明其已按照客户交易指令入市交易的,<u>客户应当承担相应的交易结果</u>。

母题精选

【综合题】王某曾在甲期货公司从事过期货交易。后来,经人介绍,王某又到乙期货公司开户,经办人员向王某出示期货交易风险说明书,但未有其签字确认。三个月后,王某在乙期货公司从事期货交易累计亏损20万元。对于亏损,下列关于责任的表述,正确的是(　　)。

　　A. 由王某承担

　　B. 由签订期货经纪合同的经办人员承担

　　C. 由介绍人承担,因为介绍人从期货公司获得介绍费

　　D. 由乙期货公司承担

【答案】A　【解析】根据《最高人民法院关于审理期货纠纷案件若干问题的规定》第十六条,根据以往交易结果记载,证明王某已有交易经历的,所以应当免除期货公司的责任,由王某自行承担。

【综合题】吴某为某期货公司客户。在该期货公司推荐下,吴某将交易全权委托给该期货公司工作人员丁某进行操作。不久,吴某发现其账户发生亏损10万元,遂向法院提起诉讼,要求期货公司赔偿损失。按照法律规定,吴某不可能获得的赔偿数额是(　　)。

　　A. 10万元　　　　B. 9万元　　　　C. 8万元　　　　D. 6万元

【答案】AB　【解析】根据《最高人民法院关于审理期货纠纷案件若干问题的规定》第十七条,期货公司接受客户全权委托对交易造成的损失,期货公司承担主要赔偿责任,赔偿额不超过损失的80%,即赔偿额不超过损失的8万元。选项A、选项B正确。

【综合题】甲是某期货公司的客户。如果该期货公司进行混码交易,但可证明已按照甲的交易指令入市交易的,则对交易中的损失(　　)。

　　A. 完全由甲承担　　　　　　　　B. 完全由期货公司承担

　　C. 甲、期货公司各承担一部分　　D. 期货交易所承担一部分

【答案】A　【解析】根据《最高人民法院关于审理期货纠纷案件若干问题的规定》第三十条,选项A正确。

六、透支交易责任(重点掌握)

　　第三十一条　期货交易所在期货公司没有保证金或者保证金不足的情况下,允许期货公司开仓交易或者继续持仓,应当认定为透支交易。

　　期货公司在客户没有保证金或者保证金不足的情况下,允许客户开仓交易或者继续持仓,应当认定为透支交易。

考查概率:100%,所占分值为0.5~1分。

考试题型:主要以单选题和综合题的形式出现。

考查重点:第三十一条、第三十二条、第三十三条、第三十四条。

审查期货公司或者客户是否透支交易,应当以期货交易所规定的保证金比例为标准。①

第三十二条 期货公司的交易保证金不足,期货交易所未按规定通知期货公司追加保证金的,由于行情向持仓不利的方向变化导致期货公司透支发生的扩大损失,期货交易所应当承担主要赔偿责任,赔偿额不超过损失的百分之六十。

客户的交易保证金不足,期货公司未按约定通知客户追加保证金的,由于行情向持仓不利的方向变化导致客户透支发生的扩大损失,期货公司应当承担主要赔偿责任,赔偿额不超过损失的百分之八十。

第三十三条 期货公司的交易保证金不足,期货交易所履行了通知义务,而期货公司未及时追加保证金,期货公司要求保留持仓并经书面协商一致的,对保留持仓期间造成的损失,由期货公司承担;穿仓造成的损失,由期货交易所承担。

客户的交易保证金不足,期货公司履行了通知义务而客户未及时追加保证金,客户要求保留持仓并经书面协商一致的,对保留持仓期间造成的损失,由客户承担;穿仓造成的损失,由期货公司承担。

第三十四条 期货交易所允许期货公司开仓透支交易的,对透支交易造成的损失,由期货交易所承担主要赔偿责任,赔偿额不超过损失的百分之六十。

期货公司允许客户开仓透支交易的,对透支交易造成的损失,由期货公司承担主要赔偿责任,赔偿额不超过损失的百分之八十。②

第三十五条 期货交易所允许期货公司透支交易,并与其约定分享利益,共担风险的,对透支交易造成的损失,期货交易所承担相应的赔偿责任。

期货公司允许客户透支交易,并与其约定分享利益,共担风险的,对透支交易造成的损失,期货公司承担相应的赔偿责任。

母题精选

【综合题】下列关于穿仓损失责任承担的表述,不正确的是( )。

A. 期货公司的保证金不足,期货交易所履行了通知义务,而期货公司未及时追加保证金,期货公司要求保留持仓并经书面协商一致的,对保留持仓期间穿仓造成的损失,由期货交易所承担

B. 期货公司的保证金不足,期货交易所履行了通知义务,而期货公司未及时追加保证金,期货公司要求保留持仓并经书面协商一致的,对保留持仓期间穿仓造成的损失,由期货公司承担

C. 客户的保证金不足,期货公司履行了通知义务而客户未及时追加保证金,客户要求保留持仓并经书面协商一致的,对保留持仓期间穿仓造成的损失,由客户承担

D. 客户的保证金不足,期货公司履行了通知义务而客户未及时追加保证金,客户要求保留持仓并经书面协商一致的,对保留持仓期间穿仓造成的损失,由期货公司承担

【答案】BC 【解析】根据《最高人民法院关于审理期货纠纷案件若干问题的规定》第三十三条,选项A、选项D表述正确;选项B、选项C表述不正确。

七、强行平仓责任(掌握) ▶▶

第三十六条 期货公司的交易保证金不足,又未能按期货交易所规定的时间追加保证金的,按交易规则的规定处理;规定不明确的,期货交易所有权就其未平仓的期货合约强行平仓,强行平仓所造成的损失,由期货公司承担。

客户的交易保证金不足,又未能按期货经纪合同约定的时间追加保证金的,按期货经纪合同的约定处理;约定不明确的,期货公司有权就其未平仓的期货合约强行平仓,强行平仓造成的损失,由客户承担。

侧栏注释:

💡①考生应注意,审查期货公司或者客户是否透支交易,均以期货交易所规定的保证金比例为标准。

💡②考生应注意,期货交易所对于期货公司的赔偿额一般不超过损失的60%;期货公司对于客户的赔偿额一般不超过损失的80%。考生在考试中,应注意审题,看清题目主体的对应关系。

👍考查概率:60%,所占分值为0.5分。

考试题型:主要以单选题的形式出现。

考查重点:第三十六条中期货公司和客户的期货合约被强行平仓后造成的损失的承担主体。

第三十七条 期货交易所因期货公司违规超仓或者其他违规行为而必须强行平仓的,强行平仓所造成的损失,由期货公司承担。

期货公司因客户违规超仓或者其他违规行为而必须强行平仓的,强行平仓所造成的损失,由客户承担。

第三十八条 期货公司或者客户交易保证金不足,符合强行平仓条件后,应当自行平仓而未平仓造成的扩大损失,由期货公司或者客户自行承担。法律、行政法规另有规定或者当事人另有约定的除外。

第三十九条 期货交易所或者期货公司强行平仓数额应当与期货公司或者客户需追加的保证金数额基本相当。因超量平仓引起的损失,由强行平仓者承担。

第四十条 期货交易所对期货公司、期货公司对客户未按期货交易所交易规则规定或者期货经纪合同约定的强行平仓条件、时间、方式进行强行平仓,造成期货公司或者客户损失的,期货交易所或者期货公司应当承担赔偿责任。

第四十一条 期货交易所依法或依交易规则强行平仓发生的费用,由被平仓的期货公司承担;期货公司承担责任后有权向有过错的客户追偿。

期货公司依法或依约定强行平仓所发生的费用,由客户承担。

🔵 母 题 精 选

【单选题】期货公司的交易保证金不足,且未能按期货交易所规定的时间追加保证金,交易规则规定不明确的,期货交易所有权就其未平仓的期货合约强行平仓,强行平仓造成的损失,由( )。

    A. 期货交易所与期货公司共同承担   B. 期货公司承担

    C. 期货交易所承担   D. 期货交易所承担主要责任

【答案】B **【解析】**根据《最高人民法院关于审理期货纠纷案件若干问题的规定》第三十六条,选项B正确。

八、实物交割责任(重点掌握) »

第四十二条 交割仓库未履行货物验收职责或者因保管不善给仓单持有人造成损失的,应当承担赔偿责任。

第四十三条 期货公司没有代客户履行申请交割义务的,应当承担违约责任;造成客户损失的,应当承担赔偿责任。

第四十四条 在交割日,卖方期货公司未向期货交易所交付标准仓单,或者买方期货公司未向期货交易所账户交付足额货款,构成交割违约。

构成交割违约的,违约方应当承担违约责任;具有合同法第九十四条第(四)项规定情形的,对方有权要求终止交割或者要求违约方继续交割。

征购或者竞卖失败的,应当由违约方按照交易所有关赔偿办法的规定承担赔偿责任。

【知识链接】《中华人民共和国合同法》第九十四条规定,有下列情形之一的,当事人可以解除合同:(一)因不可抗力致使不能实现合同目的;(二)在履行期限届满之前,当事人一方明确表示或者以自己的行为表明不履行主要债务;(三)当事人一方迟延履行主要债务,经催告后在合理期限内仍未履行;(四)当事人一方迟延履行债务或者其他违约行为致使不能实现合同目的;(五)法律规定的其他情形。

第四十五条 在期货合约交割期内,买方或者卖方客户违约的,期货交易所应当代期货公司、期货公司应当代客户向对方承担违约责任。

第四十六条 买方客户未在期货交易所交易规则规定的期限内对货物的质量、数量提出

考查概率:100%,所占分值为1~2分。

考试题型:主要以多选题和综合题的形式出现。

考查重点:第四十二条、第四十三条、第四十五条。

异议的,应视为其对货物的数量、质量无异议。

第四十七条 交割仓库不能在期货交易所交易规则规定的期限内,向标准仓单持有人交付符合期货合约要求的货物,造成标准仓单持有人损失的,交割仓库应当承担责任,期货交易所承担连带责任。

期货交易所承担责任后,有权向交割仓库追偿。

母题精选

【综合题】甲是某期货公司客户,持有小麦期货多头合约。甲向期货公司申请交割,但期货公司因疏忽未代甲提交交割申请。如果因未能按计划交割,造成甲一定损失,则甲可以(   )。

A. 要求期货公司承担侵权责任

B. 要求期货交易所承担违约责任

C. 要求期货公司承担违约责任

D. 要求期货交易所对期货公司承担担保责任

【答案】C 【解析】根据《最高人民法院关于审理期货纠纷案件若干问题的规定》第四十三条,期货公司没有代客户履行申请交割义务的,应当承担违约责任,所以甲可以要求期货公司承担违约责任。

九、保证合约履行责任(理解)

第四十八条 期货公司未按照每日无负债结算制度的要求,履行相应的金钱给付义务,期货交易所亦未代期货公司履行,造成交易对方损失的,期货交易所应当承担赔偿责任。

期货交易所代期货公司履行义务或者承担赔偿责任后,有权向不履行义务的一方追偿。

第四十九条 期货交易所未代期货公司履行期货合约,期货公司应当根据客户请求向期货交易所主张权利。

期货公司拒绝代客户向期货交易所主张权利的,客户可直接起诉期货交易所,期货公司可作为第三人参加诉讼。

第五十条 因期货交易所的过错导致信息发布、交易指令处理错误,造成期货公司或者客户直接经济损失的,期货交易所应当承担赔偿责任,但其能够证明系不可抗力的除外。

第五十一条 期货交易所依据有关规定对期货市场出现的异常情况采取合理的紧急措施造成客户损失的,期货交易所不承担赔偿责任。

期货公司执行期货交易所的合理的紧急措施造成客户损失的,期货公司不承担赔偿责任。

十、侵权行为责任(了解)

第五十二条 期货交易所、期货公司故意提供虚假信息误导客户下单的,由此造成客户的经济损失由期货交易所、期货公司承担。

第五十三条 期货公司私下对冲、与客户对赌等不将客户指令入市交易的行为,应当认定为无效,期货公司应当赔偿由此给客户造成的经济损失;期货公司与客户均有过错的,应当根据过错大小,分别承担相应的赔偿责任。

第五十四条 期货公司擅自以客户的名义进行交易,客户对交易结果不予追认的,所造成的损失由期货公司承担。

第五十五条 期货公司挪用客户保证金,或者违反有关规定划转客户保证金造成客户损失的,应当承担赔偿责任。

考查概率:30%,所占分值为0.5分。

考试题型:主要以单选题或判断题的形式出现。

考查重点:第四十九条。

考查概率:0%。

考查重点:基本未考查,考生只需了解即可,不做重点要求。

十一、举证责任（了解）

第五十六条　期货公司应当对客户的交易指令是否入市交易承担举证责任。

确认期货公司是否将客户下达的交易指令入市交易，应当以期货交易所的交易记录、期货公司通知的交易结算结果与客户交易指令记录中的品种、买卖方向是否一致，价格、交易时间是否相符为标准，指令交易数量可以作为参考。但客户有相反证据证明其交易指令未入市交易的除外。

第五十七条　期货交易所通知期货公司追加保证金，期货公司否认收到上述通知的，由期货交易所承担举证责任。[①]

期货公司向客户发出追加保证金的通知，客户否认收到上述通知的，由期货公司承担举证责任。

十二、保全和执行（重点掌握）

第五十八条　人民法院保全与会员资格相应的会员资格费或者交易席位，应当依法裁定不得转让该会员资格，但不得停止该会员交易席位的使用。人民法院在执行过程中，有权依法采取强制措施转让该交易席位。

第五十九条　期货交易所、期货公司为债务人的，人民法院不得冻结、划拨期货公司在期货交易所或者客户在期货公司保证金账户中的资金。

有证据证明该保证金账户中有超出期货公司、客户权益资金的部分，期货交易所、期货公司在人民法院指定的合理期限内不能提出相反证据的，人民法院可以依法冻结、划拨该账户中属于期货交易所、期货公司的自有资金。

第六十条　期货公司为债务人的，人民法院不得冻结、划拨专用结算账户中未被期货合约占用的用于担保期货合约履行的最低限额的结算准备金；期货公司已经结清所有持仓并清偿客户资金的，人民法院可以对结算准备金依法予以冻结、划拨。

期货公司有其他财产的，人民法院应当依法先行冻结、查封、执行期货公司的其他财产。

第六十一条　客户、自营会员为债务人的，人民法院可以对其保证金、持仓依法采取保全和执行措施。

👍 考查概率：0%。

考查重点： 基本未考查，考生只需了解即可，不做重点要求。

💡 ①举证责任是指民事案件当事人，对自己提出的主张有收集或提供证据的义务。

👍 考查概率：100%，所占分值为1~2分。

考试题型： 主要以综合题的形式出现。

考查重点： 本考点内容较少，但是非常重要，是历次考试中综合题的常考点，考生应当全部掌握。

🔵 母题精选

【综合题】 甲是某期货公司的债权人，期货公司对甲的债务届满不能清偿。如果甲起诉期货公司并申请人民法院保全全财产，人民法院保全的范围可以包括（　　）。

　　A. 期货公司在期货交易所的交易席位

　　B. 期货公司在期货交易所的会员资格费

　　C. 期货公司保证金账户资金中超出全体客户权益的部分

　　D. 期货公司在期货交易所保证金账户中的全部资金

【答案】 AB　**【解析】** 根据《最高人民法院关于审理期货纠纷案件若干问题的规定》第五十八条，选项A、选项B正确。

【综合题】 甲是某期货公司的债权人，期货公司对甲的债务届期不能清偿。下列说法中正确的是（　　）。

　　A. 专用结算账户中未被期货合约占用的最低限额的结算准备金不得被冻结、扣划

　　B. 客户在期货公司保证金账户中的资金不得被冻结、扣划

　　C. 期货公司有其他财产的，应当依法先行冻结、查封、执行其他财产

　　D. 期货交易所应当对期货公司的债务承担担保责任

【答案】 ABC　**【解析】** 根据《最高人民法院关于审理期货纠纷案件若干问题的规定》第五十九条和第六十条，选项A、选项B和选项C说法正确，选项D说法错误。

【综合题】甲是某期货公司的客户,丙是甲的债权人。如丙起诉甲,要求实现债权,下列关于申请人民法院采取保全、执行措施的说法中,正确的是(   )。

    A. 甲有除保证金之外的其他财产的,人民法院应当依法先行冻结、查封、执行甲的其他财产

    B. 丙可以申请人民法院到期货交易所冻结、扣划甲的保证金

    C. 丙可以申请人民法院对甲的持仓依法采取保全和执行措施

    D. 丙可以申请人民法院对甲的保证金依法采取保全和执行措施

【答案】CD 【解析】根据《最高人民法院关于审理期货纠纷案件若干问题的规定》第六十一条,选项 C、选项 D 说法正确。

十三、其他(了解)

考查概率:0%。

考查重点:基本未考查,考生只需了解即可,不做重点要求。

第六十二条　本规定所称期货公司是指经依法批准代理投资者从事期货交易业务的经营机构及其分公司、营业部等分支机构。客户是指委托期货公司从事期货交易的投资者。

第六十三条　本规定自 2003 年 7 月 1 日起施行。

2003 年 7 月 1 日前发生的期货交易行为或者侵权行为,适用当时的有关规定;当时规定不明确的,参照本规定处理。

最高人民法院关于审理期货纠纷案件若干问题的规定(二)（重点掌握）

考查概率：100%，所占分值为1.5~2分。
考试题型：主要以单选题、多选题和判断题的形式出现。
考查重点：第一条、第二条、第五条、第六条。

（2010年12月27日最高人民法院审判委员会第1507次会议通过 法释〔2011〕1号）

《最高人民法院关于审理期货纠纷案件若干问题的规定(二)》已于2010年12月27日由最高人民法院审判委员会第1507次会议通过，现予公布，自2011年1月17日起施行。

2010年12月31日

为解决相关期货纠纷案件的管辖、保全与执行等法律适用问题，根据《中华人民共和国民事诉讼法》等有关法律、行政法规的规定以及审判实践的需要，制定本规定。

第一条　以期货交易所为被告或者第三人的因期货交易所履行职责引起的商事案件，由期货交易所所在地的中级人民法院管辖。

第二条　期货交易所履行职责引起的商事案件是指：

（一）期货交易所会员及其相关人员、保证金存管银行及其相关人员、客户、其他期货市场参与者，以期货交易所违反法律法规以及国务院期货监督管理机构的规定，履行监督管理职责不当，造成其损害为由提起的商事诉讼案件；

（二）期货交易所会员及其相关人员、保证金存管银行及其相关人员、客户、其他期货市场参与者，以期货交易所违反其章程、交易规则、实施细则的规定以及业务协议的约定，履行监督管理职责不当，造成其损害为由提起的商事诉讼案件；

（三）期货交易所因履行职责引起的其他商事诉讼案件。

第三条　期货交易所为债务人，债权人请求冻结、划拨以下账户中资金或者有价证券的，人民法院不予支持：

（一）期货交易所会员在期货交易所保证金账户中的资金；

（二）期货交易所会员向期货交易所提交的用于充抵保证金的有价证券。

第四条　期货公司为债务人，债权人请求冻结、划拨以下账户中资金或者有价证券的，人民法院不予支持：

（一）客户在期货公司保证金账户中的资金；

（二）客户向期货公司提交的用于充抵保证金的有价证券。

第五条　实行会员分级结算制度的期货交易所的结算会员为债务人，债权人请求冻结、划拨结算会员以下资金或者有价证券的，人民法院不予支持：

（一）非结算会员在结算会员保证金账户中的资金；

（二）非结算会员向结算会员提交的用于充抵保证金的有价证券。

第六条　有证据证明保证金账户中有超过上述第三条、第四条、第五条规定的资金或者有价证券部分权益的，期货交易所、期货公司或者期货交易所结算会员在人民法院指定的合理期限内不能提出相反证据的，人民法院可以依法冻结、划拨超出部分的资金或者有价证券。

有证据证明期货交易所、期货公司、期货交易所结算会员自有资金与保证金发生混同，期货交易所、期货公司或者期货交易所结算会员在人民法院指定的合理期限内不能提出相反证据的，人民法院可以依法冻结、划拨相关账户内的资金或者有价证券。

第七条　实行会员分级结算制度的期货交易所或者其结算会员为债务人，债权人请求冻结、划拨期货交易所向其结算会员依法收取的结算担保金的，人民法院不予支持。

有证据证明结算会员在结算担保金专用账户中有超过交易所要求的结算担保金数额部分的，结算会员在人民法院指定的合理期限内不能提出相反证据的，人民法院可以依法冻结、划拨超出部分的资金。

第八条　人民法院在办理案件过程中,依法需要通过期货交易所、期货公司查询、冻结、划拨资金或者有价证券的,期货交易所、期货公司应当予以协助。应当协助而拒不协助的,按照《中华人民共和国民事诉讼法》第一百零三条之规定办理。

【知识链接】原《中华人民共和国民事诉讼法》第一百零三条为现行《中华人民共和国民事诉讼法》第一百一十四条,其规定:有义务协助调查、执行的单位有下列行为之一的,人民法院除责令其履行协助义务外,并可以予以罚款:

(一)有关单位拒绝或者妨碍人民法院调查取证的;

(二)有关单位接到人民法院协助执行通知书后,拒不协助查询、扣押、冻结、划拨、变价财产的;

(三)有关单位接到人民法院协助执行通知书后,拒不协助扣留被执行人的收入、办理有关财产权证照转移手续、转交有关票证、证照或者其他财产的;

(四)其他拒绝协助执行的。

人民法院对有前款规定的行为之一的单位,可以对其主要负责人或者直接责任人员予以罚款;对仍不履行协助义务的,可以予以拘留;并可以向监察机关或者有关机关提出予以纪律处分的司法建议。

第九条　本规定施行前已经受理的上述案件不再移送。

第十条　本规定施行前本院作出的有关司法解释与本规定不一致的,以本规定为准。

● 母题精选

【多选题】期货公司为债务人,人民法院可以应债权人请求,在一定条件下,冻结、划拨期货公司客户保证金账户中资金。以下选项中,不符合上述条件的是(　　)。

A.有证据证明期货公司自有资金与客户保证金发生混同,期货公司在人民法院指定的合理期限内不能提出相反证据

B.期货公司没有其他财产的

C.有证据证明保证金账户中有超过客户保证金权益的资金,期货公司在人民法院指定的合理期限内不能提出相反证据

D.期货公司净资本高于客户权益总额的6%

【答案】BD　【解析】根据《最高人民法院关于审理期货纠纷案件若干问题的规定(二)》第六条,选项B、选项D不符合题干所述条件。

最高人民法院、最高人民检察院关于办理内幕交易、泄露内幕信息刑事案件具体应用法律若干问题的解释（掌握）

（2011年10月31日最高人民法院审判委员会第1529次会议、2012年2月27日最高人民检察院第十一届检察委员会第72次会议通过 法释〔2012〕6号）

为维护证券、期货市场管理秩序，依法惩治证券、期货犯罪，根据刑法有关规定，现就办理内幕交易、泄露内幕信息刑事案件具体应用法律的若干问题解释如下：

第一条 下列人员应当认定为刑法第一百八十条第一款规定的"证券、期货交易内幕信息的知情人员"：

（一）证券法第七十四条规定的人员；

（二）期货交易管理条例第八十五条第十二项规定的人员。

【知识链接】原《证券法》第七十四条，为现行《证券法》第五十一条。现行《证券法》第五十一条规定，证券交易内幕信息的知情人包括：（1）发行人及其董事、监事、高级管理人员；（2）持有公司百分之五以上股份的股东及其董事、监事、高级管理人员，公司的实际控制人及其董事、监事、高级管理人员；（3）发行人控股或者实际控制的公司及其董事、监事、高级管理人员；（4）由于所任公司职务或者因与公司业务往来可以获取公司有关内幕信息的人员；（5）上市公司收购人或者重大资产交易方及其控股股东、实际控制人、董事、监事和高级管理人员；（6）因职务、工作可以获取内幕信息的证券交易场所、证券公司、证券登记结算机构、证券服务机构的有关人员；（7）因职责、工作可以获取内幕信息的证券监督管理机构工作人员；（8）因法定职责对证券的发行、交易或者对上市公司及其收购、重大资产交易进行管理可以获取内幕信息的有关主管部门、监管机构的工作人员；（9）国务院证券监督管理机构规定的可以获取内幕信息的其他人员。

原《期货交易管理条例》第八十五条第十二项，为现行《期货交易管理条例》第八十一条第十二项。现行《期货交易管理条例》第八十一条第十二项规定，内幕信息的知情人员，是指由于其管理地位、监督地位或者职业地位，或者作为雇员、专业顾问履行职务，能够接触或者获得内幕信息的人员，包括：期货交易所的管理人员以及其他由于任职可获取内幕信息的从业人员，国务院期货监督管理机构和其他有关部门的工作人员以及国务院期货监督管理机构规定的其他人员。

第二条 具有下列行为的人员应当认定为刑法第一百八十条第一款规定的"非法获取证券、期货交易内幕信息的人员"：

（一）利用窃取、骗取、套取、窃听、利诱、刺探或者私下交易等手段获取内幕信息的；

（二）内幕信息知情人员的近亲属或者其他与内幕信息知情人员关系密切的人员，在内幕信息敏感期内，从事或者明示、暗示他人从事，或者泄露内幕信息导致他人从事与该内幕信息有关的证券、期货交易，相关交易行为明显异常，且无正当理由或者正当信息来源的；

（三）在内幕信息敏感期内，与内幕信息知情人员联络、接触，从事或者明示、暗示他人从事，或者泄露内幕信息导致他人从事与该内幕信息有关的证券、期货交易，相关交易行为明显异常，且无正当理由或者正当信息来源的。

第三条 本解释第二条第二项、第三项规定的"相关交易行为明显异常"，要综合以下情形，从时间吻合程度、交易背离程度和利益关联程度等方面予以认定：

（一）开户、销户、激活资金账户或者指定交易（托管）、撤销指定交易（转托管）的时间与该内幕信息形成、变化、公开时间基本一致的；

考查概率：70%，所占分值为1~2分。

考试题型：单选题、多选题、判断题和综合题均有出现的可能，其中以单选题和多选题为主。

考查重点：本解释是2020年新增考试内容，历次考试中，对于此类型内容考查的较少，但是，由于是新增内容，考生还是应当掌握，做到心中有数。

（二）资金变化与该内幕信息形成、变化、公开时间基本一致的；

（三）买入或者卖出与内幕信息有关的证券、期货合约时间与内幕信息的形成、变化和公开时间基本一致的；

（四）买入或者卖出与内幕信息有关的证券、期货合约时间与获悉内幕信息的时间基本一致的；

（五）买入或者卖出证券、期货合约行为明显与平时交易习惯不同的；

（六）买入或者卖出证券、期货合约行为，或者集中持有证券、期货合约行为与该证券、期货公开信息反映的基本面明显背离的；

（七）账户交易资金进出与该内幕信息知情人员或者非法获取人员有关联或者利害关系的；

（八）其他交易行为明显异常情形。

第四条 具有下列情形之一的，不属于刑法第一百八十条第一款规定的从事与内幕信息有关的证券、期货交易：

（一）持有或者通过协议、其他安排与他人共同持有上市公司百分之五以上股份的自然人、法人或者其他组织收购该上市公司股份的；

（二）按照事先订立的书面合同、指令、计划从事相关证券、期货交易的；

（三）依据已被他人披露的信息而交易的；

（四）交易具有其他正当理由或者正当信息来源的。

第五条 本解释所称"内幕信息敏感期"是指内幕信息自形成至公开的期间。

证券法第六十七条第二款所列"重大事件"的发生时间，第七十五条规定的"计划"、"方案"以及期货交易管理条例第八十五条第十一项规定的"政策""决定"等的形成时间，应当认定为内幕信息的形成之时。

影响内幕信息形成的动议、筹划、决策或者执行人员，其动议、筹划、决策或者执行初始时间，应当认定为内幕信息的形成之时。

内幕信息的公开，是指内幕信息在国务院证券、期货监督管理机构指定的报刊、网站等媒体披露。

第六条 在内幕信息敏感期内从事或者明示、暗示他人从事或者泄露内幕信息导致他人从事与该内幕信息有关的证券、期货交易，具有下列情形之一的，应当认定为刑法第一百八十条第一款规定的"情节严重"：

（一）证券交易成交额在五十万元以上的；

（二）期货交易占用保证金数额在三十万元以上的；

（三）获利或者避免损失数额在十五万元以上的；

（四）三次以上的；

（五）具有其他严重情节的。

第七条 在内幕信息敏感期内从事或者明示、暗示他人从事或者泄露内幕信息导致他人从事与该内幕信息有关的证券、期货交易，具有下列情形之一的，应当认定为刑法第一百八十条第一款规定的"情节特别严重"：

（一）证券交易成交额在二百五十万元以上的；

（二）期货交易占用保证金数额在一百五十万元以上的；

（三）获利或者避免损失数额在七十五万元以上的；

（四）具有其他特别严重情节的。

第八条 二次以上实施内幕交易或者泄露内幕信息行为，未经行政处理或者刑事处理的，应当对相关交易数额依法累计计算。

第九条　同一案件中,成交额、占用保证金额、获利或者避免损失额分别构成情节严重、情节特别严重的,按照处罚较重的数额定罪处罚。

构成共同犯罪的,按照共同犯罪行为人的成交总额、占用保证金总额、获利或者避免损失总额定罪处罚,但判处各被告人罚金的总额应掌握在获利或者避免损失总额的一倍以上五倍以下。

第十条　刑法第一百八十条第一款规定的"违法所得",是指通过内幕交易行为所获利益或者避免的损失。

内幕信息的泄露人员或者内幕交易的明示、暗示人员未实际从事内幕交易的,其罚金数额按照因泄露而获悉内幕信息人员或者被明示、暗示人员从事内幕交易的违法所得计算。

第十一条　单位实施刑法第一百八十条第一款规定的行为,具有本解释第六条规定情形之一的,按照刑法第一百八十条第二款的规定定罪处罚。

最高人民法院、最高人民检察院关于办理利用未公开信息交易刑事案件适用法律若干问题的解释(掌握)

(2018年9月10日最高人民法院审判委员会第1748次会议、2018年11月30日最高人民检察院第十三届检察委员会第十次会议通过 法释〔2019〕10号)

为依法惩治证券、期货犯罪,维护证券、期货市场管理秩序,促进证券、期货市场稳定健康发展,保护投资者合法权益,根据《中华人民共和国刑法》《中华人民共和国刑事诉讼法》的规定,现就办理利用未公开信息交易刑事案件适用法律的若干问题解释如下:

第一条 刑法第一百八十条第四款规定的"内幕信息以外的其他未公开的信息",包括下列信息:

(一)证券、期货的投资决策、交易执行信息;

(二)证券持仓数量及变化、资金数量及变化、交易动向信息;

(三)其他可能影响证券、期货交易活动的信息。

第二条 内幕信息以外的其他未公开的信息难以认定的,司法机关可以在有关行政主(监)管部门的认定意见的基础上,根据案件事实和法律规定作出认定。

第三条 刑法第一百八十条第四款规定的"违反规定",是指违反法律、行政法规、部门规章、全国性行业规范有关证券、期货未公开信息保护的规定,以及行为人所在的金融机构有关信息保密、禁止交易、禁止利益输送等规定。

第四条 刑法第一百八十条第四款规定的行为人"明示、暗示他人从事相关交易活动",应当综合以下方面进行认定:

(一)行为人具有获取未公开信息的职务便利;

(二)行为人获取未公开信息的初始时间与他人从事相关交易活动的初始时间具有关联性;

(三)行为人与他人之间具有亲友关系、利益关联、交易终端关联等关联关系;

(四)他人从事相关交易的证券、期货品种、交易时间与未公开信息所涉证券、期货品种、交易时间等方面基本一致;

(五)他人从事的相关交易活动明显不具有符合交易习惯、专业判断等正当理由;

(六)行为人对明示、暗示他人从事相关交易活动没有合理解释。

第五条 利用未公开信息交易,具有下列情形之一的,应当认定为刑法第一百八十条第四款规定的"情节严重":

(一)违法所得数额在一百万元以上的;

(二)二年内三次以上利用未公开信息交易的;

(三)明示、暗示三人以上从事相关交易活动的。

第六条 利用未公开信息交易,违法所得数额在五十万元以上,或者证券交易成交额在五百万元以上,或者期货交易占用保证金数额在一百万元以上,具有下列情形之一的,应当认定为刑法第一百八十条第四款规定的"情节严重":

(一)以出售或者变相出售未公开信息等方式,明示、暗示他人从事相关交易活动的;

(二)因证券、期货犯罪行为受过刑事追究的;

(三)二年内因证券、期货违法行为受过行政处罚的;

(四)造成恶劣社会影响或者其他严重后果的。

第七条 刑法第一百八十条第四款规定的"依照第一款的规定处罚",包括该条第一款关于"情节特别严重"的规定。

考查概率:70%,所占分值为1~2分。

考试题型:单选题、多选题、判断题和综合题均有出现的可能。

考查重点:本解释是2020年新增考试内容,考生应当加以掌握。本考点内容通常会结合《最高人民法院、最高人民检察院关于办理内幕交易、泄露内幕信息刑事案件具体应用法律若干问题的解释》一起出题。

利用未公开信息交易,违法所得数额在一千万元以上的,应当认定为"情节特别严重"。

违法所得数额在五百万元以上,或者证券交易成交额在五千万元以上,或者期货交易占用保证金数额在一千万元以上,具有本解释第六条规定的四种情形之一的,应当认定为"情节特别严重"。

第八条　二次以上利用未公开信息交易,依法应予行政处理或者刑事处理而未经处理的,相关交易数额或者违法所得数额累计计算。

第九条　本解释所称"违法所得",是指行为人利用未公开信息从事与该信息相关的证券、期货交易活动所获利益或者避免的损失。

行为人明示、暗示他人利用未公开信息从事相关交易活动,被明示、暗示人员从事相关交易活动所获利益或者避免的损失,应当认定为"违法所得"。

第十条　行为人未实际从事与未公开信息相关的证券、期货交易活动的,其罚金数额按照被明示、暗示人员从事相关交易活动的违法所得计算。

第十一条　符合本解释第五条、第六条规定的标准,行为人如实供述犯罪事实,认罪悔罪,并积极配合调查,退缴违法所得的,可以从轻处罚;其中犯罪情节轻微的,可以依法不起诉或者免予刑事处罚。

符合刑事诉讼法规定的认罪认罚从宽适用范围和条件的,依照刑事诉讼法的规定处理。

第十二条　本解释自 2019 年 7 月 1 日起施行。

母题精选

【单选题】利用未公开信息交易,违法所得数额在(　　　)万元以上的,应当认定为"情节特别严重"。

　　　　　A. 100　　　　　　B. 500　　　　　　C. 1000　　　　　　D. 3000

【答案】C　【解析】根据《最高人民法院、最高人民检察院关于办理利用未公开信息交易刑事案件适用法律若干问题的解释》第七条的规定,选项 C 正确。

最高人民法院、最高人民检察院关于办理操纵证券、期货市场刑事案件适用法律若干问题的解释（掌握）

考查概率：70%，所占分值为1~2分。

考试题型：主要以单选题、多选题和判断题的形式出现。

考查重点：本解释是2020年新增考试内容，历次考试中，对于此类型内容考查的较少，但是，由于是新增内容，考生还是应当掌握，做到心中有数。

（2018年9月3日最高人民法院审判委员会第1747次会议、2018年12月12日最高人民检察院第十三届检察委员会第十一次会议通过 法释〔2019〕9号）

为依法惩治证券、期货犯罪，维护证券、期货市场管理秩序，促进证券、期货市场稳定健康发展，保护投资者合法权益，根据《中华人民共和国刑法》《中华人民共和国刑事诉讼法》的规定，现就办理操纵证券、期货市场刑事案件适用法律的若干问题解释如下：

第一条 行为人具有下列情形之一的，可以认定为刑法第一百八十二条第一款第四项规定的"以其他方法操纵证券、期货市场"：

（一）利用虚假或者不确定的重大信息，诱导投资者作出投资决策，影响证券、期货交易价格或者证券、期货交易量，并进行相关交易或者谋取相关利益的；

（二）通过对证券及其发行人、上市公司、期货交易标的公开作出评价、预测或者投资建议，误导投资者作出投资决策，影响证券、期货交易价格或者证券、期货交易量，并进行与其评价、预测、投资建议方向相反的证券交易或者相关期货交易的；

（三）通过策划、实施资产收购或者重组、投资新业务、股权转让、上市公司收购等虚假重大事项，误导投资者作出投资决策，影响证券交易价格或者证券交易量，并进行相关交易或者谋取相关利益的；

（四）通过控制发行人、上市公司信息的生成或者控制信息披露的内容、时点、节奏，误导投资者作出投资决策，影响证券交易价格或者证券交易量，并进行相关交易或者谋取相关利益的；

（五）不以成交为目的，频繁申报、撤单或者大额申报、撤单，误导投资者作出投资决策，影响证券、期货交易价格或者证券、期货交易量，并进行与申报相反的交易或者谋取相关利益的；

（六）通过囤积现货，影响特定期货品种市场行情，并进行相关期货交易的；

（七）以其他方法操纵证券、期货市场的。

第二条 操纵证券、期货市场，具有下列情形之一的，应当认定为刑法第一百八十二条第一款规定的"情节严重"：

（一）持有或者实际控制证券的流通股份数量达到该证券的实际流通股份总量百分之十以上，实施刑法第一百八十二条第一款第一项操纵证券市场行为，连续十个交易日的累计成交量达到同期该证券总成交量百分之二十以上的；

（二）实施刑法第一百八十二条第一款第二项、第三项操纵证券市场行为，连续十个交易日的累计成交量达到同期该证券总成交量百分之二十以上的；

（三）实施本解释第一条第一项至第四项操纵证券市场行为，证券交易成交额在一千万元以上的；

（四）实施刑法第一百八十二条第一款第一项及本解释第一条第六项操纵期货市场行为，实际控制的账户合并持仓连续十个交易日的最高值超过期货交易所限仓标准的二倍，累计成交量达到同期该期货合约总成交量百分之二十以上，且期货交易占用保证金数额在五百万元以上的；

（五）实施刑法第一百八十二条第一款第二项、第三项及本解释第一条第一项、第二项操纵期货市场行为，实际控制的账户连续十个交易日的累计成交量达到同期该期货合约总成交量百分之二十以上，且期货交易占用保证金数额在五百万元以上的；

（六）实施本解释第一条第五项操纵证券、期货市场行为，当日累计撤回申报量达到同期该证券、期货合约总申报量百分之五十以上，且证券撤回申报额在一千万元以上、撤回申报的期货合约占用保证金数额在五百万元以上的；

（七）实施操纵证券、期货市场行为，违法所得数额在一百万元以上的。

第三条　操纵证券、期货市场，违法所得数额在五十万元以上，具有下列情形之一的，应当认定为刑法第一百八十二条第一款规定的"情节严重"：

（一）发行人、上市公司及其董事、监事、高级管理人员、控股股东或者实际控制人实施操纵证券、期货市场行为的；

（二）收购人、重大资产重组的交易对方及其董事、监事、高级管理人员、控股股东或者实际控制人实施操纵证券、期货市场行为的；

（三）行为人明知操纵证券、期货市场行为被有关部门调查，仍继续实施的；

（四）因操纵证券、期货市场行为受过刑事追究的；

（五）二年内因操纵证券、期货市场行为受过行政处罚的；

（六）在市场出现重大异常波动等特定时段操纵证券、期货市场的；

（七）造成恶劣社会影响或者其他严重后果的。

第四条　具有下列情形之一的，应当认定为刑法第一百八十二条第一款规定的"情节特别严重"：

（一）持有或者实际控制证券的流通股份数量达到该证券的实际流通股份总量百分之十以上，实施刑法第一百八十二条第一款第一项操纵证券市场行为，连续十个交易日的累计成交量达到同期该证券总成交量百分之五十以上的；

（二）实施刑法第一百八十二条第一款第二项、第三项操纵证券市场行为，连续十个交易日的累计成交量达到同期该证券总成交量百分之五十以上的；

（三）实施本解释第一条第一项至第四项操纵证券市场行为，证券交易成交额在五千万元以上的；

（四）实施刑法第一百八十二条第一款第一项及本解释第一条第六项操纵期货市场行为，实际控制的账户合并持仓连续十个交易日的最高值超过期货交易所限仓标准的五倍，累计成交量达到同期该期货合约总成交量百分之五十以上，且期货交易占用保证金数额在二千五百万元以上的；

（五）实施刑法第一百八十二条第一款第二项、第三项及本解释第一条第一项、第二项操纵期货市场行为，实际控制的账户连续十个交易日的累计成交量达到同期该期货合约总成交量百分之五十以上，且期货交易占用保证金数额在二千五百万元以上的；

（六）实施操纵证券、期货市场行为，违法所得数额在一千万元以上的。

实施操纵证券、期货市场行为，违法所得数额在五百万元以上，并具有本解释第三条规定的七种情形之一的，应当认定为"情节特别严重"。

第五条　下列账户应当认定为刑法第一百八十二条中规定的"自己实际控制的账户"：

（一）行为人以自己名义开户并使用的实名账户；

（二）行为人向账户转入或者从账户转出资金，并承担实际损益的他人账户；

（三）行为人通过第一项、第二项以外的方式管理、支配或者使用的他人账户；

（四）行为人通过投资关系、协议等方式对账户内资产行使交易决策权的他人账户；

（五）其他有证据证明行为人具有交易决策权的账户。

有证据证明行为人对前款第一项至第三项账户内资产没有交易决策权的除外。

第六条　二次以上实施操纵证券、期货市场行为，依法应予行政处理或者刑事处理而未经处理的，相关交易数额或者违法所得数额累计计算。

第七条 符合本解释第二条、第三条规定的标准,行为人如实供述犯罪事实,认罪悔罪,并积极配合调查,退缴违法所得的,可以从轻处罚;其中犯罪情节轻微的,可以依法不起诉或者免予刑事处罚。

符合刑事诉讼法规定的认罪认罚从宽适用范围和条件的,依照刑事诉讼法的规定处理。

第八条 单位实施刑法第一百八十二条第一款行为的,依照本解释规定的定罪量刑标准,对其直接负责的主管人员和其他直接责任人员定罪处罚,并对单位判处罚金。

第九条 本解释所称"违法所得",是指通过操纵证券、期货市场所获利益或者避免的损失。

本解释所称"连续十个交易日",是指证券、期货市场开市交易的连续十个交易日,并非指行为人连续交易的十个交易日。

第十条 对于在全国中小企业股份转让系统中实施操纵证券市场行为,社会危害性大,严重破坏公平公正的市场秩序的,比照本解释的规定执行,但本解释第二条第一项、第二项和第四条第一项、第二项除外。

第十一条 本解释自 2019 年 7 月 1 日起施行。

章节测评

用手机微信扫描"章节测评"旁边的二维码或用电脑浏览器打开网址 http://cj.ek100.cn/即可进入智能题库进行章节测评。

附录一 综合检测

在系统地学习了本科目知识之后,我们需要通过综合检测来检查前面所有知识点的学习和掌握情况,在本书的配套题库系统中包含大量考试真题试卷和押题、模拟试卷,可供考生练习测试。在题库系统中,试卷的考试题型、考试时长、考点分布均与真实考试一致。考生扫描下方试卷旁的二维码,即可进入对应试卷中进行练习,也可以直接进入智能考试题库系统中进行练习。

一、真题必练

《期货法律法规》真题试卷(一)
《期货法律法规》真题试卷(二)
《期货法律法规》真题试卷(三)
《期货法律法规》真题试卷(四)
《期货法律法规》真题试卷(五)
《期货法律法规》真题试卷(六)

二、押题、模拟试卷

《期货法律法规》押题试卷(一)
《期货法律法规》押题试卷(二)
《期货法律法规》模拟试卷(一)
《期货法律法规》模拟试卷(二)

附录二　智能考试题库系统使用指导

一、智能考试题库系统主要功能介绍

(1)考点速记。名师总结重要考点,40%的篇幅涵盖了考试80%的考点。

(2)章节练习&测评。海量章节试题库,可按章、节考点抽题,与教材同步。

(3)真题必练。海量新考真题,与真考题库同步更新,通关利器。

(4)模拟押题。命题专家根据真题命题规律出题,完全模拟真题的考点分布、出题角度以及难易程度。

(5)错题训练。做题过程中的错题自动记录进错题库,进行错题训练可以查漏补缺。

(6)视频课程。全套基础班视频课程,名师依据考试大纲及教材进行详细讲解,提出重点、难点。

二、智能考试题库安装激活指导

本书配套题库学习系统设计了智能考试题库,包括智能题库微信版、智能题库网页版,适合不同的终端使用,满足了考生多样化的学习环境需求。

(一)智能题库微信版

第一步:考生可以通过手机微信关注我们的公众号:未来金融网校,点击下方"开始学习",选择"考试题库"。进入之后,根据提示,允许登录题库系统后,进入选课界面,选择"期货从业资格考试"下的两个科目进入课程主页。

第二步:激活科目。进入科目主页后,点击左上角"激活",输入本书激活码进行激活。

注意:输入激活码的时候,注意区分大小写,要在英文状态下输入,并且不能有空格。

(二)智能题库网页版

考生可在电脑浏览器输入网址 http://cj.ek100.cn/,进入网页后,点击"开始学习",用微信扫描授权登录。登录之后,考生即可选择课程题库。

注意:智能题库微信版和智能题库网页版二者共用账户,数据同步,激活其一,另一个自动激活。本指导以先激活微信版为例,若考生想先激活网页版亦可参照微信版激活方法。

智能题库

关注未来金融网校
微信公众号: jrwxkc

智能题库激活码　qhfg36594273

①随书赠送智能题库,微信扫一扫左侧智能题库二维码进入题库,点击页面左上角【点此激活】,输入激活码即可使用!

②后续使用方法:微信扫一扫左侧公众号二维码进入公众号"未来金融网校",点击开始学习–考试题库–我的–我的题库,选择对应科目即可使用!使用过程中遇到任何问题,可添加QQ群:850108150进行咨询。